LIVE
THEORY

주디스 버틀러

비키 커비 지음
조고은 옮김

Judith Butler: Live Theory by Vicki Kirby

LIVE THEORY

주디스 버틀러

초판 1쇄 발행 2022년 11월 10일

지은이 비키 커비
옮긴이 조고은

펴낸이 김현태
펴낸곳 책세상

등록 1975년 5월 21일 제2017-000226호
주소 서울시 마포구 잔다리로 62-1, 3층(04031)
전화 02-704-1251
팩스 02-719-1258
이메일 editor@chaeksesang.com
광고·제휴 문의 creator@chaeksesang.com
홈페이지 chaeksesang.com
페이스북 /chaeksesang 트위터 @chaeksesang
인스타그램 @chaeksesang 네이버포스트 bkworldpub

ISBN 979-11-5931-868-9 94100
      979-11-5931-829-0 (세트)

◆ 잘못되거나 파손된 책은 구입하신 서점에서 교환해드립니다.
◆ 책값은 뒤표지에 있습니다.

주디스 버틀러

비키 커비 지음
조고은 옮김

LIVE
THEORY

Judith
Butler

비고에게 바칩니다.

차례

주디스 버틀러

Judith Butler

일러두기

1 각주는 모두 옮긴이 주다.

2 원문의 이텔릭체는 고딕체로, 대문자는 볼드체로 표시했다.

3 〔 〕안의 내용은 저자가, 〔 〕안의 내용은 옮긴이가 쓴 것이다.

들어가며

주디스 버틀러는 오늘날 학계에서 가장 활발히 연구 성과를 내놓으며 크나큰 영향력을 미치는 학자로 널리 알려져 있다. 그의 연구는 철학에서부터 당대 이론, 정치 논평, 대중문화까지 아우르며, 그 분석의 복잡성 또한 잘 알려져 있다. 여러 조건의 한계 속에서도 이러한 성취에 담긴 정신을 조금이나마 포착할 수 있기를 바라며, 나는 책을 구성할 때 내용 및 접근 방식 차원에서 결코 쉽지 않은 결정을 내려야 했다. 이런 스타일의 지적 작업을 전혀 모르는 안내와 설명을 찾는 독자들을 위한 책이라는 점은 충분히 알고 있었다. 그러나 보다 쉽게 설명하기 위해 어쩔 수 없이 버틀러의 복잡한 사고를 희생시키고 피상적인 해석을 하기로 결심하기란 쉽지 않았다.

　그다음으로는 버틀러의 연구 중 보다 중요한 주제를 골라내어 세심하게 검토하며, 접근성은 높이되 도발적 비평을 담아야 한다는 목표를 신중하게 진행시켜야 했다. 이는 물론 나의 관심사가 반영된 독해이기에, 여기에는 버틀러뿐만 아니라 나의 신념, 편견, 이해도 적잖이 담겨 있다. 그러나 능력이 닿는 한, 버틀러 주장의 문면文面 및 의도를 충실히 전하기 위해 최선을 다할 것이다. 이는 '심지어 혹은 특히' 내가 비판한 부분도 마찬가지다.

인터뷰에서는 버틀러의 광범위한 연구 중 일부와 여기에 포함할 수 없었던 중요한 연구 일부, 그리고 그가 앞으로 진행할 작업의 방향을 독자들이 파악할 수 있게 했다. 어디까지나 이 책에 담긴 것은 버틀러 자신의 말이기에 나는 그가 직접 쓴 글을 읽으며 그의 연구를 탐구해보라고 독자들에게 권하고 싶다. 버틀러의 연구가 학문적으로 가치 있는 이론이라 해도, 그것은 무조건 긍정하거나 단순히 따라야 하는 진리가 아니라 비판적이면서도 관용적 태도로 독해하는 법을 알려주는 하나의 모범적 설명으로 바라봐야 한다. 나 역시 해석과 비판의 정치를 생각하는 버틀러와 관심을 공유하므로, 이 책에서도 비판적 읽기 실천이 정치적, 사회적 결과를 초래하는 이유를 강조하는 방식으로 버틀러를 독해하고자 했다.

1장

위태로운 토대

욕망의 주체: 20세기 프랑스의 헤겔주의에 대한 성찰

1987년 주디스 버틀러는 첫 번째 책 《욕망의 주체: 20세기 프랑스의 헤겔주의에 대한 성찰》에서 자신이 꾸준히 관심을 가져온 지속적 주제 중 상당수를 소개했다. 버틀러는 이 첫 번째 연구가 비록 '초기적'이지만 이후의 학문적 성취에도 분명 중요한 의미를 지닌다고 밝힌다[1]. 버틀러는 스스로 '어떤 면에서, 나의 모든 연구는 일련의 헤겔주의적 질문의 궤도 안에 머물러 있는지도 모른다'(1999a: xiv)고 언급하기도 했다. 이 일군의 질문이 《권력의 정신적 삶: 예속화의 이론들》(1997a), 《안티고네의 주장: 삶과 죽음, 그 사이에 있는 친족 관계》(2000a) 그리고 슬라보예 지젝, 에르네스토 라클라우 등의 정치적 이론가와 서로에 대해 주고받은 논의에서 명확한 용어를 통해 재검토되는 과정은 이후의 장에서 차차 살펴볼 것이다. 어쩌면 주제를 막론하고 폭넓은 학문 및 사회운동 문제의 영역에서 왕성한 결과물과 성과를 내는 버틀러의 독보적인 특성이 헤겔주의 전통이 만들어낸 정치적 결과에 대한 암묵적 호기심에서 비롯되었다는 점이 더 중요하다는 것을 알게 될지도 모른다.

그러나 이 전통은 권위 있는 선조들에게서 물려받은 평범한 유산이 아니다. 실제로 버틀러는 전통을 독해하는 행위에 해석적 효능을 살려 그것의 실질적 정체성을 문제삼으며 전통을 계속 변화시키고자 한다. 이는 마치 그 텍스트가 살아있고 진화하는 생명체인 것처럼 대하는 태도다. 버틀러는 "헤겔의 텍스트는 그것이 인정하는 특정한 역사적 해석에 의해 자체적으로 변형된다. 실제로 주석은 그 텍스트의 연장이며, 그 텍스트가 현대의 삶을 살아가는 모습이다"(1987a: 63)라고 설명하기도 했다. 이렇게 해석을 헤겔의 저서 본문 속으로 통합하는 탈무드적 방식은, 저자 각각의 특정한 공헌을 구분하거나 당시에 말해졌던 바의 의미를 현재와 비교하고, 부수적, 파생적인 것과 중심적, 본질적인 것을 나누는 우리의 능력을 복잡하게 교란시킨다. 어떤 내용이 어디와 누구에게 제대로 속해 있는지 결정하기 어렵게 만드는 것은 언어 자체의 내적 모호함과 어떤 텍스트를 최종적으로 고정할 수 없다는 고정불가능성을 드러낸다. 물론 의미와 정체성의 애매한 본질이 헤겔의 작업에만 해당하는 것은 아니지만, 버틀러는 헤겔의 주장이 극적으로 드러내는 미완의 과제를 전형적으로 드러내는 무언가를 발견해낸다. 이 점을 고려하면서, 우리는 버틀러가 헤겔의 이론을 전체적으로 혼란스럽다고 여기는 이유와 그 이론이 지닌 역설적 구조의 불안정성이 버틀러 자신의 논점을 설명하는 데 도움이 되는 이유를 이해해야 한다.

《욕망의 주체》에서 버틀러는 주장을 네 부분으로 나눈다. (1) 헤겔의 《정신현상학》에서 가장 많이 논의되었던 두 장, 즉

'자기 확신의 진리'와 '주인과 노예'에 특별한 관심을 할애하며 욕망을 확장적으로 비판하는 것, (2) 알렉상드르 코제브와 그다음 장 이폴리트가 두 세대에 걸쳐 프랑스의 젊은 학자들[2]에게 소개한, 헤겔주의적 욕망 각각의 해석에 대한 가치 평가, (3) 장 폴 사르트르의 자기 동일적(헤겔주의 이전) 인간 주체를 향한 열망과, 욕망을 필연적으로 헛되고 자기기만적인 힘이라고 보는 그의 독해에 대한 논의, 그리고 (4) 동일성의 형이상학을 보다 철저히 전복하고자 한 자크 라캉, 질 들뢰즈, 자크 데리다, 미셸 푸코 등 몇몇 후기헤겔주의 이론가의 재해석에 대한 비판적 평가가 그것이다.

　헤겔 논의의 개념적 복잡성과 버틀러 분석의 구체적 내용을 고려할 때, 이 논평의 소박한 목표는 이러한 사고 유형에 대한 '느낌'에 해당하는 무언가를 전달하는 것이다. 가령 '헤겔을 받아들이는 것'이 그토록 많은 철학자와 사회 비평가에게 강력하면서도 충족되지 못한 욕구가 되어온 이유는 무엇인가? 그 퍼즐을 풀기 위해 버틀러는 모리스 메를로퐁티의 발언을 긍정적으로 인용하며 헤겔의 결정적 중요성을 설명한다. "헤겔을 해석하는 것은 우리 세기의 모든 철학적, 정치적, 종교적 문제에 대해 입장을 취하는 일이라고 얼마든지 말할 수 있다(1990a, 249)." 헤겔은 1807년에 역사가 끝난다고 단언하는 상당히 미심쩍은 주장을 했음에도 불구하고, 메를로퐁티의 이 언급은 여전히 버틀러의 입장과 상통한다!

　하지만 모든 사람이 헤겔이 제공하는 듯한 폐쇄, 유한성, 억제의 시간적, 공간적 은유에 익숙한 것은 아니다. 그리고 상당수의 사상가는 그 엄격한 논리로부터 벗어날 방법을 찾고자 했다. 가령 콜레주 드 프랑스의 취임 연설에서 미셸 푸코는 헤겔의 권위와 중요성을 인정하면서도, 그 주인에게 감사하며 머리를 조아리는 정도는 현격히 덜하다. 푸코는 헤겔의 총체주의적 전제가 정치적 가능성을 상상할 수 있는 비옥한 자원이라기보다는 이를 제한하는 장애물이라고 판단했다. "논리를 통해서든 인식론을 통해서든, 맑스를 통해서든 니체를 통해서든, 우리 시대 전체가 헤겔에게서 벗어나기 위해 분투해왔다"(Descombes, 1982: 12에서 재인용). 푸코가 이렇게 관찰하기 이전에도, 자크 데리다는 다소 장난스럽게 '헤겔의 제약에서 벗어나려'는 사람들은 "자신이 발견하거나 인식하지 못하는 사이에 자신은 벗어났다고 생각하곤 하는 바로 그 헤겔의 자기증거 안에서 스스로를 발견하게 된다"(Derrida, 1985: 251)고 했다. 데리다는 푸코가 그랬던 것처럼 헤겔 읽기에 담긴 해방을 향한 추진력이 순진하게도 초월에 대한 욕망의 회복을 재현할 수도 있다고 경의를 담아 경고했다. 하지만 데리다 자신도 혹시 가능하다면 주인을 능가해보려는 '헤겔에 대한 마지막 농담'(Butler, 1987a: 179)을 던질 때 거의 마찬가지의 욕심을 가지고 있었다는 혐의에서 자유롭지 못하다.

이처럼 간단한 언급을 몇 가지만 살펴봐도, 우리는 헤겔의 연구가 지닌 의미에 대해서는 우회로가 없을지도 모른다는 생각이 들 수 있다. 버틀러가 헤겔을 피하거나 수정하려는 사람들을 관찰한 바에 따르면, "헤겔의 전통을 '단절'하고자 하는 참조는 거의 언제나 불가능하다. 헤겔 자신이 변증법의 핵심 주장으로 '단절'이라는 바로 그 개념을 만들었기 때문이다"(Ibid.: 183~184). 하지만 그것은 '헤겔의 글에 이미 담겨 있는 헤겔 스스로가 주장하는self-proclaimed 시대착오성'이다(Butler, 1990a: 249). 우리가 어떤 것 안에 계속 속박되어 있으면서도 어떤 식으로든 추방되어 있다는 이러한 인식은 버틀러를 매료시켰고, 그가 이 명백한 울타리의 이상한 내적 구조를 탐구하는 데 동기를 제공했다. 따라서 버틀러의 목표는 헤겔을 능가하는 것이라기보다는 제한적이고 억압적인 경향처럼 보이는 것 안에서 다른 세계, 다른 일시적 요구와 존재적 가능성을 모색하는 정치적 도전 및 결과를 검토하는 작업이다.

따라서 요약하면, 헤겔의 변증법은 그것의 반박 속에서 오히려 번성하기 때문에 평가하기 어렵다. 예컨대 변증법은 모든 대립과 비판에 적응할 수 있기 때문에, 헤겔주의를 거부하면 되려 그것의 회복력을 강조할 뿐이다.《욕망의 주체》에서 버틀러의 목표는 바로 이 지점을 지속적으로 조사하는 것이었다.

> 이 연구에서 나는 끈덕지게 재출현하고 재형성되며, 심지어 가장 맹렬한 대립에 종속되어 있는 순간조차도 뜻하지 않게 재등장하는 헤겔주의 특유의 형태뿐 아니라 그것의 해소에 대해서도 살펴볼 것이다. 실제로 우리는 대립이 욕망을 계속 살아있게 하는 정도를 살펴볼 것이다.(Ibid.: 15)

다음의 논의는 버틀러가 헤겔주의에 관여하면서 발생하는 문제를 이해하는 데 기초가 되는 감각을 제공할 것이다. 또한 본격적인 철학에 대한 제도적 혹은 학문적 정의에 국한되지 않는 철학적 사고의 양식을 독자에게 소개할 것이다. 그것의 함의를 온전히 파악하기 위해서는 버틀러 연구 전체를 어느 정도 접해 본 경험이 필요하겠지만, 최소한 헤겔의 논리가 심지어 일상의 평범한 리듬과 의미에서마저 발견되는 이유를 이해하는 데서부터 시작할 수도 있다. 이 논리의 편재성과 역설적 함의를 탐구하면서, 다른 사람들은 그것에서 벗어나려고 분투하거나 이미 벗어났다고 선언할 때 버틀러는 그것을 수용하는 이유를 살펴볼 것이다. 특히 우리는 버틀러가 다른 미래를 구상하는 데 헤겔을 활용하는 방식에 관심을 집중한다.

동일성의 퍼즐

버틀러의 《욕망의 주체》는 특히 헤겔의 《정신현상학》에 초점을 두고 있다. 교육(education의 어원은 ex-ducare, 즉 '밖으로 끌어내다'라는 뜻이다) 과정에 대한 소설인 교양소설의 양식으로 구성된 《정신현상학》에서 전개되는 여정은 변형 및 자기발견을 가능하게 하는 힘을 설명한다. 존 번연의 《천로역정》, 찰스 디킨스의 《위대한 유산》, 미구엘 드 세르반테스의 《돈키호테》처럼 자기인식과 도덕적 발달을 다루는 비슷한 이야기들은 전통적으로 신중한 서사 진행에 의존하는 특정한 장르로서 집필된다. 그러나 헤겔의 서사는 스토리텔링의 관습을 기반으로 하는 동시에 이야기를 진행하는 선형적 구조를 파괴하는 특이한 서사다. 그 것은 마치 우리가 이상할 정도로 친숙한 곳에 머물러 있으면서도 앞으로 나아가는 것처럼, 이미 알고 있다고 느끼는 것에 대해 점점 더 많이 배워가는 것과 같다.

　헤겔은 언어가 공간과 시간에 대한 우리의 인식을 결정하는 방식에 특별한 관심을 기울이면서 효과적으로 독자를 혼란에 빠뜨린다. 이를 설명하자면, 우리는 글을 읽을 때 이것과 저것을 구분하기 위해 암묵적으로 특정한 문법 형식에 의존한다. 가령 '지금', '오늘', '여기' 등 언어학에서 '전환사shifter'라고 부르는 말을 사용한다. 이 작은 표지는 상대적으로 비어있지만, 독자는 텍스트에 있는 이 '구멍'을 시간 및 공간적 연관성에 대한 상당히 구체적인 감각으로 채울 수 있다.[3] 또한 우리는 주어와 술어를 분별하여 시간적 배열이나 사건의 순서를 만들어내면서 사물을 공간적으로 분리할 수 있게 된다. 무엇보다 중요한 것은 이를 통해 행동과 수동성을 구분하거나 문장의 내부 배열에서 설명의 방향 및 인과성의 감각을 추론할 수 있게 된다는 점이다.

　그러나 헤겔의 글쓰기 스타일은 독자가 방향을 잃고 혼란을 겪으면서, 잠시 멈추어 서서 서사가 실제로 작동하는 방식은 무엇일지 고민하게 만드는 경향이 있다. 결과적으로 헤겔의 문장 구조는 이상하게 다가오기 시작하면서, 의미가 손쉽게 흘러가지 못하게 하고 우리가 언어의 내재적 모호성과 매개 영향을 인식할 수밖에 없게 만든다. 헤겔의 설명 속에서 주체와 대상의 동일성은 서로 침투하며 흐릿해지고, 필연적으로 길을 잃고 마는 우리는 자리를 되찾기 위해 문장을 읽고 또 읽는다. 심지어 헤겔 연대기라는 자기의식을 향한 여정을 밟아가는 주체의 동일성에 관해 혼란을 겪기도 한다. 그 과정에서 만나는 주체, 주인공과는 상당히 동떨어진 또 하나의 개체인 것처럼 보이는 그 주체가 사실은 하나이고 똑같은 것은 아닌지 점점 더 혼란에 빠진다. 이것은 주체 '간' 혹은 주체 '내' 인식에 대한 이야기인가, 아니면 더욱 도발적으로 각기 별개의 과정인가? 예를 들어, 자기의식을 처음 만날 때, 그 만남은 두 명의 주체가 관여하고 있는 것으로 보이며 헤겔은 그들의 상호적 인식을 "이중화한 자기의식의 정신적 통일"이라고 설명한다(Ibid.: 111). 헤겔은 다음과 같이 설명한다.

> 자기의식에 또 하나의 자기의식이 대치된다. 이때 그것은 자기의 밖에 벗어나 있다. 여기에는 이중의 의미가 있다. 첫 번째, 자기의식이 자기를 상실하여 타자를 보며 자기라고 생각한다는 의미이고, 두 번째는 타자를 본질적 존재로 보는 것이 아니라 타자 속에서 자기 자신을 보는 방식으로 타자를 지양한다는 의미다.(Ibid.: 111)

한 주체가 타자로부터 분별되고 별개의 정체성을 가진 것처럼 짐작될 때마다, 서사가 관점을 바꾸고 차이가 붕괴되기 때문에, 헤겔의 모호성은 계속 유지된다. 여기에서 그 자신의 반영의 움직임 속에 포착되는 주체는 둘인가 아니면 하나인가?

> 양쪽 각각은 상대가 자신과 똑같은 일을 하는 것을 본다. 양쪽
> 은 자신이 상대에게 요구하는 것을 스스로 행하고, 그렇기에
> 상대방이 그와 동일한 것을 행하는 한에서만 자기도 동일한 일
> 을 한다. 한쪽만의 행위는 아무 소용이 없다. 실현되어야 하는
> 일은 오직 양쪽의 행위를 통해서만 가능해지기 때문이다. 따라
> 서 그 행위가 상대를 향하는 동시에 자기 자신을 향하기 때문
> 만이 아니라 그것이 개별적으로 그의 행위인 동시에 상대의 행
> 위이기 때문에, 그 행위에는 이중의 의미가 있다.(Ibid.: 112)

《정신현상학》을 읽는 것은 놀이공원의 거울미로 안에 들어
가 있는 것과 비슷하다. 그곳에서 벌어지는 무수히 왜곡된 반영
으로 인해 동일성은 쉽게 파악되지 않고 흩어진 무언가가 된다.
우리는 어떤 심상을 보게 되는데, 그것을 인식하는 데는 그 과정
을 멈추거나 안정시킬 고정된 기준점 없이 애매하고 유동적으
로 반영할 뿐인 영역이 포함된다. 고정된 기반이 없는 채로, 독
자의 동일성 또한 이러한 방향 상실에 '노출subjected to'되며, 우
리는 읽는 행위마저 움직임에 따라 스스로를 지속적으로 허물
어야 하는 인식의 한 가지 형태로 인지하기 시작한다. 이렇게 조
밀한 연합의 상호작용이 동일성 자체를 구성한다. 그곳에서는
분명히 별개인 단위 혹은 사건들이 실제로 서로에게 지시적으
로 연루되어 있을 뿐 아니라, 사실 어떤 식으로든 서로가 된다.

헤겔에게 그리고 버틀러에게 언어의 작동은 이 과정의 예시다.

다음 장에서 우리는 언어의 문제와 그것이 버틀러의 연구를 비롯하여 보다 일반적으로 현대의 문화비평과 후기구조주의 비평과 맺는 특별한 연관성을 꼼꼼히 살펴볼 것이다. 그러나 이 단계에서는 헤겔 제국을 좀 더 깊이 이해하기 위해 관련된 사항 두 가지를 짚어봐야 한다. 먼저 헤겔주의의 특징은 변화의 동력인 변증법의 방식에서 가장 강력하게 드러난다. 여기서 변증법은 그것이 작동하는 에너지가 '체계' 속에 내재되어 있는 동학이다. 다시 말해, 변화, 분화, 운동, 대립의 힘은 체계에 가해지는 외재적 도전이 아니며, 그것의 온전함을 무너뜨리기 위해 외부에서 유입되는 힘이 아니다. 오히려 그 체계 안에 존재하는 본질적 비일관성 혹은 이접적 반사disjunctive reflex를 표현한다. 두 번째 관련점은 헤겔이 언어를 들어 이 모순의 예를 보여준다는 점이다. 언어는 작동의 차원에서 체계와 공모하고 있으며, 이를 통해 그 체계의 자기참조, 즉 그것의 명백한 불변성과 안에서부터 변화시키는 열린 결말의 발명품 및 신조어들을 결합하기 때문이다. 언어는 언어 외적 현실에서 유래하여 미리 정해진 의미를 전달하는 투명한 매개체가 아니기 때문에 그것이 드러나는 모든 표현을 통해 그 체계가 지닌 체계성 자체의 통합 및 생성 원리에 대한 질문을 제기한다. 일단 어떤 체계의 외부에 있는 것처럼 보이는 차이, 이질적이고 '타자'인 것처럼 보이는 차이가 그 체계의 내적 재구성을 나타낸다는 점을 우리가 인식하면, 헤겔 서사의 주체와 그것의 동일성을 가능케 하는 과정이 주체 형성 및 기호학과 연관되는 이유도 차츰 이해할 수 있다.

이런 점을 감안할 때 버틀러는 헤겔의 '끔찍한 텍스트'를 어떤 과정을 입법하는 행위라고 해석한다. 이 과정은 그 자체가 주체이며, 주체는 무한히 의미를 가질 뿐 그것의 모호함은 결코 완전히 해결되지 않는다.[4] 심지어 '이다'라는 동사로 가장 간단히 표현되곤 하는, 존재에 대한 문법적이고 논리적인 술어인 연결사조차 더 이상 존재론적 온전함을 확보할 수 없다. 그것은 보다 반영적 움직임의 교점처럼 작동하는데, 그에 따라 겉보기에 개별적인 사물의 존재도 그 체계에서 '개별화된' 것의 자기관여가 된다. 버틀러는 다음의 언급을 통해 헤겔이 자신의 주장을 펼치는 데는 순환적 서사가 반드시 필요할 뿐 아니라 구성적 중요성을 가진다는 점을 설명한다.

헤겔의 수사는 선형적이고 명확한 철학적 표현에 대한 우리의 기대를 거스르기 때문에, 처음에 그것은 우리에게 방해가 된다 (아무도 헤겔을 빨리 읽지 못한다). 하지만 일단 헤겔이 그것으로부터 우리를 해방시키고자 하는 전제들을 깊이 생각하기 시작하면, 그 수사를 통해 우리는 지속적으로 서로를 규정하며 좀처럼 환원되지 않는 다중적 의미를 가진 의식 속으로 들어간다. […] 다중적 의미를 읽고 다중적 목소리, 모호성, 일반적 의미에서의 은유를 읽으며, 우리는 변증법적 사고의 고유한 움직임, 실재의 본질적 변화를 구체적으로 경험한다. […] 인간 주체는 결코 단순하고 즉각적으로 거기에 존재하지 않는다. 우리가 그의 위치에 대한 문법적 지시를 파악하자마자 그는 앞으로 나아가 우리가 처음으로 감지했을 때 그와는 다른 무언가가 된다.(Butler, 1987a: 19~20)

헤겔의 연구를 소개하려 할 때의 딜레마는 '처음부터 시작하는 것'이 이미 그의 형이상학의 개념적 장치 전체를 암시한다는 점이다. 어떤 하나의 기원은 이미 아직 도래하지 않은 미래를 예측할 것이기 때문이다. 따라서 어떤 동일성의 경우든, 심지어 그 기원의 동일성조차 이상하게도 파악하기 어려운 것처럼 보인다. 시간 속의 한 순간이나 한 사건, 개별적 주체, 특정한 행동 등 처음에는 하나의 별개로 등장한 것이, 오늘날 우리가 중첩된 연결로 이루어진 무한한 하이퍼텍스트에 비유하는 것을 포함하고 있음을 알 수 있다. 이렇게 헤겔이 제기하는 도처에 존재하며 유동적이지만 동시에 상당히 집중되고 특정한 동일성의 감각을 고려하기 위해서는, 아마 여러 하이퍼링크에 대해 너무 많이 생각하지 않는 방법이 유용할지도 모른다. 즉 이들은 활성화되기도 하고 되지 않기도 하는 외부의 부착물을 통해, 하나의 식별 가능한 개체가 또 다른 개체와 분리되거나 연결되는 식의 결합이 아니다. 오히려 헤겔이 보기에 이러한 차이는 모든 개체에 내재하고 있으며, 개체가 지속적으로 '이것' 혹은 '이 주체'와 같이 확정적 존재가 될 수 있게 하는 자기발생적인 변동성이다.

더 분명히 말하자면, 관계성에 대한 관습적 이해 안에서 의존성과 역사적 연결을 인식하면 사물의 개별성에는 별로 논쟁의 여지가 없다. 예를 들어, 아기는 어머니에게 자신의 존재를 완전히 의존하고 있다고 인정하면서도, 여전히 여기 연관된 것은 두 명의 개별적 개체라고 생각할 수 있다. 우리는 그들의 차이는 그들의 관계의 가능성 자체를 함축하고 있으며, 그들이 그 관계에 의해 영향을 받고 변화할 수 있음에도 불구하고 여전히 식별가능하게 분리되어 있으며 고유한 자신으로 남아있을 것이라고 전제한다. 그러나 헤겔의 《정신현상학》은 타자성에 빚지고 있는 존재에 대한 이러한 관습적 이해를 설명하는 것 이상을 보여준다.

헤겔이 볼 때 모든 '개체'는 아직 만나지 않은 타자를 통합하며, 그렇기에 그것과 또 다른 개별적 주체 간의 차이는 자기 안에서의 차이 혹은 변형을 통해 진화한다. 우리가 어머니의 유전적 '특징'을 그의 개별적 동일성의 표지로 받아들인다면, 어머니/아기의 예를 확장하여 여기서 헤겔이 파악한 바를 설명할 수 있다. 이 특징은 그 어머니가 여러 타자 중에서 하나의 특정한 주체라는 증거로 해석된다. 아이도 역시 고유한 존재이지만, 그는 매우 현실적인 감각에서 비록 재구성되었을지언정 어머니의 대본에 대한 하나의 반복을 재현하는 존재다. 다시 말해, 어머니는 아이를 통해/아이로서 되돌아온다. 그러나 이는 동일성의 무한한 재수집re-collection을 의미하게 되어, 아이의 어머니는 또한 자기 자신의 어머니, 즉 태어난 아기의 할머니이기도 하고, 신생아는 계속해서 자기 자신이 되어 나타나는 할머니라는 뜻을 암시하기까지 한다!

모계의 뒤섞인 동일성의 자율성에 대항하기 위해서는 이렇게 독창적인 반복을 가능케 하는 근본적으로 이질적인 대본, 즉 아버지들의 대본을 외부로부터 도입해야 한다고 주장할 수도 있다. 그러나 이는 마치 아버지에게는 어머니가 없었다는 듯, 아버지의 정체성은 어떤 식으로든 순수하며 어머니의 반복에 대해 외부적이라고 전제한다. 설령 이러한 비판을 제쳐둔다 해도, 인간 게놈 자체의 동일성에서부터 시작한다면, 우리는 다른 방향에서 문제에 접근할 수 있다.[5] 우리의 실체로서 유전적 체계를 통해, 그 문제를 보는 것이다. 각 개인의 유전적 특징이 다른 사람들의 것과는 완전히 다름에도 불구하고, 이러한 차이는 게놈의 동일성을 혼란에 몰아넣지 않는다. 그 차이들은 하나의 예시로서 동일성을 증명한다. 다시 말해, 차이는 동일성의 '타자'인 것이 아니라 오히려 그 자신이 (또 다른 무언가가) 되는 과정을 드러내는 하나의 표현이다. 동일성을 이런 식으로 생각하면, 앞의 예시에서도 진정한 분리(자율적 개인)란 없다는 점을 알 수 있다. 게놈의 정체성은 실로 무한정한 재조합을 통한 차이이기 때문이다. 어떤 의미에서, 게놈이 언제나 그것의 다른 발현을 '알고' 있고, 그것이 '될' 것이듯, 헤겔의 여행하는 주체는 '모든 이의 삶'을 구체화한다. 즉 끊임없이 진화하여 자신이 되는 일종의 후성설後成設*에 해당하는 것이다.

---

* 생물은 점차적 분화를 통해 발생한다는 설.

차이와 부정

변증법의 구조적 불안을 가리키는 헤겔의 용어는 지양Aufhe-
bung이다. 이는 겉으로 구분되면서도 동시적인 세 가지 작동
을 상기시키는 독일어(단어)다. 영어에서는 '지양sublation'이라
는 단어로 "Aufhebung"의 움직임을 포착한다. 버틀러는 이 단
어를 "서로 연관된 명백한 차이를 취소하고 보존하며 초월하
는"(1987a: 41) 움직임이라고 설명한다. 그것은 보다 상위의 통
합을 향해 직접적 혹은 목적지향적으로 나아간다는 의미를 포
함하는 일종의 과정이며, 대립하는 요소들을 새롭고 아마도 더
많은 것을 알고 있는 자기의식의 형태로 변형시키는 종합이다.
그러나 우리가 이미 헤겔의 서사를 엄격히 선형적인 방식, 즉 완
전한 지식과 자기이해라는 궁극의 목적을 향하는 주체의 발전
적 성숙으로 읽기를 경계하고 있다면, 우리는 변증법적 구조에
암묵적으로 내포되어 있는 진보주의도 기만적이기는 마찬가지
라는 합리적 가정을 해볼 수 있을 것이다.

  '부정을 통한' 변증법적 운동을 따르기 어려운 이유는, 그것
이 논리적 감각의 관습을 은밀히 저버리기 때문이다. 버틀러는
여기서 헤겔은 그저 비합리적일 뿐이라고 짐작하지 말라고 권
한다. 버틀러의 언급에 따르면 "문제는 헤겔 철학의 부정을 통해
어떤 논리적 감각이 만들어질 수 있는가가 아니라, 헤겔 철학에
서 부정의 사용 그 자체가 논리 관계에 대한 우리의 이해에 어떤
식으로 문제를 제기하는가다"(1999a: x). 이 과정을 이루고 있는

구성 요소를 뜯어보기 위해 변증법은 부정의 진리와 그것의 해체적 힘을 승인하면서 대립의 이중 구조를 유지하는 것처럼 보이지만, 그와 동시에 진리의 대립을 승인함으로써 영속적인 진리로서의 부정의 논리적 성취를 소멸시킨다. 이 과정에 대한 자꾸 미끄러지는 설명은 일종의 관점의 모호함을 포함한다. 모든 '예'는 동시에 부정적 주장, 암시적 거부를 함의할 수밖에 없기 때문이다. 그렇기에 변증법은 별개인 두 개의 힘 대신 각각이 상대방에게 대항하며, 아마 그것을 '작동'하거나 움직이게 만드는 하나의 체계 속에 담긴 비틀린 에너지라고 생각할 때 더 잘 이해될 수 있다.

여기에는 여전히 많은 질문이 남아 있지만 보다 명확히 밝혀야 할 것은, 만일 모든 '개체' 혹은 '순간'이 그것이 대항하고자 하는 것 혹은 분리되고자 하는 것에 구성적으로 사로잡힌다면, 그리고 여기서 우리가 부정성이라는 것을 그렇게 생각하고 있다면, 그 부정의 대체 혹은 초월, 즉 '부정의 부정'은 사실상 부정을 변형된 모습으로 재등장하게 하며, 실제로도 그렇다는 점이다.

우리는 이미 주체의 동일성은 '그것이 마주치는 모든 것이다/모든 것으로 형성된다'는 주장에 담긴 이러한 모순적 논리를 살펴보았다. 다시 말해, 나에게 타자라고 인식된 어떤 개인은 '내 것이 아닌' 하나의 동일성을 지닌 별개의 사람, 독립적 자아에 그치지 않는 그 이상의 것이다. 겉으로는 그렇게 보이지 않더라도, 헤겔은 어떤 절대적 타자Other와의 만남은 언제나 자기 만남의 한 가지 형태라고 주장한다. 동일성은 본질적으로 외부를 포함하여 존재하는 것이기 때문에('나는 타자다') 헤겔에게 그것은 위태롭고 역설적이다. 이는 이 과정을 가능하게 하며 실로 이 과정 자체인 부정의 동일성은, 동일성이 끊임없이 스스로를 가로막으며 의문을 제기하는 힘이자 지속적인 재창조의 내적 불안임을 의미한다. '왕이 죽었다! 국왕 만세!'라는 표현에 담긴 행복한 논리가 이 역설에 담긴 무언가를 잡아낼지도 모른다.

부정성은 보통 '아니오'라는 감각을 함의하며 금지, 부재, 부족 혹은 실패, 최종성, 제한, 죽음과 같은 의미를 담을 수 있다. 안타깝게도 비평가들이 헤겔의 이론에 종종 가져오곤 하는 것은 이러한 제한과 순응의 연관 매트릭스다. 그들은 부정성은 상당히 직접적으로 대립하는 힘이며, 그것을 가능하게 하는 체계는 규범적 규제와 불가피한 결과를 수반하고 있는 금지의 고정되고 유한한 총체성이라고 추측한다. 그러나 버틀러는 '부정성의 노동'을 독해하며 그것의 변형적 잠재력이 가진 정치적 함의를 깊이 탐구한다.

헤겔은 곧잘 총체성의 철학자, 체계적 완전성 및 자족적 자율성의 철학자로 분류되지만, 그가 옹호하는 형이상학적 전체성이 유한한 체계인지는 분명하지 않다. 실제로, 헤겔 형이상학에서 지속되는 역설은 표면적으로 모든 것을 포괄하는 이 개방성에 있는 듯하다. 형이상학에서 완전한 동시에 무한하다는 것은 무한성이 체계 자체에 반드시 포함되어야 한다는 뜻이지만

공간적 관계로서 "포함"은 이 관계를 제대로 설명할 수 없기 때문이다.(Ibid.: 13)

버틀러는 부정에서 재건과 인간 자유의 가능성을 찾는다. 그리고 심지어 인간의 삶을 무無로 환원시킬 수 있는 소멸적 가르침에서조차 보다 희망적인 신호를 되찾기 위해 노력한다. 여기서 살펴봤듯이, 헤겔식 부정의 배반은 너무 탄력적이어서 죽음마저 정복할 수 있다. 죽음에 자신을 […] 온전히 […] 부여하는 방식으로 말이다. "[…] 정신의 삶은 죽음으로 인해 위축되는 삶이 아니며, 그것에는 황폐함이 가닿을 수 없다. 오히려 그 삶은 죽음을 견디고, 그 안에서 자신을 유지한다. 그것은 오직, 완전한 절단과 분할 속에서 그 자신을 발견할 때만 진리를 획득한다"(Hegel, 1807/1977: 19).

요약하자면, 그리고 이후의 논의에서 보다 명확히 드러날 그것의 정치적 의미를 지적하자면, 대립의 논리는 집요하면서도 유용한 창의적 가면을 쓴 가장행렬이다. 부정성은 모종의 시늉, 위장, 계략이며, 진실과 거짓, 원본과 사본, 예와 아니요, 여기와 저기, 지금과 그때 사이의 어떤 단순한 구별도 실로 뭉뚱그려버리는 무언가다. 앞에서 살펴봤듯, 헤겔이 내적 주체성과 상호주체성이 밀착하는 장소인 자기 대면을 설명할 때는 절대적 자아the One와 절대적 타자the Other 사이의 차이조차 무너지는 듯하다. 우리가 자신을 동일시하고 합리화할 수 있게 해주는 구별이 너무 얽히고설켜서 삶의 방식에 대한 의미와 정당성마저 위태로워지는 세계를 상상하는 것은 많은 사람에게 불행한 전망일 것이다. 하지만 자신의 삶이 이미 위태롭고 실존적으로 취약한 사람들이라면 어떨까?

버틀러의 사회적 의식은 그러한 질문의 관점에서 철학을 읽도록 동기부여한다. 경제적, 지리적 상황을 통해서든, 성적 차이와 인종적 차이에 대한 지속적 차별을 통해서든, 많은 사람이 분명히 '당연하고 마땅한 방식'을 견디고 심지어 지지하도록 강요받아왔기 때문이다. 그러나 우리 세계의 리듬과 논리는 또한 모호하고 비일관적이다. 실제로 변화의 표현이 오히려 변화에 대한 저항으로 나타나기도 하며, 사회의 가장 보수적인 제도와 기본 구조에서도 살아남을 수 있는, 변화의 도착적인 본질(부정성)이란 무엇일까? 변증법의 오류를 통해 우리는 정치적 분석 및 행동에 대한 우리의 접근을 어떻게 재검토할 수 있는가? 이것이 바로 버틀러가 스스로 설정한 과제다.

욕망

《정신현상학》에 대한 버틀러의 연구 제목이 뚜렷이 보여주듯이, 그 책의 조직적 엔진, 즉 그것의 진정한 주제는 욕망이다. 앎을 얻어가는 존재의 재검토를 가능하게 하는 삶의 심문하는 힘은 "지양의 행위 그 자체"(Butler, 1987a: 43)다. 그러나 헤겔은 이를 《정신현상학》 4장인 '자기확신의 진리'에 이르기 전까지는 그렇게 명명하지 않았다. 그리고 버틀러는 이야기의 이 시점에서 욕망이 갑작스럽게 등장한 것에 대해 매우 중요한 질문을 던진다. 그는 《정신현상학》 전체를 이끌어가는 힘이 어떻게 그렇게 특정한 시간에 간단히 '나타날' 수 있는지 묻는다. 욕망은 스스로가 출현하기 전부터 일어나서 처음부터 거기에 있어야 하지 않을까? 버틀러는 이 수수께끼를 이렇게 설명한다. "욕망은 나타난다. 하지만 나타나는 순간이 반드시 그것의 효과가 발휘되기 시작되는 순간은 아니다. 어떤 의미에서, 헤겔에게 무에서부터 존재가 되는 것은 없다. 모든 것은 잠재적 혹은 암시적 상태에서 명시적 형태가 된다. 실제로, 모든 것이 어떤 의미에서는, 계속 거기에 있었던 것이다"(Ibid.: 24).

버틀러의 설명도 중요하지만, 그럼에도 여전히 헤겔이 《정신현상학》에서 욕망의 등장을 지연시키기로 한 결정의 중요성에 대해서는 살펴봐야 한다. 사실 이 지연은, 우리가 일반적으로 욕망을 생각할 때 인지 능력과 자제력을 능가하는 원초적 충동, 열정, 통제할 수 없는 육체의 동물적 욕동慾動과 연합하는 경향이 있다는 점을 고려한다면 특히 흥미롭다. 즉 우리는 신체와 정신을 간단히 구분하면서 신체가 정신보다 우선한다고 가정한다. 그러나 문화비평에서 '원초적인 것'을 '여성, 원주민, 타자'와 연합하는 논리가 면밀하게 분석되고 그에 대한 논란이 일면서, 헤겔이 욕망의 등장을 지연시킨 것은 유익한 일이 되었다. 무엇보다 우리는 욕망이 먼저 등장할 것이라고 '자연스럽게' 기대했을지도 모른다. 그러나 성찰 및 자기의식의 과정 그 자체인 잡식성의 호기심을 품고 세계를 향해 끝없이 쏟아내는 욕망의 갈구를 헤겔이 제거하자 그러한 가정의 시기와 내용도 어긋나게 되었다. 즉 "자기의식은 일반적인 형태의 욕망이다"(Hegel, 1807/1977: 105). 호기심을 육체적 용어로 설명하자, 신체와 정신의 이분법적 분리와 그에 연결된 자연과 문화의 분리는 크게 불안정해진다. 자연이 본래의 참조점으로서 '주어져' 있고, 이를 통해 거기서 파생된 인지의 차이를 식별하고 측정할 수 있는 것이 아니라면, 여성/남성, 원시(무지, 흑인)/문명(계몽, 백인), 열정적(주관적)/논리적(객관적) 등의 위계적 대립의 논리는 그 대립을 유지시키는 근거가 무엇이라고 가정하고 있을까.

신체가 이후에 도래하는 인지 능력을 위한 수동적인 전제조건인 것이 아니라, 인지가 신체의 본질적 매개로서 나타난다고 생각해보자. 버틀러는 다음과 같은 지점을 강조한다. "만일 욕망이 본질적으로 철학적이라면, 우리는 가장 충동적인 갈망 속에서 논리적 사고를 하는 셈이다"(Butler, 1987a: 2). 그러나 많은 철학자에게 이성을 보존하기 위해 욕망은 반드시 제쳐두거나 극복해야 하는 것이었다.[6] 욕망은 위험한 것으로 여겨졌다. 육체적 욕구의 긴급함으로 인해 우리가 진리라고 믿고 싶은 것이 실제 진리와 혼동될 수 있고, 그리하여 객관적이고 사심 없는 관점을 만드는 것이 불가능해지기 때문이다.[7]

그러나 욕망/자기의식의 움직임이 헤겔이 제안하듯 삶의 변덕에 비유될 수 있다면, 서사 속에서 각기 다른 항목으로 지정되어 있는 시간적 단절들은 다소 오해를 일으킬 수 있다. 우리가 헤겔의 주체를 욕망으로 생각하든, 자기의식, 언어 혹은 생명으로 생각하든(차이는 불분명하다), 주체는 각각의 '부분'을 혼합 혹은 포함하여 구성되어 있지 않다. 오히려 이러한 '부분'들은 주체 자신의 존재(자체)의 특정한 양식 혹은 '순간'이다. 즉 그것은 내적 비틀림, 주체가 자신의 차이에 대해 스스로 지니고 있는 성찰적 호기심의 표현이다.

사실 주체의 내적 격동이, 발생하는 복잡성의 별개의 순간들로 쪼개질 수는 없다는 이러한 의미를 고려할 때(주체는 그것의 차이의 모든 측면에서 항상/이미 그 자체이기 때문에), 우리는 무엇이든 한 가지를 다른 것과 비교하며 평가하는 근거가 무엇인지 궁금해할 수 있다. 이미 언급했듯이, '타자성'에 대해 말할 때는 차이를 성별화하고 인종화하며 그것을 모종의 결핍으로 여기는 암묵적 폄하가 있다. 예를 들어 여성은 흔히 남성보다 더 감정적이며 그렇기에 자연과 더욱 가깝다고 여겨진다. 이렇게 여성은 자신을 통제하지 못한다고 알려지면서 그 특성은 다시 그들이 추상적이고 논리적인 사고를 할 수 없다는 증거로 간주된다. 그러나 타자성이 육체성과 정렬되는 이유는 무엇이며, 흔히 원시성으로 여겨지는 타자성이 다른 것에 비해 어떤 행동, 능력, 주체 형성과 더 결부되는 이유는 무엇일까?

《정신현상학》에서 가장 유명한 장인 '주인과 노예'에서 버틀러는 명시적인 용어로 이 질문의 정치적 반향을 탐구한다. 그는 다음과 같이 설명한다.

[…] 인정과 노동의 드라마는 욕망의 치환permutations으로 봐야 한다. 실제로 이 장에서 우리가 목격한 것은 욕망의 점진적 구체화, 특히 욕망이라는 형태의 자기의식이다. 욕망의 개념은 하나의 추상적 보편으로서 자신의 물화된 성격을 상실한다. 그리고 육화된 정체성으로 상황 속에 놓이게 된다.(Ibid.: 43)

하나의 자기의식 혹은 처음에는 유일한 자아이자 유일한 자기의식으로 보이던 것이 또 다른 자기의식을 대면하는 순간인 거울 경험의 단계에서, 그 자아는 "자기 자신의 본질적인 원칙은 다른 곳에 체현되어 [있다]"(Ibid.: 48)고 인식하며, 이를 통해 치환된다. 이 경험 이전에 주체는 마주치는 모든 것을 소비하고, 적극적으로 타자성을 정복하거나 정복했다고 생각한다. 그것은 타자성을 인식하고 흡수하는 능력과 타자성을 자기 자신처럼 만드는 능력은 곧 타자성이 자기 자신이었다는 의미임을 깨닫지 못한다. 따라서 이제 그것은 타자도 명백히 독립성과 자유를 지니고 있는 만큼, 이 절대적 타자의 자기의식으로 인해 동일하게 잔인한 대가를 요구할 수 있다는 위협을 느낀다. 헤겔은 이 투쟁 속에 담긴 모호한 치환을 다음과 같이 설명한다.

자기의식은 이렇게 자기를 타자로 보는 일은 지양해야만 한다. 이는 지금 얘기한 이중의 의미를 지양하는 것이지만, 그로 인해 여기서 또 하나의 이중의 의미가 발생한다. 하나는 자기의식이 자신이 아닌 다른 자립적 존재를 지양하고 이로써 자기야말로 본질적 존재라는 것을 확신하도록 노력해야 한다는 의미이며, 다른 하나는 이 타자는 바로 자기 자신이기 때문에 이제는 자기 자신은 지양하도록 노력하지 않으면 안 된다는 의미다.(Hegel, 1807/1977: 111)

여기서 타자성은 육체적 취약성 및 필요와 은근하게 연결된다. 마치 타자의 육체가 소멸하면 절대적 자유가 보장될 수 있는 것처럼 말이다. 버틀러가 설명했듯, 이러한 "반反육체적 성애는 […] 육체가 자유에 꼭 필요한 기반이자 매개이기보다는 궁극적 한계임을 증명하려 하지만 그러지 못한다"(Butler, 1987a: 52). 소멸의 욕망은 모든 생명을 위협하며, 그로 인해 인정, 지배 혹은 "생명의 맥락 안에서 소멸시키려는 노력"(Ibid.: 52)의 모든 가능성까지도 위협한다는 깨달음과 더불어, 그 깨달음은 수용가능한 타협이 된다.

버틀러는 이 트라우마의 극화dramatization와 그것이 미치는 광범위한 정치적 파급효과를 통렬할 정도로 분명하게 요약한다.

공포는 분열을 낳는다. 주인은 자살을 통해 자신의 육체를 부정할 수 없으므로, 그는 자신의 부정을 체현하기 위해 노력한다. 이러한 의도적 관계의 내면화, 즉 성찰적 관계로의 변환은, 그 자체로 새로운 의도적 관계를 만들어낸다. 즉 탈체현이라는 성찰적 작업은 절대적 타자에 대한 지배로 이어진다. 주인은 육체를 단번에 없앨 수 없다. 이것은 생사를 건 투쟁이 준 교훈이었다. 그러나 주인은 순수하고 육체가 없는 "나", 특정성과 한정적 존재로 인해 구속되지 않는 자유, 보편적이고 추상적인 정체성을 유지하려는 작업을 지속한다. […] 주인의 암묵적인 관점에서, 자유는 그것을 구체적으로 표현하고 결정하는 데 육체적 삶을 필요로 하지 않는다. 주인도 육체적 삶을 반드시 돌봐야 하지만, 어떤 타자가 돌봐줘야 한다. 육체는 주인 자신의 정체성 과제의 일부가 아니기 때문이다. 주인의 정체성은 본질적으로 육체를 초월한다. 그는 그 절대적 타자에게 그가 되지 않고자 하는 육체가 되기를 요구함으로써 이러한 관점에 대해 환영적 승인을 얻는다.(Ibid.: 53)

정치이론가들이 줄곧 분석해온 이 주인과 노예의 투쟁 중, 노예의 복잡한 정체성 속에서 모순이 포착된다. 순전히 주인의 의도에 따른 도구이자 그의 필요를 위한 수동적 통로로서 노예는 그의 필요를 충족시키기 위해 육체노동에 투신해야 한다. 그러나 노예가 물질적 세계의 원초적이고 육체적인 일을 맡아 하는 동시에 노예 자신의 요구에 부응하기 위해 노동하면서, 그는 자연이 자신에게 저항할 때 드러나는 암묵적 독립성의 가치를 깊이 인정하게 된다. 노예는 자연을 자신이 사용할 수 있는 사물로 만드는 데 성공하지만, 이렇게 할 수 있는 그의 능력에는 자신의 목적에 따라 자연이 스스로를 내어주는 방법을 배우는 것이 포함되어 있다. 다시 말해, 노예와 달리 자연은 이러한 변형의 과정에서 분명히 능동적인 결정자라는 것이다. 따라서 노예의 자연에 대한 부정은 소비를 통제하는 단순한 행위가 아니다. 변형이 단순히 대상에 작용하는 과정이 아닌 것과 마찬가지로, 더 이상 그가 대상을 변형하는 유일한 행위자도 아니기 때문이다. 실제로 자연적 대상이 그것을 제작하는 사람의 내적 복잡성을 반영할수록, 주체와 대상 간의 차이나 창조적 행위성의 기원적 자리를 식별하는 일도 점점 더 불투명해진다.

마찬가지로, 자기의식이 그 자신과 대립하며 만들어지는 정치적 비대칭 구조로 돌아가면, 주인은 명백한 자유, 자율성, 특권을 통해 그의 거만함과 통제적 오만함을 자신이 통제하는 존재에 대한 불가피한 의존성으로 바꾸어 왔던 것에 비해, 노예는 어떻게 의존으로부터 자유와 자기결정이 나올 수 있는지를 충분히 이해하기 시작한다는 사실을 발견할 수 있다. 주인은 오직 자기 생각만 하고, (주인 자신의) 세계의 복잡성에 대해 매우 무감각하며 철저히 폐쇄되어 있어서 자기도 모르게 무지하며 진정으로 자신에게서 소외된 상태로 남아있다. 여기서 버틀러가 상기시키는 바와 같이 "그들의 초기 역할의 점진적인 전복은 욕망의 일반적 구조와 의미에 대한 교훈을 제공한다"(Ibid.: 56)는 점은 중요하다.

이제 헤겔 형이상학이 지닌 표리부동의 유혹에 대해서는 그것의 반反직관적 전복이 쉽게 바로잡힐 수 없다는 점을 이해할 수 있을 만큼 충분히 살펴본 듯하다. 헤겔의 주장이 의문을 제기하는 힘, 특히 그것이 '시초 조건initial condition'에 대한 우리의 이해에 도전할 때의 힘은, 기원에 대한 질문이 끈질기게 계속될 수밖에 없음을 의미한다. 버틀러는 분명 기원에 담겨 있음에도 검토되지 않은 정치적 투자를 밝히기 위해 기원을 재방문하는 데 분석적 관심을 가지고 있으며, 이러한 관심은 기원적 원초성, 즉 자연의 순수한 데이터라고 생각되는 속성, 주관성 혹은 과정을 그가 지속적으로 재독해하는 데도 이어질 것이다. 그러나 이 질문 양식에는 아직 인식되지 않은 하나의 함의가 있다.

　《정신현상학》의 '체계적 철학'은 '정신Geist'이라는 비유를 통해 형상화되는데, 이 정신은 신비스러우면서도 여러 생각을 불러일으키는 단어이자, 그것의 모호함으로 인해 모종의 난국을 재현하는 단어다. 간단히 말해서, 이 이야기의 주인공은 '누구'인가? 주체를 인간 주체로 융합하고, 자신의 구성적 유약함에 대해 더욱 성찰적으로 되어가는 과정 속에 포착된 평범하고 비범한 인간들로 융합하는 추정적 출발점은 타당해 보인다. 그러나 헤겔의 체계적 마주침으로 이루어진 회로를 따라가다 보면 모든 출발점이나 동일성을 발견적이고 잠정적인 장치로 바꾸어버리기 때문에, 우리는 잠시 멈춰야 한다. 그 혼란은 《정신현상학》에 담긴 총체화의 의도를 조직하는 서로 다른 생각으로 극화된다. 서사의 주체가 '감각-확실성', '지각', '힘', '개념', '욕망', '삶' 혹은 '의식'의 형태로 등장할 때, 우리는 이러한 용어를 자기의식을 향한 인간성 진화의 단계가 의인화된 것으로 보는 경향이 있다. 결국 여행 중인 주체가 서사의 전개에 따라 각각의 '역'에 도착하면서, 주체는 이러한 역을 자기마주침의 이형적 순간으로 인식하게 된다. 분명 욕망이 내재적 합리주의라면 주체는 인간 이외에 무엇이 될 수 있겠는가?

버틀러는 《정신현상학》은 "감각sensuousness을 모든 것을 포용하는 진리로 키워내는 철학적 수양"(Ibid.: 241)이며 그 진리는 육체적인 것과 동떨어져 있지 않다고 설명하면서도, 그 진리가 헤겔이 촉발한, 일견 즉각성 같은 것 안의 '평범한 경험' 혹은 '일상적 삶'을 뜻하지는 않는다고 신중하게 주장한다. 버틀러에게 "《정신현상학》의 '경험'은 결코 철학적 전유가 결여된 상태가 아니다. 지시대상은 암시적으로 인간의 평범한 경험이지만, 이 지시대상은 결코 그것을 해석하는 철학적 언어의 외부로서 노출되지 않는다"(Ibid.: 241). 버틀러는 현실 그 자체in-itself는 오직 언어라는 기술을 통해서만 소통될 수 있기 때문에, 철학 혹은 인간의 사고가 세계에 대한 우리의 지각을 매개한다고 생각한다. 그러나 헤겔의 기호학에서 매개의 수수께끼는 인간의 특성에 대한 버틀러가 설명하고 있는 내용보다 한층 더 모호하고 방대할지도 모른다. 헤겔의 설명에서, '철학 이전'이 여전히 철학이라면, 이 자기 탐구의 삶 및 질문의 운동이 인간 정체성에 의해 규정되고 수용된다고 반드시 가정할 필요가 있을까?

여기서 헤겔이 탐구하는 '체계'의 복잡성이 자신의 개별적이고 집단적 표현 속에 담긴 인간 존재be-ing라는 주체인가 아니면 보다 일반적인 존재Being인가라는 재미있는 질문을 고려해볼 수 있다. 이는 우리가 버틀러의 여러 글에서 그의 목표와 그것이 성취한 바를 전반적으로 살펴본 후에 다시 돌아가야 할 하나의 고민 지점이다. 여기서는 버틀러가 "필수적인 역사적 조건, 즉 연속성에 대한 추정, 상호주관적 의미sens, 종합하는 주체로서의 인간 행위자의 경계를 미리 설정할 개념적 필요성"(Butler, 1990a: 257)에 대한 예비적 경고를 보내는 것으로 충분하다. 그것이 '정치적인 것'과 질문될 수 있는 것을 미리 결정하기 때문이다.[8] 이후 장에서는 버틀러의 연구에서 주체를 재구성하는 급진적 움직임이 자신의 인식 범위에서 한층 더 나아갈 수 있는지를 살펴볼 것이다.

2장

젠더, 섹슈얼리티, 수행 I

젠더 트러블: 페미니즘과 정체성의 전복

1990년에 처음 출판되었고 1999년에 새로운 서문을 추가하여 재판이 출간된 《젠더 트러블》은 버틀러의 저작 중 지금까지 가장 널리 알려진 책이자 가장 큰 영향을 미친 책이다. 새롭게 부상하는 퀴어 이론 영역의 기초 텍스트 중 하나인 이 책은 성정치 논쟁 속에서 정체성 범주를 비판적으로 검토한다는 점에서 큰 공헌을 했다. 버틀러가 《욕망의 주체》에서 정체성의 문제를 연구했던 것으로 미루어볼 때, 두 번째 책인 《젠더 트러블》에서 그가 주장을 펼쳐가는 양식도 예견할 수 있었다. 요컨대 버틀러는, 섹스, 젠더, 섹슈얼리티와 같은 내용 범주를 자명하고 분명하다고 여기며 정체성을 완강히 고수하면 필연적으로 인간 삶의 복잡한 현실과 정치적 투쟁의 혼탁한 역사를 부정하게 될 것이라는 입장을 견지하고 있었다.

버틀러가 개입하고자 하는 중심 목표물은 페미니즘의 이성애 중심주의다. 당시에 여성운동은 인종적, 경제적 긴장으로 인해 여성과 그들의 연대가 분열되고 있음을 인정해야 한다는 압박을 받아왔음에도 '여성'이라는 범주가 자명한 사실이라는 관념은 이러한 논쟁의 참조점으로서 비교적 온전히 유지되고 있었다. 반면 페미니즘의 이성애 중심성은 보다 어색하게 얽혀있었는데, 아마도 젠더와 섹슈얼리티가 서로를 내포하기 때문일 것이다. 실제로 레즈비언 경험은 모두가 공유하고 있는 여성의 성애, 즉 그저 여성이 된다는 것과 결부되어 있는 헌신, 우정, 관능적 친밀함과 비슷한 무언가로 일반화되기까지 해왔다.[1]

중요한 것은, 이성애주의적 근본주의라고 설명되는 것에 대한 버틀러의 비판은 하나의 잘못된 정체성 혹은 인식을 보다 가치 있거나 정확한 것으로 대체하려는 단순한 교정이 아니라는 점이다. 그의 목표는 어떤 정체성이든 그것을 내적으로 불안정하게 만드는 복잡한 힘을 밝혀내는 것이기 때문에, 버틀러는 페미니즘의 정체성 정치에 대한 자신의 비판을, 페미니즘의 실패에 기대어 스스로를 정의하는 추정적인 레즈비언과 게이 정체성에 이의를 제기하는 데까지 확장한다. 요약하면, 《젠더 트러블》은 정체성의 잠정적인 본질을 인정하는 동시에, 정체성은 경험적 현실일 뿐 아니라 정치적 필연임을 확인하는 것까지 포함하는 전술적 저글링을 탐구한다.

《젠더 트러블》은 "매우 다른 추론의 영역 속에서 젠더 범주들의 비평적 계보학을 끌어내려는"(Butler, 1990b: xi(77)) 세 개의 주요 장으로 이루어져 있다. 1장 '섹스/젠더/욕망의 주체'에서는 독자에게 논의의 기본이 되는 용어를 소개하면서, 이 범주들 간의 연속성과 불연속성은 물론 페미니즘과 섹스/젠더 구분의 기반이 되는 '여성'이라는 토대적 위상을 모색한다. 그리고 프랑스 페미니스트 작가인 모니크 위티그와 뤼스 이리가레의 책을 분석하며 이 책 전체를 조직하는 주제인 언어와 권력의 관계가 탐구된다.

2장 '금지, 정신분석학 그리고 이성애적 모태의 생산'은 클로드 레비스트로스와 사회 조직에 대한 구조적 분석을 재검토하며, 문화적 수용가능성의 기준선으로 제시되는 근친상간 금기가 지니는 분석적 중요성을 따져 묻는다. 버틀러는 일관적이라고 여겨지는 젠더와 그것을 요구하는 이성애 프레임, 그리고 그것을 만들어내고 법제화하는 사회적 위계에 의문을 제기한다. 그의 비판은 두 갈래다. 특히 자크 라캉과 조앤 리비에르의 논의를 통해 정체성 형성의 문제를 정신분석학적으로 접근하면서, 버틀러는 구조적 이성애규범성에 대한 하나의 설명방식을 마련한다. 정신분석학은 분명 버틀러가 비판하는 설명방식이지만, 금지가 항상 위태로우며 손상되는 것과 마찬가지로 규범적 정체화도 불완전하게 달성된다는 점을 밝혀내는 데는 정신분석학이 유용하다고 판단했다. 그런 뒤 버틀러는 정신분석학과 근친상간 금기를 미셸 푸코의 억압가설 비판이라는 렌즈를 통해 검토한다. 권력의 본성은 너무나 철저히 도착적이어서 사법적 권력과 억압조차 법의 전복을 부추긴다는 푸코의 통찰에 따라, 버틀러는 다음과 같이 질문한다. "정신분석학은 단단하고 위계적인 성적 규약을 효과적으로 허무는 성의 복잡성을 확증하는 반근본주의적 탐구인가? 아니면 바로 그 위계질서를 위해 작동하는 정체성의 토대에 관한, 인정되지 않은 일련의 가정들을 주

장하는 것인가?"(Ibid.: xii(78))

마지막 장인 3장 '전복적 몸짓들'과 간단한 결론인 '패러디에서 정치성으로'는 《젠더 트러블》을 대표하는 주장이 담겨 있다고 널리 알려져 있다. 비록 버틀러는 이 책을 향한 열광적 반응을 불편하게 받아들이며 수행성을 심각하게 재고하게 되었지만, 그럼에도 수행성이라는 개념이 이토록 널리 받아들여졌음을 감안하면 그것의 초기 형태는 살펴볼 가치가 있다. 버틀러는 또한 이 장에서 쥘리아 크리스테바가 모성적 신체를 재현할 때 규범이 개입하는 문제를 푸코주의적으로 비판하면서, 크리스테바의 신체의 정치학을 탐구한다. 그러나 버틀러는 크리스테바를 비판하는 데 그치지 않고 그의 연구의 또 다른 측면, 즉 비체abjection에 대한 논의에 담긴 전복적인 성과를 모색한다. 마찬가지로 버틀러는 사법 권력에 대한 푸코 이론의 유용성을 받아들이면서도 그의 이론이 특히 "성차에 대한 문제적인 무관심"(Ibid.: xii(78))의 측면에서 일관적이지 못하다는 점을 놓치지 않는다. 요컨대, 이 장의 구성은 구조적 비대칭의 생산, 즉 개별적 신체뿐 아니라 더 큰 사회적 신체를 협소한 이분법적 가능성이라는 규제적 격자 안에 새겨넣는 방법에 초점이 맞춰져 있다. 버틀러는 모니크 위티그의 이론 및 소설과 쥘리아 크리스테바의 비체 논의를 결합하면서 이렇게 규범적 결정에 도전하는 수행적 재의미화의 정치학을 발전시킬 것이다.

섹스/젠더/욕망의 주체

이 장은 간단한 인용으로 시작해보겠다. 이 인용은 성 정체성 및 욕망의 근원 자체에 대한 중대한 공격을 드러내는 집단적 결과를 초래하기도 했다.

- 우리는 여자로 태어나는 것이 아니라 여자가 되는 것이다.
  _시몬 드 보부아르
- 엄밀히 말해, "여성들"이 존재한다고 말할 수 없다.
  _쥘리아 크리스테바
- 여성은 하나의 성이 아니다. _뤼스 이리가레
- 섹슈얼리티의 배치는 […] 오늘의 성이라는 관념을 만들어 냈다.
  _미셸 푸코
- 성별의 범주는 사회를 이성애적으로 정초하는 정치적 범주다.
  _모니크 위티그
  (Ibid.: 1)

이러한 주장의 위치를 설정하고 경계를 넘는 그들의 경제 안에서 무엇이 위태로워지는지 설명하기 위해 버틀러는 '여성'에 대한 논의로부터 시작한다. 해부학적 성별의 차원에서 본질적이고 실체적인 대상을 가리키는 이 '여성'이라는 범주는 페미니즘이 해방을 위해 해왔던 가장 초기의 투쟁을 자연적으로 지지하는 듯이 보였다. 이는 마치 여성이라는 것이 민족, 계급, 인종적 차이를 통합할 수 있고 심지어 간문화적cross-cultural 경험마저 초월할 수 있는 단순하고 자명한 사실인 듯이 보는 입장이다. '여성'이라는 전 지구적 정체성과 짝을 이루는 남성에 대해서도 마찬가지로 포괄적인 가정이 존재한다. 특히 모든 여성은 남성이 지배하는 보편적 체계, 즉 가부장제의 억압을 겪으며, 그 가부장제에서 남성들은 아주 명확하게도 착취적 이득을 누린다는 가정이다.

이 입장에 직접적으로 반대하는 것은 아니지만, 생물학이 해석되는 방식을 결정할 때 문화적 요인이 강력한 힘을 발휘한다는 인식이 커지면서 확실히 그림은 더욱 복잡해졌다. '여성'은 문화적 인공물이라는 보부아르의 도발적인 주장은, 젠더의 다양성을 설명하는 인류학 및 역사 연구가 성에 대한 해부학의 영향력을 감소시킨 것과 더불어, 페미니즘을 구성하는 생물학의 관련성을 상당히 밀어냈다. 버틀러가 설명했듯, "원래 생물학은 운명이라는 공식을 논박할 의도였던 섹스와 젠더 간의 구분은, 섹스가 어떤 생물학적으로 굳건한 특성을 가지고 있던 젠더는 문화적으로 구성된 것이라는 주장에 공헌했다. 따라서 젠더는 섹스의 인과적 결과도 아니며 섹스처럼 외형적으로 결정된 것도 아니다"(Ibid.: 6(94)).

섹스와 젠더 사이의 명백한 분리를 감안할 때, "페미니즘 내부의 파편화나 페미니즘이 재현하고자 하는 '여성들'이 페미니즘에 반대하게 되는 역설적 상황 […]"(Ibid.: 4(91))은 놀랄 일이 아니다. 여기서 버틀러의 요점은 정체성 정치가 폭력적 배제를 부인한다. 즉 어떤 개념적 통일체이든 요구할 수밖에 없는 규범적 요구 및 타협을 부인한다는 것이다. 다시 말해 '여성'의 살아 있는 현실은 공유된 정체성의 존재 자체가 희미해질 정도로 아주 제각각의 경험을 포함할 수 있다.

그러나 버틀러는 이 주장을 한층 더 발전시켜, "남자와 남성적인 것은 남자의 신체를 의미하는 만큼이나 쉽게 여자의 신체를 의미할 수 있고, 여자와 여성적인 것은 여자의 신체를 의미하는 만큼이나 쉽게 남자의 신체를 의미할 수도 있"(Ibid.: 6(96))을 지 물으며 섹스를 젠더와 분리하는 사고에 담긴 문제적 함의를 강조한다. 버틀러는 생물학적 결정론에 대한 보부아르의 거부로 돌아가서 "그의 설명 어디에도 여성으로 만들어진 '사람'이 반드시 여자라는 확언은 없다"(Ibid.: 8(99))고 하며 자신의 질문을 정당화한다. 그러나 이 마지막 주장에서조차, 실제로 그것[여성으로 만들어진 사람]을 표현하는 바로 그 용어[여자] 속에는, 육체적 참조, 해부학적 성의 본질적 사실이 이후에 나타날 어떤 파열의 다양한 가능성과 의미를 선행하거나 제한한다는 감각이 있다.

심지어 섹스와 젠더를 구분하려는 주장 안에서마저, 해부학적 성의 이형적 물질성은 미리 주어져 있다고 여기며 그것에 끈질기게 설명적으로 의존하는 경향에 대해 버틀러는 다음과 같이 질문한다. "섹스가 불변의 특성을 지녔다는 것이 논쟁 선상에 있다면, 아마도 '섹스'라 불리는 이 문화적인 구성물은 젠더만큼이나 문화적으로 구성된 것이 될 것이다"(Ibid.: 7(97)). 버틀러는 '섹스'의 문화와 그것의 계보학에 관심이 있다. 어떻게 '섹스'

가 젠더의 해석(인지/정신)에 선행하는 문화 이전의, 수동적이고 불변하는 해부학적 본질(육체)을 의미하게 되었는가? 다시 말해 '섹스는 자연, 젠더는 문화에 해당한다'는 이분법이 실제로는 그 문화 안에서 만들어진 내적 차이라면, 어떤 구조가 이렇게 대립적이고 정치적으로 굴절된 차이를 만들어내는 것일까?

버틀러 주장의 핵심은 확신이다. 문화는 존재론적(존재 방식), 인식론적(앎의 방식) 참조틀을 생산할 수 있는데, 그 참조틀은 너무나 강력한 나머지 물질적 실체의 명백한 불변성과 환원 불가능성으로 응결된다. 사실 버틀러가 보기에, 우리는 이러한 물질적 진리의 무게에/무게를 통해 종속되어 있으며, 그것을 정체성을 규정하는 매개변수로 삼으며 살아가고 있다. 이러한 의미의 체제들, 즉 너무 미묘해서 성별화되고 성별화시키는 논리들을 완전히 보이지 않게 은폐하는 체제들에 담긴 정치적 함의를 설명하고 이의를 제기하기 위해, 버틀러는 언어 분석으로 관심을 돌린다.

《젠더 트러블》에서 언어는 이분법적 규제 및 구조적 구분 전체를 아우르는 중요한 템플릿이자, 정보를 이해가능한 명료함과 적법성의 규범적 패턴 및 실천으로 질서화하는 담론적 배치configuration다. 페미니스트 뤼스 이리가레는 이러한 구조를 면밀하게 분석하여 의미의 구성 요소 그 자체에서 남성적 경제를 발견한다. 기호의 구성 요소인 기표(지각/육체)와 기의(개념/정신)가 작동하는 '기계' 안에서, 그리고 기호의 대체가능성이나 현존(정체성)과 부재(차이)의 대립이 지니는 구조적 동인 속에서 이리가레는 남성 특권의 정체성 형성을 반영하는 이분법적 논리를 발견한다. 감정보다 이성, 물질보다 정신, 자연보다 문화, 팔루스(남근)의 존재와 여성의 결핍 등이 바로 그것이다. 간단한 묘사로 이 경제를 설명할 수 있다. 앞에 제시된 전경/배경의 이분법적 대립을 살펴보면, 두 용어가 동등한 가치를 지니고 있지 않다는 사실을 알 수 있다. 전경의 자명함은 부정적인 그림자를 지닌 배경보다 두드러진다. 간단히 말해 배경은 현존을 결여하고 있기 때문에 형체나 의미가 없는 '무언가'로 묘사될 수 있을 뿐이다. 관습적으로, 배경은 마치 어떤 실질적 의미도 없는 양, 아무것도 아닌 것으로 읽힌다. 그러나 자세히 살펴보면, 전경의 명백한 자기정의와 자율성이 실제로는 '그것을 앞으로 내세우는' 배경에 의해 초래된다(젠더화된다)는 것을 알 수 있다.

이리가레는 언어의 이분법적 구조가, 남성 주체를 규정하는 최초의 배경인 '여성'을 부적절한 것으로 배제하는 성별화 경제를 통해 그것의 가치 평가를 생산한다고 주장했다. 결과적으로 여성은 '타자', '육체', '비합리성', '동물성'과 더불어 정렬되며, 이 개념들은 모두 그저 자연스럽게 서로 연결되는 것처럼 보인다. 기원적 부적절함의 감각은 여성의 성적 형태학 속에서 다시금 분명해진다. 여성이라는 성적 형태학은 팔루스/아기에 대한 부재 혹은 잠재적 준비상태이며 그것에 의미와 목적을 부여하기 위해서는 반드시 남성을 기준점으로 삼아야 하는 해부학으로 재현되기 때문이다. 프랑스 페미니스트와 여러 후기구조주의 사상가들은 언어의 내적 논리가 팔루스 중심적이라고 설명한다. 그것은 복잡성, 문명, 사유의 모든 기호를 남성성에, 원시적 단순성, 육체적 동물성을 여성성에 융합시키기 때문이다. 그것은 또한 남성성과 여성성의 상대적 가치가 설정하는 위계가 마치 논리적이며 불가피한 것인 양, 그러한 차이를 정치적으로 해석한다. 이리가레는 '하나이지 않은 이 성'[2]에 대한 다중적 표현은 여성을 결핍으로 정의하는 남성적 재현을 언제나 교묘하게 벗어날 것이라고 주장하면서, 타자성에는 경계를 넘어서는 가능성이 있다고 응답한다. 그렇기에 이리가레에게 "여성은 재현불가능성을 구성한다"(Ibid.: 9(102)). 여성은 폄훼되고 전도된 남성이라는 부정적인 지위를 넘어서기 때문이다.

그러나 언어의 정치적 본성에 대한 이리가레의 훌륭한 통찰에도 불구하고, 버틀러는 이리가레의 이론이 세계화하는 가설을 경계한다.

'타자'의 문화들을 세계적 팔루스로고스 중심주의의 다양한 확대 사례로 포함시키려는 노력은 일종의 전유 행위를 만든다. 그리고 이 전유 행위는 그렇지 않으면 그 전체화된 개념을 문제시했을 차이들을 바로 그 기호 아래 식민화시키면서, 팔루스로고스 중심주의의 자기증식적 제스처를 반복할 위험이 있다.(Ibid.: 13(109))[3]

버틀러의 지적은 날카롭다. 페미니스트들이 이렇게 "식민화하려는 제스처"의 논리를 무비판적으로 반복하고 지지할 수 있다면, 더 이상 그것을 '근원적이거나 불가피하게 남성적인' 문제로 간주할 수 없기 때문이다(Ibid.: 13(110)). 실제로 고발자가 또한 피고발자이기도 하다면, 범주 간의 전염은 정치적 분석 및 결점찾기의 조사를 전부 혼란스럽게 만들 수도 있는 위협이 될 수밖에 없으며, 최소한 복잡하게 만든다는 것만은 확실하다.

여기서 버틀러가 밝히는 까다로운 문제를 감안할 때, 이러한 모호성에 대한 판단을 내려줄 안정적인 기준점에 대한 욕망은 불가피하고 강력하다. 이리가레는 여성의 차이를 인식할 수 없게 만드는 언어의 도구적 결정을 외부 혹은 이전의 어떤 장소에서 찾는 듯하다. 그러나 '인식가능성의 모체' 자체가 문제가 될 때는 그러한 주장을 어떻게 이해해야 할까? 버틀러는 이리가레의 입장을 본질적인 성의 문법, 즉 "전복적 다양성의 장소인 여성성을 침묵하게 만들면서, 일의적이고 지배적인 남성성, 남근로고스 중심주의 담론을 효과적으로 은폐하는"(Ibid.: 19(119)) 문법에 대한 비판으로 읽는다. 그러나 이리가레의 입장은 자연과 문화의 차이에 기반을 두고 있는 대립적 개체 간의 존재론적 분리를 되살린다는 점에서 은연중에 본질주의를 회복시킨다. 이리가레는 언어는 근본적으로 억압적이고 도구적이며 따라서 남성적이기 때문에 '여성'은 언어의 외부에 있다고 주장하지만, 내부와 외부의 이러한 구분 역시 이리가레 자신의 논의에 따르면 오직 언어 안에만 존재할 수 있는 이분법적 판단이다. 여성에 대한 친숙한 가치 평가는 역전되었지만, 그에 따른 이원성에는 진정한 치환이나 개입이 이루어지지 않았다. 간단히 말해서 추정 상의 복잡성, 이 경우에 '여성'은 그것을 이해하는 데 실패하는 무언가, 즉 언어와 남성에 의지하여/그것의 외부에서 정체화된다. 이 점을 감안할 때, 이리가레는 '여성'이 지닌 경계 위반의 도착성이 여성을 포착하지 못하는 언어의 억압적 실패(라고 가정적으로 읽히는)인 '기호'를 다시 끌어올린다는 역설적 주장을 하게 된다.

이리가레에 따르면, '적절한' 성은 오직 하나, 남성성이기 때문에 성차에 대한 그의 연구는 섹스/젠더/섹슈얼리티 연쇄를 남성/여성의 문제 혹은 관습적으로 해부학적 차이의 형태학이라고 이해되던 것으로 축소시키는 경향이 있다. 이렇게 접근하면 남성상 안에 있는 '타자성'에 대한 문제, 또 다른 예를 들자면 서로 다른 여러 섹슈얼리티에 관한 문제가 껄끄러운 상태로 남는 결과가 따를 수 있다. 그러나 모니크 위티그의 글에서 버틀러는 섹스의 이분법적 본성에 관해 매우 상이한 관점을 발견한다.

위티그의 비판적 개입은 강제적 이성애의 재생산 목표에 초점을 맞추고 있다. 강제적 이성애는 신체의 다양한 쾌락과 성적 충동을 오직 하나의 수용가능한 결과로 결집시킨다. 위티그에 따르면 인간됨은 언제나 '젠더의 문법'에 의해 언어 속에서 지정되는데, 이렇게 오직 두 성 중 하나로 나누는 언어의 구분에 기능적 속성이 부여된다. 다시 말해 성별 지정은 이성애규범적 억압 체계의 성적 목적을 위한 구실이 된다. 버틀러는 다음과 같이 설명한다.

섹스가 (심리적인 그리고/혹은 문화적인 자아를 지칭하는 장소에서의) 젠더를 필요로 한다는 의미로 이해될 때만, 또 섹스가 (이성애적이어서 자신이 욕망하는 다른 젠더와의 대립관계를 통해 스스로를 변별화하는 장소에서의) 욕망을 필요로 한다는 의미로 이해될 때만 젠더는 섹스, 젠더 그리고 욕망에 관한 경험의 **통일성**을 의미할 수 있다. 따라서 남성이나 여성, 양 젠더의 내적 일관성이나 통일성은 안정되고 대립적인 이성애를 필요로 한다.(Ibid.: 22(126))

언어에 내재된 남성성이 여성성을 지운다고 가정하는 이리가레와 달리, 위티그는 언어를 선택하는 주체에 따라 좋은 효과나 나쁜 효과를 낼 수 있는 중립적 도구로 여긴다. 그렇기에 위티그의 관점에서는, '젠더의 표지'가 생략되고 주체의 다성적이고 비-성기적인 쾌락이 완전히 자유를 획득할 가능성이 존재한다. 실제로 위티그는 "섹스의 범주를 넘어선" 것으로 여겨지는 주체인 '레즈비언'의 형상에서 이렇게 더 풍요로운 존재적 표현의 증거를 본다(Wittig, Butler, 1990b: 19(120)).

버틀러는 의식적인 것을 자연화하는 성별 지정의 수행적 기능에 대한 위티그의 통찰이 중요함을 인정하면서도, 그의 주장은 이러한 규제적 체제보다 주체의 자유가 먼저 존재하는 인본주의적 주체를 상정하고 있다며 비판한다.

위티그가 레즈비언의 해방이라는 급진적인 기획에 동의하고

'레즈비언'과 '여성'의 구분을 강화한다고 생각되는 지점에서, 이런 기획과 구분은 자유라는 특성을 가진 젠더화 이전의 '사람'을 옹호함으로써 이루어진다. 이러한 움직임은 인간의 자유가 갖는 사회 이전의 위상을 확증하는 것일 뿐 아니라, 성의 범주 자체를 생산하고 당연시한 것에도 책임이 있는 본질의 형이상학에 동의하는 것이기도 하다.(Butler, 1990b: 20(122))

"그것에 선행하는 본질과 속성이라는 존재론적 실체"(Ibid.: 20(122))에 대한 믿음을 본질의 형이상학이라고 지칭하며, 버틀러의 전체 연구는 그것의 환영적 주장에 대한 지속적인 비판을 대변한다. 이 점에 대해 미셸 아르Michel Haar를 인용하면서, 버틀러는 "주체, 에고, 개인은 수많은 거짓 개념에 불과하다. 이들은 처음부터 언어적 실체만 갖고 있던 허구적 통일체를 본질로 변화시키기 때문"(Ibid.: 21(123))이라고 지적한다.

실체에 대한 우리의 개념을 교란시키는 이러한 논박이 제시된 후에도, 독자는 이 장이 끝날 때까지 곤경에 처한다. 버틀러는 언어가 섹스/젠더와 섹슈얼리티를 인과적으로 연관시키는 구성적이고 규제적인 힘을 가지고 있다는 관념을 명확히 고수한다. 그리고 남성성에 대한 이리가레의 설명과 위티그의 이성애 규범성에 대한 분석은 이러한 인과적 구성과 억압적 체제를 자연화하고 강제하는 언어 내의 구성과 체제를 조명한다. 이를 고려하면, 전복의 본성에 대한 문제가 제기된다. 언어적이고 문화적 실천 속에 구축된 이 금지적인 체제에서 벗어날 길이 없다면 그것에 어떻게 도전한단 말인가? 버틀러의 주장대로 우리가 그들의 제도 이전의 시간으로 돌아갈 수 없고 그들의 억압을 마침내 초월할 꿈을 꿀 수도 없다면, 어떻게 개입할 수 있는 가능성을 예견하거나 그것의 성공을 가늠하기를 바랄 수 있단 말인가? 만일 권력을 전복하는 데 필요한(권력 '넘어', '이전의', '외부의', '이후의') 바로 그 시간적, 공간적 은유에 권력이 자리하고 있다면, 다시 말해, 권력이 정작 우리가 그것에서 벗어나기 위해 사용할 수 있는 모든 전략 및 경계 위반의 전술과 일치한다면, 우리는 어떤 방식으로 나아가야 하는가?

권력은 도착적이고 편재된 정체성을 가지고 있다는 이 마지막 설명은 미셸 푸코의 연구를 떠올리게 하는데, 버틀러는 자신의 기획에서 푸코의 연구가 가지는 결정적 중요성을 강조하며 이 장을 마무리한다. 푸코의 통찰을 바탕으로, 속박이 없던 역사 이전의 시기나 유토피아적 미래에 자리한 "문화의 '바깥에' 존재하는 엄밀한 여성적 쾌락"(Ibid.: 30(142))의 가능성에 이의를 제기하기 위해 버틀러는 까다로운 문제를 몇 가지 제기한다. 버틀러가 보기에, 다시 회복할 수 있는 낙원적 존재라고 향수에 젖어 언급하는 지배적인 정치적 요구는 다음과 같다.

> [⋯] 권력 자체의 관점 안에서 섹슈얼리티와 정체성의 전복가능성을 재고해보려는 구체적인 당면과제를 지연시킨다. 물론 이러한 비판 작업은, 권력의 모태 안에서 작동한다는 사실이 지배관계를 무비판적으로 복제하는 것과 같다는 의미는 아니라

는 점을 전제로 한다. 그것은 법의 강화가 아닌, 법의 위치 변경이라는 법의 반복가능성을 제시한다.(Ibid.: 30(143)에 강조 추가)

다음의 두 장에서 버틀러는 권력의 목적과 인과적 의도의 명백한 통일성이 언제나 도착적 계산과 에너지에 취약하기 때문에 권력 자체의 정체성은 본질적으로 모호하다고 주장할 것이다.

금지, 정신분석학 그리고 이성애 모체의 생산

프랑스 구조주의 인류학자인 클로드 레비스트로스Claude Lévi-Strauss는 보편적이고 이분법적인 구조가 모든 사회적 배치, 상징적 표상 및 경제적 교환에 영향을 미친다고 주장한다. 페르디낭 드 소쉬르의 언어 '체계' 이론에 힘입어, 레비스트로스는 언어에 사회 분석의 템플릿이라는 특권을 부여한다. 그것이 사회적 삶의 모든 측면에 대해 알려주고 그것을 영속화하는 모든 문화 현상의 원형, 즉 '무의식적 구조'이기 때문이다.[4] 자연/문화의 구분처럼, 레비스트로스가 '날 것과 익힌 것'으로 설명한 이 이분법은 그의 연구에서도 특별한 주목을 받았지만 페미니즘에서의 함의도 상당히 크다. 지금까지 살펴봤듯, 그 구분은 성적, 정치적으로 편향되어 있으며, 그에 따라 자연(여성, 육체)은 문화(남성, 정신)에 의해 해석되고 규제되며 사회적 형태와 의미가 부여되기만을 기다리는 말 없고 수동적인 대상으로 분석되었다.

남성에게 자연이란, 자신의 목적과 욕망에 부합하게 만들기 위해 길들여지고 통제되어야 하는 원재료다. 따라서 문화는 자연의 제멋대로인 힘을 가로막고 문화적 생산성을 이끌어내는 금지를 구축하면서 시작된다. 레비스트로스에게 그것은 근친상간 금기다. 이는 상징적이고 경제적인 목적에 필수적인 요소로서, 여성을 부계의 부족 사이를 움직이는 교환의 대상으로 삼는다. 버틀러가 설명했듯이 "신부는 일군의 남성 간의 관계어로 작용한다. 신부는 하나의 정체성을 가지고 있지도 않고, 그 정체성을 다른 것으로 교환하지도 않는다. 다만 그녀는 정체성 부재의 장소가 됨으로써 남성적 정체성을 반영할 뿐이다"(Ibid.: 39(160)).

많은 여성이 이름 없는 대상으로 기능하면서 친숙한 자신의 고향에서 쫓겨나 타향에서 결혼을 하고 낯선 사람들의 성적, 경제적 필요를 충족시켜줘야 하는 이유는 무엇일까? 버틀러는 "상징적 사고가 출현하며 그것은 여성에게 마치 언어처럼 반드시 교환되어야만 하는 것이 되기를 요구했음이 틀림없다"(Lévi-Strauss, Butler, 1990b: 41(165))는 레비스트로스의 발언을 인용하며, 그가 불가피하고 자연화된 것처럼 보이는 설명을 붙이고 있으면서도, 마치 그것이 이미 발생한 결과인 것처럼 혼동하면서 이 문제적 질문에 답한다고 비판한다.

그러나 이러한 구조를 다른 관점에서 탐구해본다면, 이성애적 여성교환이 만들어내는 남성들 간의 관계는 또한 '동성애적 유대의 강화'(Bulter, 1990b: 41(164))라는 호모소셜의 기능을 수행해야 한다. 버틀러는 남성들 간의 호혜적 관계가 남성과 여성 간, 혹은 실질적으로는 여성 간의 호혜성을 암묵적으로 금지하지는 않는지 물으면서, 그 관계에 대한 레비스트로스의 경직된 개념화에 의문을 제기한다. 버틀러는 근친상간 금지의 효과와 더욱 일반적인 부정성의 효과에 대해 다음과 같이 간단히 언급하며 이 절의 논의를 끝맺는다. "금지가 존재한다고 해서 결코 그 금기가 효과적으로 수행된다는 의미는 아니다"(Ibid.: 42(167)).

호혜성, 금지, 정체성에 대한 탐구를 이어가면서 버틀러는 지그문트 프로이트의 연구를 소쉬르 언어학에 연결시킨 프랑스 정신분석학자 자크 라캉의 연구로 관심을 돌린다. 레비스트로스가 구조적 특권과 남성성을 하나로 융합시키는 데서 확인했듯이, '적절한' 주체(자아 혹은 에고, '무언가를 알 수 있어야 하는 존재')는 반드시 남성이어야 한다. 그러나 라캉의 이론에서는 그렇지 않다. 지식이라 여겨지던 것이 불가피하게 자기기만을 포함하는 것과 마찬가지로, 남성과 여성 각각의 정체성은 서로 얽혀 있으며 그렇기에 훼손될 수밖에 없기 때문이다.

버틀러는 어머니/자녀 간의 기원적 관계가 펼쳐지면서en-folding 주체 형성이 시작된다고 설명하지만, 이러한 관능적인 관계는 일반적으로 관계가 요구하는 요소, 즉 두 명의 별개의 개인이라는 요소를 혼란시킨다. 자크 라캉의 논의를 따르면서, 버틀러는 자녀가 어머니의 육체와 갖는 개인화 이전의 경험은 자기성애적 쾌락, '그것'과/'그것' 안에서 통합되는 일로 경험된다고 주장한다. 아이가 타자성(모성)과 자신을 동일시하거나 구분하는 법을 배우기 전에는 어머니도 없고 자아도 없다는 점이 중요하다. 라캉에 따르면, 삶의 기원은 언어를 습득하기 전까지는 흐릿하고 뒤엉킨 채로 남아있다. 주체는 인칭 대명사 '나'와 같은 언어적 표지를 통해서 자율성과 자아소유를 가정할 수 있게 된다. 따라서 언어는 이러한 기원적 충만함(실재계實實界 혹은 '결여의 결여')을, 아이가 반드시 제자리를 찾아들어가야 하는 이분법적 가치, 질서화된 의미, 명령과 금지로 이루어진 사회적 의미의 세계로 '재현re-present'하게 된다.

라캉이 '상징적 질서'라고 명명한 이 문화적 암호는 아버지의 법에 입각하여 지각하고 인식되는 방식을 만들어내지만, 남성적 주체의 정체성과 특권 그 자체는 여전히 보잘것없다. 성차를 결정할 때 팔루스Phallus의 질서가 가지는 중요성에 대해 설명하며 버틀러는 이를 명확히 밝힌다.

'여성'에게 팔루스임은 팔루스의 권력이 반영된다는 것, 그 권력을 표시하는 것, 팔루스를 '체현'하는 것, 팔루스가 스며들 장소를 제공하는 것이다. 또한 그 정체성의 타자, 부재, 결핍, 변증법적 확증이 '되어' 남근을 의미화하는 것이기도 하다. 라캉은 팔루스를 결여하고 있는 타자가 팔루스이다라고 주장하면서, 권력은 그것을 소유하지 못한 여성적 위치가 휘두르게 된다고 주장한다. 또한 팔루스를 '가진' 남성적 주체는 이런 타자를 확인해주고, 타자는 그에 따라 '확장된' 의미에서 팔루스여

야 한다고 주장한다.(Ibid.: 44(170))

이 설명은 분명히 헤겔의 주인과 노예의 변증법과 공명한다. 남성의 자족성과 자율성은 그의 실질적 의존성과 모성적 육체에 대한 욕망이라는 일차적 억압과 이후에 여성을 육체적 원시성과 결합하여 재구성하는 것(여성은 성별 자체, 육체 자체가 된다)으로 이어지는 억압에 기초하고 있다. 그러나 남성의 자기규정의 기반이 상상적이라면, 라캉이 남녀의 관계를 겉모습의 희극적 놀이라고 여기는 것도 놀랄 일이 아니다. 하지만 이것은 팔루스로고스 중심주의적 특권의 요구에 저항하는 페미니즘에 어떤 영향을 미치는가? 다시 말해, 젠더의 존재론은 허구적 외관일 뿐이라는 폭로가 남성적 권력을 '실현하는' 효과 그 자체를 교란하거나 그것에 도전하는 데 어떻게 활용될 수 있는가?

흥미롭게도 버틀러는 결코 그는 라캉의 논의를 거부하는 데 만족하지 않고, 라캉의 주체 형성의 모호함과 우유부단함 자체에서 비판적으로 유용한 무언가를 발견해낸다. 예를 들어, 버틀러는 가면극 자체가 겉으로 보이는 것 이상이라고 말한다. 즉 그저 가부장적 욕망에 순응하여 '옷을 입는 것' 혹은 욕망을 그대로 비추는 것 이상이다. 결국 페미니스트 및 레즈비언 주체 형성 또한 이 수행적 과정의 결과라면, 적합한 지시대상이 결여되어 있다는 것은 곧 모든 정체성 형성이 잘못된 측정이자 부적격임을 의미한다. 버틀러가 가면극을 가능성의 놀이, 즉 모든 정체성을 부적절하게 만드는 구성적 모호성으로 해석하는 데 반대하면서, 이리가레와 같은 페미니스트들은 가면극이 본질적인 여성성을 덮어버린다고 주장한다. 즉 가부장적 담론의 억압에 질식당해 여성적 특수성은 재현할 수 없는 것이 되어버린다. "가면은 [⋯] 남성의 욕망에 참여하기 위해 [⋯] 여성들이 쓰는 것이다. 그러나 거기에는 자신의 욕망을 포기해야 한다는 대가가 따른다"(Irigaray, Butler, 1990b: 47(176)에서 재인용).

버틀러는 이러한 문제적 차이 중 일부를 조앤 리비에르의 '가면으로서의 여성성'(1986)을 통해 탐색한다. 이 에세이에서 리비에르는 어떤 사람들, 특히 '다른 성별의 강렬한 특성을 명백히 보여주는' '중간 유형'의 '특성, 욕망 그리고 "지향성"'이 생물학적 성과 분리되는 현상의 이유를 설명하고자 한다(Riviere, Butler, 1990b: 50(182)에서 재인용). 버틀러는 섹스/섹슈얼리티 그리고 젠더 사이에 일관적인 상관관계가 있으리라는 가정은, 성별의 개념화를 뒷받침하는 이성애 중심적 기능주의에 대한 위티그의 통찰을 완벽하게 보여준다고 지적한다. 그러나 이 '부적격'에 대한 리비에르의 판단에는 자신의 의견을 지지하는 그 유형화 자체를 효과적으로 탈자연화하면서 모든 기준점을 의심하게 만드는 설명이 담겨 있다. 그러면 그의 주장이 한편으로는 이성애적 모태를 의심의 여지가 없는 출발점으로 삼고 있는 반면, 또 다른 한편으로는 가령 '진정한 여성성과 "가면극"은 [⋯] 동일한 것이다'(Ibid.: 53(182)에서 재인용)처럼 자연적인 성적 정체성에 대한 모든 호소를 전복시킨다는 아이러니가 생긴다.

비슷하게, 정체성은 심지어 명백히 '정상적'일 때조차 '갈등의 상호작용', 즉 그렇지 않으면 상실하게 되는 무언가를 유지하거나 보존하기 위한 무의식적 전략을 잘 설명할 수 있다는 리비에르의 이해는 주체 형성의 난처한 측면을 정확히 파악한다. 리비에르가 여성성은 남성과의 경쟁 관계를 감추고 이를 통해 처벌받는 결과를 피하려는 무의식적인 동기를 지닌 여성이 '입을' 수도 있는 것이라고 주장할 때, 그는 어떤 특성 및 행동과 그것이 의미할 수밖에 없는 것 사이의 어떤 단순한 관련성도 무시한다. 그러나 버틀러는 그러한 '갈등'에 대한 리비에르 자신의 해석 역시 이성애 규범에 연루되어 제한되고 있음을 지적한다. 가령 리비에르는 '남성성을 바라는' 여성은 공적인 삶에서 적절한 주체로 인정받기 위한 경쟁적인 공격성과 그러한 공적 삶에서 배제되는 분노로 인해 동기를 얻게 된다고 설명하면서 중요한 페미니스트적 통찰을 제공한다. 그러나 리비에르가 여성이 남성/아버지와 가지는 경쟁 관계가 어머니/여성을 향한 적극적인 동성애적 욕망을 포함할 수 있다는 측면은 미처 고려하지 못했다는 점은 언급되지 않는다.

버틀러는 프로이트의 에세이 〈애도와 우울증〉(1917)과 〈자아와 이드〉(1923)에서, 모호하면서도 관여되어 있는 젠더 정체성의 본질에 대한 더 많은 증거를 찾는다. 프로이트는 애도가 자아의 초기 구조라고 주장한다. 이 구조는 자아의 상실로 느껴지기도 하는 사랑하는 대상의 상실을 대상의 정체성 그리고/혹은 속성을 통합하는 식으로 어떻게든 '관리'하면서 만들어진다. 따라서 자아는 통합된 추모비로, '버려진 대상-투여〔집중〕

의 침전물이며 […] 자아는 이런 대상-선택물의 역사를 담고 있다'(Freud, Butler, 1990b: 58(198~199)에서 재인용). 버틀러는 금지된 이성애 결합의 경우에는 대상이 부정되지만 욕망의 양상이 부정되지는 않는다(Butler, 1990b, 58~59(199))고 설명한다. 그러나 동성애 결합의 경우에는 대상과 욕망의 양상이 모두 '우울증의 내면화 전략에 종속'(Ibid.: 59(199))되도록 부정되어야 한다. 프로이트 주장이 함축하는 의미는 젠더 형성 및 근친상간 금기의 문제에 적용될 때 특히 도발적이다.

　　프로이트가 근친상간 금기가 실제로 작동하는 방식을 이해하는 데는, 남아가 자신의 최초 사랑의 대상인 어머니를 거부하는 것에 대한 설명이 결정적으로 중요한 역할을 한다. 남아가 아버지와 동일시하는 것에 대한 전통적 해석은 그가 아버지와의 경쟁을 지속하다가는 거세당할지도 모른다는 공포에 기초한다. 그러나 이러한 이성애규범적 설명은, 프로이트가 초기적 양성애성이 부모에 대한 아동의 양가적 성향을 알려줄 수도 있다고 인정하면서 상당히 복잡해진다. 버틀러는 남아는 실제로 두 가지 선택을 요구받는다고 주장한다. 하나는 어머니와 아버지 중에서 대상을 선택해야 하고, 또 하나는 남성성과 여성성 중 성적 성향을 선택해야 한다. 물론 동성애자를 부적절한 남성으로 폄하하고 '여성화'하는 문화 속에서 거세의 위협은 더욱 모호해진다. 이를 고려하면서 버틀러는 남아의 어머니 거부에 관해 깊이 숙고한다. '우리는 처벌하는 아버지를 남아의 경쟁상대로 해석하는가 아니면 남아가 자신을 욕망하지 못하게 금지하는 욕망의 대상으로 해석하는가?' 여기서 중요한 점은, 이렇게 성적 성향 및 대상 선택의 난처한 집합이 "프로이트가 젠더 '형성'(Ibid.: 59(199))이라 부르는 것을 확립하는 순간이 된다"는 것이다. 그러나 이 '형성'의 난잡함은 우리가 섹스/젠더/섹슈얼리티에 대한 모든 분석, 심지어 그런 범주의 양가성을 허용하는 분석들의 출발점에 의문을 제기할 때 더욱 분명해진다. 아무리 진지하게 생각한다 해도 애초에 여성적 혹은 남성적 성적 성향의 진정한 정체성은 어떻게 성립하는 것일까?

흥미롭게도 프로이트조차 이 질문에 대답할 수 없다고 생각했고, 버틀러는 그의 혼란을 통해 그 질문의 해결불가능성을 더욱 강조한다. 그러나 최초의 조건조차 순수하지 않고 무언가와 연관되어 있다는 버틀러의 이해에도 불구하고, 그의 주장의 어떤 측면은 기원적 일관성을 전제하고 있다. 예를 들어, 버틀러가 "오이디푸스 콤플렉스의 해결은 근친상간의 금기뿐만이 아니라, 그 이전에 동성애에 대한 금기를 통해 젠더 정체성 형성에 영향을 미친다"(Ibid.: 63(207)에 강조 추가)라고 언급할 때, 그는 형성되기 전부터 이미 존재하는 어떤 정체성을 전제한다. 시간적 발전이 있고, 그에 따라 원초적으로 존재하던 조건(과 정체성)이 나중에서야 문화의 명령에 의해 중단되고 금지되고 변형된다고 무비판적으로 가정하면서, 버틀러는 자신의 주장이 구축해온 더욱 설득력 있고 급진적인 전복은 희생시키는 것처럼 보인다. 실제로 그가 비판하던 위티그의 주장과 마찬가지로 순진한 토대주의의 희생양이 되어버렸다고 말할 수 있다.

이러한 실수에도 불구하고, 버틀러는 순수한 결정이란 결코 없다는 점이 성적 정체성 형성에서 가장 불안정하고 그렇기에 정치적으로 중요한 이유를 성공적으로 설명한다. 결국 어머니를 향한 욕망이 어머니의 욕망에 대한 욕망이라면, '여성'으로 성별화된 어머니의 정체성은 처음부터 타자들과의 동일시/타자들을 향한 욕망으로 인해 본질적으로 균열되어 있다. 실제로 어머니가 정확히 '어떤 사람'인가는, 어머니의 성적 성향은 파트너의 성별(동성이든 이성이든)에 의해 쉽게 결정될 수 있다는 모든 가정과 마찬가지로 결정불가능한 상태로 남아있어야 한다. 그러한 구별에는 절대적인 근거가 전혀 없기 때문이다. 버틀러의 주된 주장은 상호배타적인 범주로 주체성을 정제하는 데 이의를 제기하고 초기 조건에 대한 모든 주장이 설정하는 정체성 정치를 불안정하게 만드는 복잡성을 알려준다. 하지만 우리는 그의 연구에 이러한 규범적 범주가 무심코 복귀되며, 그런 식으로 이론 속에 문제적인 부분으로 남아있는 이유를 반드시 물어야 한다.

이 질문을 이어가보자. 정체성의 온전함이 처음부터 위태로웠다는 점을 납득한다면, 프로이트가 우울증을 설명하기 위해 사용했으며 버틀러 역시 의존하고 있는 '금지'와 '보존'이라는 개념은 그 개념이 검열하거나 통합하고자 했던 정체성만큼 훼손되지 않은 이유가 분명 궁금할 것이다. 주체가 항상 통합된 집합체, 즉 매번 다르고 지속적으로 움직이는 투자를 하는 '은행'이라면, 절대적인 의미에서 어떤 대상의 상실은 무엇을 의미할 수 있는가? 여기서 '상실'이라는 용어는 나중에 분열되기 마련인 통합성에 주체가 마치 포섭되어 있다는 듯이 명백한 구분을 회고적으로 생산하는데, 버틀러도 다른 맥락에서는 이 구분을 지적하지만 여기서는 제대로 반영하지 못한다. 그러나 우리가 버틀러의 주장이 제공하는 비판적 디딤판을 유지한다면, 우울증의 과정이 동성인 사랑의 대상의 상실/금지로 인해 시작된다는 가정은 분명히 문제적이다. '기원적' 사랑의 대상이 항상 아이 안에/아이와 함께 있는 이질성으로부터, 더 일반적으로는 어머니가 예시하는 복잡한 사회성(여기에는 남성성이 포함된다)으로부터 끌어온 혼란스러운 짜임의 구성물이라면, 어머니의 정체성은 결코 단순히 '동성'이거나 '타자'일 수 없으며, '상실'될 수 있는 방식으로 '현존'하지도 않는다. 여기서 여성의 진실을 대체하고 제거하는 남성적이고 상징적인 질서에 덮여 매장된 여성성에 대한 고고학적 자만을 반박하면서 이리가레를 비판하던 버틀러의 논의가 떠오를 것이다. 버틀러가 편협한 문화가 '이음매 없이 매끈한 것으로 이성애를 신성시하는 역사를 만들기 위해 이성애 이전의 역사를 사실상 대체하고 은폐해야만 한다'(Ibid.: 72(222))고 주장한다면, (억압으로서의) 권력과 (대립적 정체성으로서의) 성차에 대한 버틀러가 지닌 관념의 변별점은 무엇인가?

　　주체 형성에 관한 구조주의적 분석이었던 것을 다루는 논의의 마지막에서, 버틀러는 "원형적 욕망을 가정하지 않으면서 어떤 생산적인 법을 인정하는 주장"(Ibid.: 72(224))을 펼친 이론가인 푸코의 중요성을 다시 한 번 짚는다. 그러나 앞에서 살펴보았듯, 그는 계속 자신의 위치가 흔들리는 것을 인정하지 않은 채 억압적 권력 개념과 정체성 및 욕망에 관한 근원적 감각을 회복시킬 것이다. 이 절의 결론에서 그는 자신이 지탱하고자 애쓰는 명제, 즉 새로운 정치적 가능성은 권력/의미작용의 수행 안에서부터 나오는 것이라는 주장을 강조한다.

> 상징계의 '외부'에 있으면서, 전복의 장소로 작동한다고 일컬어지는 양성성은 사실 그것을 구성하는 담론적 관점 안의 구성물이다. 그것은 문화를 벗어날 가능성이 없는, 불가능한 것으로 거부되거나 재기술된 구체적인 문화적 가능성, 그럼에도 완전히 '내부'에 들어와 있는 '외부'의 구성물이다. 기존 문화형식의 관점에서 '생각할 수 없고' '말할 수 없는' 것으로 남아있다고 해서 꼭 그것이 그런 형식의 인식가능성의 모태에서 배제되었다는 뜻은 아니다. 반대로 그것은 배제된 것이 아니라 주변화된 것으로서 두려움, 최소한 사회적 허가의 상실을 요구하는 문화적 가능성이다.(Ibid.: 77(231))

전복적인 육체적 행동

이 절에서 발전한 '수행성' 개념이 《의미를 체현하는 육체Bodies that Matter》와 그 후의 《혐오 발언Excitable Speech》에서는 상당한 변화를 거치지만, 이 초기 개념은 사회 변화와 관련한 까다로운 문제에 여전히 중대한 영향력을 미치고 있다. 여기서 버틀러는 전복의 정치학을 발전시키는 것을 목표로, 쥘리아 크리스테바의 연구를 검토하며 논의를 시작한다.

크리스테바는 상징적 질서, 즉, 그것을 통해 아동이 '주체'가 되는 문화적 결정 및 금지의 체계가 겉으로 보이는 만큼 일관되고 효과적이라는 라캉 정신분석의 가정에 이의를 제기한다. 라캉에게 언어 습득은 전형적인 사회화 과정으로서, 아동이 어머니와 공생적으로 결합하는 관계를 단절하고 개체화가 일어나게 만든다. 앞에서 살펴봤듯이, 세계를 이른바 자율적이고 독립적이며 읽을 수 있는 개체로 자르고 나누는 '상징적 질서'는 또한 가부장적 혹은 팔루스적 질서라고도 설명된다. 그 질서가 통합되어 있고 말하는 주체를 남성적 육체의 자기정의 및 현존과 일치시키기 때문이다. 그러나 버틀러가 이미 설명했듯이 여성의 형상이 팔루스인 한, 팔루스와 음경은 일치하지 않는다. 여기에 이상하게 훼손된 남성성까지 더하면, 우리는 '상징적 질서' 혹은 의미 형성의 언어적 기계 역시 이와 마찬가지로 내적 비일관성으로 가득 차 있을지도 모른다고 추론할 수 있다.

《시적 언어의 혁명》(1984)과 《언어의 욕망》(1980)에서 크리스테바는 육체의 근원적 에너지 혹은 욕동drives, 신체를 이루는 원재료에 생기를 불어넣는 그 혼돈의 감각과 충동impulse은 어떤 문화가 만들어내는 상징 경제가 그것을 구조화하려 해도 결코 간단히 억압되지 않는다고 주장한다. 언어가 기의의 체계적 조직이라 여겨짐에도 불구하고, 크리스테바는 '욕동의 이질성과 시적 언어의 다의적 가능성 사이의 필수적 인과관계'(Butler, 1990b: 81)를 그린다. 결과적으로 크리스테바에게 '언어'란 고정된 의미의 일의적 실천이 아니라 그것의 도착적 에너지가 시의 모호함과 응축 속에 분명하고 억압할 수 없는 상태로 남아있는 것이다. 이 소통적 함의의 본능적이고 신체적인 감각을 크리스테바는 '기호계the semiotics'라는 용어로 지칭하며, 그것을 어머니/자식 관계의 공생적 의존성 및 연속성 속에 위치시킨다. 따라서 크리스테바에 따르면 모성적/원시적 신체의 언어는 고고학적 토대이며, 그것의 위험한 에너지와 충동이 부성적 질서의 일관성을 지속적으로 붕괴시키고자 위협한다. 버틀러는 이 '언어의 두 가지 양식'을 다음과 같이 간결하게 설명한다.

> 상징적 양식의 언어는 모성적 의존의 관계와 단절하는 데 달려 있다. 때문에 언어는 (언어의 물질성에서 **추출된**) 추상적이고 일의적인 것이 된다. 이것은 양적 추론이나 순수형식 추론에서 가장 분명하게 드러난다. 기호계 양식의 언어는 모성적 신체의 시적 회복에 관여하고 있으며, 그 모성적 신체는 모든 불연속적이거나 일의적인 의미화에 저항하는 물질성을 확산시킨다. (Ibid.: 82~83(243~244))

크리스테바가 보기에 '모성적 신체'의 공간은 논리가 요구하고 욕망이 가정하고 있는 주체와 대상의 분리를 미리 형상화하며, 속박되지 않은 주이상스Jouissance의 리비도적 충동을 불러일으킨다.

　그러나 헤게모니의 억압과 지속적 저항이라는 이 적대적 도식, 즉 '문명의 힘'이 더 원시적이며 무언가를 오염시키는 에너지에 대해 언제까지나 경계심을 세우고 있어야 하는 대립 속에서, 문화는 일관성의 감각과 개인의 자율성을 더 중시하기에 기호계는 필연적으로 실패할 운명에 처해 있다. 버틀러는 크리스테바가 담론 이전의 동성애, 즉 정신병과 인접한 모성적 신체와의/내에서 여성적 혼란을 동반하는 기호계를 숨긴다는 점을 지적하면서 이러한 해석의 문제적 측면을 드러낸다. 상징계 질서 내에서 어린 여성의 기원적인 동성애 욕망은 적절한 장소를 얻지 못하고 부인되기에, 크리스테바는 그 욕망이 오직 모성적 기능이나 다양한 예술 실천의 잠정적으로 위반적인 에너지라는 허가된 형태로 대체되는 방식을 통해서만 달성될 수 있다고 간주한다. 이 협소한 방식을 바깥에서는, 어린 여성의 여성성 자체가 모성과의 완전한 분리를 방지함으로써 모성성을 어떤 범위까지 보존할 것이다. 하지만 그것은 부인된 상실이라는 지속적 멜랑콜리의 형태를 취할 것이며, 그 안에서 여성적 정체성은 부정과 함께 숨겨질 것이다. 이 멜랑콜리는 명확히 표현될 수 없는 결핍이기도 하다.

　버틀러는 크리스테바가 정체성과 금지에 대한 구조주의적 가정을 경직되게 답습하고 있음을 강조하면서 주체 형성과 섹슈얼리티에 대한 이 비관적이고도 규범적인 관점을 비판하기 시작한다.

크리스테바는 문화가 상징계의 등가물이라는 가정을 수용한다. 상징계는 "아버지의 법" 아래 완전히 포섭되며, 정신병이 아닌 유일한 행동양식이란 어느 정도는 상징계에 참여하는 것이라는 가정을 받아들인다. 따라서 그녀의 전략적 책무는 상징계를 기호계로 대체하려는 것도, 기호계를 어떤 경쟁하는 문화적 가능성으로 설정하려는 것도 아니다. 그보다는 상징계와 기호계를 가르는 경계선의 표명을 허락하는 상징계 안의 이런 경험들을 입증하려는 것이다.(Ibid.: 85(248))

안타깝게도, 이성애를 문화의 전제 조건으로 만들려는 크리스테바의 헌신은 불가피하게도 레즈비어니즘을 반드시 실패한 섹슈얼리티, 즉 '합체, 자아상실, 정신병의 장소'(Ibid.: 87(251))로 간주해야 하는 결과를 낳는다.

버틀러는 레즈비언을 필연적인 '문화의 외부'로 지정함으로써 상징계의 온전함을 보존하려 하는 크리스테바의 요구에 의문을 제기한다. 크리스테바는 비체적이라고 미리 규정되어 있는 그 에너지의 힘에 의해 불법적이고 비일관적이 되어버린 퇴행적 리비도 에너지의 표현에 사로잡혀 있다. 비슷하고도 좀 더 넓은 범위에서 육체적인 것, 원시적인 것, 동양적인 것, 심지어 다양성과 이질성조차 크리스테바에게는 보다 일반적으로 외부의 범위, 즉 상징계의 통일체가 위치 지어지고 규정되며 온전히 유지될 수 있는 경계의 바깥쪽에 존재하는 자연적인 '외부'가 된다.

버틀러의 정치적 목표는 규범적 정체성 형성을 문화적으로 전복하는 것이기 때문에, 그는 문화에 선행하여 존재하는 인과성, 즉 "'부권-이전의" 인과성에 따라 작동하는 자연스러운 생물학적 의고주의'(Ibid.: 90(256))를 주장하는 크리스테바의 입장에 이의를 제기한다. 왜냐하면 '타자'의 존재론적 차이는 자연스럽게도 비체적이기에 이질적 위상과 '타자'의 구성에 이의를 제기하지 못한다면, 다시 말해 '타자'는 차이를 만들어내는 문화적 실천의 힘 자체의 이전에 존재하거나 그 너머에 있다면, 전복을 위해 어떤 시도를 하든 소용이 없을 것이기 때문이다. 이 점을 고려하여 버틀러는 기호계가 진정으로 기의의 바깥에 있다면 기의와 문화를 미리 형상화하고 있다고 알려진 신체의 그러한 자연적 에너지가 어떻게 이해되고 상대적으로 평가될 수 있는지 묻는다. 그저 크리스테바의 주장이 지닌 이성애 중심성과 가부장적 함의를 찾아내는 데 그치기보다는 그의 주장을 활용하고자 노력하면서, 버틀러는 '그[크리스테바]의 주장은 아마도 훨씬 더 포괄적인 틀 안에서 수정될 수 있을 것이다. 어떤 언어, 실은 담론의 문화적 배치가 담론-이전의 리비도 다양성이라는 비유를 발생시키는가? 그리고 그것의 목적은 무엇인가?'(Ibid.: 91(258))라고 언급한다.

버틀러는 푸코의 연구를 인용하여 신체와 특정 섹슈얼리티를 기원적이거나 고정된 기질의 관점에서 이해하는 토대주의적 가정을 효과적으로 반박한다. 푸코는 자연/문화를 나누는 구조주의의 이분법과 그것이 설정하는 인과적, 위계적 논리를 거부한다. 예를 들어, 생물학적 성의 사실성을 논쟁의 여지가 없이

'주어진' 것으로 받아들이며, 이를 통해 다양한 사회적, 정치적 차별을 설명할 수 있다고 생각하는 대신, 푸코는 우리가 '성'으로 알고 있는 것이 이미 문화적 효과임을 주장하며 이 논리를 뒤집는다. 《성의 역사 I : 앎의 의지》에서 그는 이렇게 말한다.

> 권력과의 접촉면을 따라 부차적으로 성생활의 다양한 결과를 산출할지 모르는 자율적 성의 심급을 상상해서는 안 된다. 반대로 성은 권력이 육체, 육체의 물질성, 육체의 힘, 육체의 에너지, 육체의 감각, 육체의 쾌락을 장악함으로써 조직하는 성생활의 장치에서 가장 사변적이고 가장 관념적이며 가장 내면적인 요소다.(Foucault, 1980a: 155(168))

푸코는 권력을 미세한 구석까지 퍼져있으며 어디든 편재한 힘으로 재개념화하면서, 이러한 힘의 흐름, 강도, 저항이 사회적 신체와 모든 지식 형성을 촉발하며 그 과정의 외부는 인정할 수 없다고 주장한다. 푸코에 따르면, 사회는 '담론적 실천', 즉 의복, 청결 및 자기 관리의 규범, 신체의 건축적 조직, 신념 체계 등과 같은 행동, 인지, 몸가짐의 양식뿐 아니라 언어 및 재현을 포함하는 앎의 방식이라는 측면으로 조직된다. 처음에 푸코는 담론적인 것과 담론적이지 않은 것을 구분했지만, 후기 연구에서는 이러한 구분은 유지될 수 없다는 결론에 이르게 되었다.[5] 그러나 사소해 보일지도 모르는 이 수정을 통해 푸코는 자연의 사회적 혹은 문화적인 본성을 강조한다. 사회성/담론적인 것의 외부는 없으며, 심지어 고통, 쾌락, 욕망에 대한 신체의 '날 것'의 지각조차 절대적이거나 고정된 생물학적 진실이기보다는 미묘하고 사회적인 힘의 표현이 되기 때문이다.

푸코의 《에르퀼린 바르뱅》(1980c)에 대해 논하며 버틀러는 즉 지식은 권력과 공존한다는 푸코의 주장에 담긴 함의를 설명한다. 푸코는 에르퀼린의 일기와 그/녀의 모호한 해부학적 특성을 담은 의료 기록을 제시하면서, 명백히 변칙적인 신체를 읽을 수 있는 상태, 어떤 면에서는 유순한 상태로 만드는 훈육적 '치료'에 대한 한 가지 통찰을 제공한다. 갓 태어난 아기의 성별을 정상화(지정 또는 재지정)하는 통상적 의료 관행이 고작 19세기 근대성의 탄생과 더불어 상당히 허술하게 시작되었을 뿐이라는 사실은 놀랄 일이 아니다. 그러나 버틀러는 권력의 구성적 측면과 그것이 동원하는 수많은 가장假將에 대해 보다 논쟁적인 주장을 하고자 한다. 권력을 재개념화하는 데 푸코가 기여한 가장 가치 있는 부분은 권력에 도착적 생산성과 편재성이 있다는 점을 밝혀낸 것이었다. 따라서 푸코에게 권력이 그저 억압하고, 금지하고, 방지하는 부정적이고 사법적인 에너지에 그치지 않는다. 만일 자기지식을 포함한 모든 지식이 권력의 표현이라면, 에르퀼린 바르뱅의 경우 캐묻기 좋아하는 국가의 의학적, 사법적 침입 이전에 그/녀는 이미 존재하던 본질적 정체성을 가지고 있었다고 생각하는 것은 옳지 않을 수도 있다. 널리 인정되고 있듯이, 육아, 복식, 위생 의례, 놀이 형식 같은 가정 내의 실천은 이미 에르퀼린의 신체에 특정한 감각을 새겨놓았을 것이다. 그러나 이러한 '사적' 실천은 사회성의 필수 요건인 역사적 특수성의 외부에 있지 않다. 다시 말해, 그것은 신체의 기저에 놓인 진실의 문제를 다룰 때 결코 부수적이지 않다.

푸코의 연구는 주로 해방 정치와 '권력 이전'에 대한 손쉬운 호소를 논박하고 있지만, 푸코 자신도 과거를 속박되지 않은 '목가적'이고 '순수한' 쾌락의 시간, 법의 단일성에 선행하는 이질적 가능성의 시간으로 낭만화하는 경향을 보인다는 점에서 드러나듯, 그러한 사고방식을 포기하기란 어려운 듯하다. 버틀러는 이러한 향수에 분명히 비판적이다. 그러나 해방 정치에 이렇게 의지하는 경향은, 근친상간 금기에 의해 진정한 욕망/정체성을 금지당한 우울증적 동성애자의 사례에서 보았듯이, 버틀러의 연구에서도 다시 나타난다. 만일 권력이 구성적이고 편재해서 권력에 대한 저항조차 사실상 권력의 (재)표명이 될 뿐이라면, '권력'에 관한 관습적 정체성 역시 상당 부분 재구성된다. 무엇에 견주어 측정할 수 있단 말인가? 그리고 개개인과 그들의 행동이 자신이 만들어낸 적도 없는 힘에 의해 작동한다면, 정의, 행위성, 책임에 대해서는 어떻게 생각한단 말인가? 안타깝게도 버틀러는 법의 도착성을 수용하면서 법의 두서없는 생산성을 숨겨진 형태의 억압에 대한 알리바이라고 해석한다. 요컨대 결국 권력의 복잡성이 통제로 환원되는, 이런 식의 사법적인 권력 개념으로의 전환은 확실히 호기심을 자극한다. 그도 그럴 것이 버틀러는 분명히 다른 것을 상기시키기를 원하기 때문이다. 그러나 이 절에서 그는 다음과 같은 요약으로 결론을 맺으며 그렇게 할 수 없음을 설명한다.

> 사실 그/녀[에르퀼린]는 법을 체현한다. 권리를 가진 주체로서
> 가 아니라, 오직 그러한 모반만을 생산하는 법의 기괴한 역량
> 에 행해진 증언으로서의 법을 체현하는 것이다. 따라서 충직성
> 에서 나온 의지가 그 모반을 스스로 좌절시키고, 순전히 복종만
> 했기에 자신의 기원으로서의 법을 반복할 수밖에 없는 주체들
> 도 좌절시킬 것이 확실하다.(Butler, 1990b: 106(284)에 강조 추가)

버틀러의 전반적 주장, 즉 권력은 도착적이라는 주장을 받
아들인다면, 우리는 권력을 목적지향적 의도의 결과로만 보는
목적론적 해석에 의문을 제기해야 한다. 이러한 접근은 '주체 권
력'이 인본주의적 주체의 단일성과 의도를 가지기라도 하듯 그
것을 인격화한다. 푸코의 연구는 권력을 심리화하는 대신, 그것
이 논리/행동/사회적 요구에 의한 힘의 장을 촉발하며, 동시에
힘의 장 자체라고 주장한다. 이 논리/행동/사회적 요구의 힘의
장은 각기 다른 강도를 띠고 있으며 구조주의의 억압적 적합성
에 포섭될 수 없는 방식으로 서로 교차할 것이다. 푸코는 권력을
도착적이라고 설명하며 그것의 생성적 혹은 생산적인 본성을
강조했다. 하지만 버틀러는 도착성을 일종의 계산된 부정성과
같은 것으로 취급하면서 푸코의 경계 위반적 해석을 무시한다.
버틀러는 마치 권력이 우리를 가지고 놀아야 하며, 필연적으로
좌절하게 될 다른 형태의 존재 방식과 사고방식으로 우리를 유

혹해야 한다고 강제당하고 있는 것처럼 묘사한다. 여기서 버틀러는 권력 개념을 인류학적 가식이라고 추정하고 있을 뿐 아니라, 푸코에게 권력과 지식의 외연이 거의 같은 만큼 버틀러도 이것을 신학적 울림을 지닌 일종의 목적론적 전능함에 포함시키는 모습을 보인다. 이는 《리어 왕》의 글로스터 백작의 숙명론을 상기시킨다. "개구쟁이들이 파리를 다루듯이, 신은 우리 인간을 다룬단 말이다. / 신들은 우리 인간을 장난삼아 죽이고 있어."

우리는 버틀러가 다른 곳에서 비판하던 바로 그 신념을 다시 소환하면서 버틀러 자신의 주장이 지닌 활력을 이상한 방식으로 취소하는 모습을 다시 한 번 목격하게 된다. 예를 들어, 버틀러가 비판적 에너지로 정치적 분석의 장을 열어놓고 결론에 이르러서는 그것을 무심코 닫아버리겠다고 약속하는 데 그치는 이유는 무엇일까? 우리는 버틀러의 독해가 보다 강력하게 유지될 수 있을지, 자신의 신념을 전개하는 방식 중 무언가가 그가 명시한 목적을 무너뜨리고 있지는 않은지 여전히 궁금하다. 버틀러의 주장에서 나타나는 모순은 신중히 고려할 가치가 있다. 따라서 이 시점에서 최소한 그러한 모순의 발생을 주목하고 이후에 논의할 수 있게 지적해두어야 한다.

《젠더 트러블》의 마지막 절로 돌아가면, 이전의 분석을 발전시킨 위티그의 연구에 관한 논의를 확장하며 버틀러의 '수행성' 개념을 이루는 몇 가지 주된 요소가 뚜렷한 형체를 갖추는 모습을 보게 된다. 자연/문화의 구분에 대한 위티그의 거부와 여기서 버틀러가 "섹스와 젠더는 구분되지 않는다", "'섹스'

라는 범주 자체가 젠더화된 범주이고 전적으로 정치가 개입되어 있으며, 자연화되어 있지만 자연적이지 않고[…]"라고 해설했던 위티그의 주장을 상기해 보자. 위티그는 계속 다음과 같이 설명한다. "'섹스'란 신체에 대한 정치적이고 문화적인 해석이기 때문에, 전통적 계보의 섹스/젠더 구분이란 없다. 젠더는 섹스로 만들어지고, 섹스는 처음부터 젠더였음이 입증되는 것이다"(Wittig, Butler, 1990b: 112~113(295, 297)에서 재인용). 버틀러는 위와 같은 위티그의 확신뿐만 아니라, 신체가 자신을 가장 직관적으로 지각하는 행위가 생산되고 그것이 원형인 양 내면화되는 방식에 대한 그의 설명을 전반적으로 지지한다. 위티그에 따르면, 언어는 신체 부위에 이름을 붙이고 특정한 (이성애적) 기능을 불어넣음으로서 성차별의 '실제 효과'를 만들어낸다. 언어는 "사회적 신체를 억압하고 난폭하게 형체를 형성하면서 […] 그 신체에 현실의 도르래를 드리운다"(Ibid.: 115(301)에서 재인용). 실제로 발화 행위의 반복적 실천은 물질적 의미와 효과를 생산하며, 그 의미와 효과는 '원래 그런 것'이라는 평범함의 위상을 차지한다.

버틀러는 주체가 문화적 재현과 실천으로부터 선행하여 존재하거나 그것을 넘어설 수 있다는 위티그의 주장을 분명히 기각한다. 그러나 그는 언어의 물질적 유효성과 해체적 가능성에 대한 위티그의 이해가 이 연구 분야에 중요한 기여를 했다고 평가한다. "위티그는 '추상적' 관념과 '물질적' 현실 간의 구분을 거부하면서, 관념은 언어의 물질성 안에서 형성되고 순환하는 것이며 언어는 사회적 세계를 구성하기 위한 물질적 방식 속에서 작동한다고 주장한다"(Butler, 1990b: 119(308)). 버틀러는 또한 위티그가 자신의 언어를 통해 "신체에 대한 대안적 탈비유와 재비유를 수행[하면서]"(Ibid.: 125(321)) 그의 소설은 물론 그의 언어가 이뤄내는 파편화와 가치전환의 강력한 효과를 인정한다. 위티그의 글에서 나타나는 변형적 도발은, 우리의 삶은 언어의 구조적 유희를 통해 그것의 의미를 전제한다는 버틀러의 확신과 결합되어, 버틀러가 또 다른 감각적 삶의 가능성을 발견할 수 있는 곳은 언어의 외부가 아니라 내부라고 주장하도록 자극한다.

《젠더 트러블》의 결론은 자연적 신체와 신체의 성적 형태학 및 섹슈얼리티에 대한 근본적 가정에 도전한다. 육체성이 물질적으로 재인식되는 방식과 그에 따른 삶의 방식을 고찰하기 위해, 버틀러는 일군의 정치적 선입견에 대한 자연적 알리바이로 작동할 수 있는 '담론의 외부', '문화 이전'에 기댄 주장은 무엇이든 반드시 거부하는 것을 목표로 해야 한다. 신체는 문화적, 역사적 각인inscription이 새겨지는 표면이며, 그 각인은 또한 신체의 명백한 사실성을 생산한다는 푸코의 주장을 인용하면서, 버틀러는 신체의 내면성, 신체가 지닌 비밀스런 깊이나 숨겨진 진실을 강조하는 주장에도 이의를 제기할 것이다. 버틀러에게 성차별과 이성애 중심주의는 신체/욕망의 복수성을 허구적 일관성, 그것도 사실로서 군림하는 일관성으로 구성하는 규제적 규범으로 작동한다. 그러나 위티그와 달리 버틀러의 정치적 개입은 일군의 사실 주장을 보다 정확한 일군의 반박-주장으로 대체하는 것이 아니라, 신체는 성찰적 수행 속에서 "행위, 제스처, 실행"(Ibid.: 136(341))을 통해 자신을 다시 쓴다는 관점에서 어떻게 신체의 '진실'이 하나의 성찰적 수행이 되는지 탐구하는 것을 목표로 한다.

'드래그, 크로스드레싱 그리고 부치/펨 정체성의 성적 양식화'의 실천 속에서 버틀러는 '모방'과 '원본'의 전통적인 차별이 흥미롭게 붕괴되는 양상을 발견한다. "드래그는 젠더를 모방하면서 은연중에 젠더 자체의 우연성뿐 아니라 모방적인 구조도 드러낸다"(Ibid.: 137(343)). 그러한 패러디적 수행이 작동할 수 있는 이유는, 그런 행위로 신체와 행동의 본래적 불일치를 강조하고 보존하는 장소가 단순히 변화했기 때문이 아니다. 젠더가 본질적으로 패러디인 이유는, 설명의 안정성을 제공하는 실질적인 참조점이 없는 상황이라면 젠더는 불연속적 반복을 통해 그것의 우연성을 극적으로 보여주는 하나의 '육체적 양식'이 되기 때문이다. 분명히 여기서 버틀러는 고정된 토대를 주장하는 어떠한 시도에도 이의를 제기하고 있으며, 설령 젠더의 속성이 선험적인 성적 정체성을 표현하거나 드러내는 것처럼 보인다 해도, 젠더 수행은 사실 그 기원을 단지 자연적 정당화 기제로 설정한다고 주장한다.

《젠더 트러블》의 결론에서 버틀러는 자신에 대한 비판을 예상하며, 그가 정치 운동을 승인하는 전통적인 논리를 상당히 해체했으며 심지어 해방의 개념을 거부했음을 인정한다. 정체성의 정치가 공유된 경험 속에서 확정될 수 없다면, 그리고 주체가 또 다른 운명을 만들어낼 수 있는 역량을 가진 행위자가 아니라면, 대안적 미래를 그려보기란 불가능해 보인다. 그러나 버틀러의 '수행성 정치'는 그러한 '참조점'을 단순히 거부하는 것이 아니라, 그것이 지닌 복잡성을 보다 세심하게 주목하고자 한다. 행위성과 정체성이라는 개념이 문화적 힘에 내재된 효과로 간주하면 결코 소멸되지 않기 때문이다.

> [⋯] 사실 정체성을 하나의 실천으로 그리고 어떤 의미화 실천으로 이해한다는 것은, 문화적으로 인식가능한 주체를 '규칙에 갇힌' 담론의 결과로 나타난 효과라고 이해하는 것이다. 이때 담론은 스스로를 언어생활에 널리 퍼진 일상적 의미화 행위들 안으로 밀어넣는다. 추상적으로 생각해보면, 언어는 기호들의 열린 체계를 지칭하며 그를 통해 인식가능성은 지속적으로 창조되고 또 도전받는다.(Ibid.: 145(356))

그러나 버틀러의 '수행성 정치'는 반드시 규칙의 지배를 받는 언어의 작용과/작용 안에서 싸워야 한다.

> 주체는 자신이 태어난 규칙에 의해 결정되는 것이 아니다. 의미화란 토대를 다지는 행위가 아니라 하나의 규제된 반복과정이기 때문이다. 주체와 규칙 모두 본질화의 효과를 만들어냄으로써 주체는 숨겨지고 규칙은 강화된다. [⋯] 모든 의미화는 반복하고자 하는 충동의 궤도에서 발생한다.(Ibid.: 145(356~357))

따라서 행위성은 그렇게 서로 다르고 종종 경쟁하기도 하는 규칙들의 틈새에서 그것이 반복되며 변형되는 와중에 나타난다. 실제로 정체성의 전복은 규칙이 반복되며 만들어지는 미끄러짐, 불일치, 심지어 모순 속에서 필연적으로 발생한다고 말할 수는 없더라도 발생이 가능해진다. 버틀러는 이러한 규칙을 법률적 용어, 즉 주어진 정체성이 되어야 한다는 '금지 명령'이라고 생각한다. "좋은 어머니 되기 [⋯] 이성애적으로 바람직한 대상 되기 [⋯] 적합한 근로자 되기"(Ibid.: 145(357))처럼 말이다.

그러나 이러한 요구들이 서로 마찰하고 불가피한 양립불가능성을 드러내는 가운데, 일치하지 못하고 실패하는 일이 벌어질 수밖에 없고 전복적인 혹은 비규범적인 주체성이 발생할 수밖에 없다. 따라서 이렇게 정체성을 형성하는 문화적 체제보다 주체가 먼저 존재하는 것이 아니라는 버틀러의 주장은 이렇게 수렴되고 경쟁하는 요구들이 체현된 표현으로서의 주체라는 존재를 부정하려는 뜻이 아니다. 주체, 정체성, 행위성에 대한 버틀러의 이해에는 논쟁과 변화의 가능성을 주체 형성과 그것의 필연적 결과가 만들어지는 바로 그 구조를 통해서 그 구조 속에 위치시키는 것이 내포되어 있다. "하나의 정체성이 어떤 효과를 갖는다는 것은, 그것이 숙명적으로 결정되어 있는 것도, 완전히 인공적이거나 자의적인 것도 아니라는 의미이기 때문이다"(Ibid.: 147(360)).

그러나 여기에는 한 가지 문제가 있다. 버틀러의 연구가 '정치적인 것'이라는 용어를 한층 복잡하지만 실용적으로 개연성

있는 방식으로 재검토하는 것임에도 불구하고, 그의 연구 전반에 걸쳐 집요한 알고리즘이 나타나면서 그것의 논리가 버틀러의 연구가 가진 도발적 측면을 훼손하고 있기 때문이다. 이는 그의 뛰어난 성취를 깎아내리기 위함이 아니라, 그의 주장을 진지하게 받아들이고 그 주장에 구체적이고 상세하게 참여하기 위해서 하는 지적이다. 이를 위해 버틀러의 학문 전체를 관통하는 핵심이라고 여겨지는 '언어'에 대한 그의 이해를 다음 장에서도 계속 분석해갈 것이다. 그러나 지금은 《젠더 트러블》의 성취를 요약하는 부분이기에 그의 주장에서 나타나는 보다 문제적인 측면은 간단히 언급만 하겠다.

권력을 생산적, 생성적이며 도착적인 힘으로 재구성하겠다고 진술한 버틀러의 의도가 권력의 사법적 정체성과 억압적 '심리학'에 대한 지속적이고 압도적인 헌신의 방해를 받았다는 것은 아마도 아이러니한 일일 것이다. 예를 들어, 권력은 '자연화하는'(가장하는) 힘이며, 그것의 주요 '목적'은 제약과 규범화인 것으로 그려진다. 권력의 생산성을 인식하는 푸코의 방식에 큰 가치를 부여하면서도 여전히 금지라는 개념에 의존하는 이론인 라캉적 정신분석학을 개념적으로 깊이 받아들인 버틀러는 이 이론들의 양립불가능성을 흐릿하게 만들거나 심지어 무시하기에 이른다. 푸코는 권력을 사고할 때 흔히 전제되곤 하는 정신분석학, 구조주의, '억압 이론'에 비판적으로 개입하며 권력을 이론화했다는 점에서 공헌이 크다. 이 점을 고려할 때 앞의 접근들이 보이는 분열을 특별히 언급하지 않고 이들을 접목하려는 버틀러의 시도는 이 책의 구조적 구성을 통해 형성되는 자신의 주장에 독특한 긴장과 모순을 만들어낸다.

버틀러는 시종일관 권력을 그 무엇보다 금지, 명령, 억압의 측면에서 나타낸다. 하지만 우리가 권력을 인간화하고 그런 속성을 부여할 필요가 있을까? 다시 말해, 권력은 내재적으로 규범적이고 부정적인 것은 물론, 반드시 의도, 목표, 욕망까지 가져야 하는가? 적어도 특정 지점에서는 버틀러의 주장도 분명히 이점에 대해 이의를 제기하지만, 그러면서도 그는 '당연시된 정체성을 재통합하라는 명령'(Ibid.: 146(358)) 등의 구절처럼 지속적으로 권력에 의도가 있다고 생각한다. 권력이 구속되고 억압된 산출물을 실현하려는 의도를 가지고 있다고 가정해야만 권력이 자신이 명령하는 바에 '신체가 최대한 근접해지도록 강제하는'데 '실패한다'는 말도 성립한다. 특정한 목표나 목적을 상정하지 않고는 '신체가 무언가에 최대한 근접해지도록 강제당한다'는 말이 결코 명확한 의미를 가질 수 없기 때문이다. 권력이 에너지의 분산이며, 그 에너지의 구성적 차이가 사회적 영역 전체와 그것의 모든 표현을 움직이게 한다면 권력이 '명령'하는 것은 무엇인가?

그리고 이 결론 절에서 나타나는 가장 골치 아픈 문제이자 《젠더 트러블》 전체를 관통하는 구조적 단절선을 반영하고 있는 문제는, 권력에 대한 푸코적 이해가 정신분석학적 이해와 양립할 수 있는지 여부다. 버틀러의 '수행성 정치'는, 법이 자신을 고정되고 근본적인 진실로 재구체화하기 위해서는 계속 반복되어야 한다고 가정한다. 반복하려는 의지는 정체성을 안정시키려는 의지다. 그러나 법이 그것의 변형을 부정함으로써 억압하고 규정하려는 '의도'를 가지고 있다는 식의 해석은 타당하지 않아 보인다. 분명 법의 비일관성, 그것의 내재적 불안정성은 법의 해석적 수행의 과정 자체에서 공적으로 명백하게 드러난다. 사법적 예를 들자면, 법은 단순히 특정한 사건의 우연성에 대한 하나의 주장이 아니라, 그와 동시에, 그 법조문 자체에서 이미 인정되어 있는 모호성에 대한 주장이다. 미디어에서 흔히 접하듯, 법은 유연하며 때로는 예측불가능하고 변호사들은 적극적으로 이를 활용한다. 이러한 관점으로 보면, 법의 변형을 진실을 지키지 못한 일종의 실패로 해석할 필요는 없다. 왜 버틀러는 법의 목적, 권력의 목적이 자신의 정체성 변화를 부정하거나 억압하는 것이라고 가정해야 했을까?

3장

젠더, 섹슈얼리티, 수행 II

의미를 체현하는 육체: '섹스'의 담론적 한계에 대하여

생물학. 해부학. 물질. 물리. 자연 본성Physis. 자연. 이런 단어들은
존재의 중력, 세계의 무게와 인간 삶의 공유된 물질적 차원을 의
미한다. 이들은 한계, 규제, 토대, 즉 존재적, 정치적 기회의 시금
석을 가리킨다. 우리가 이전 장에서 살펴봤듯, 이러한 규정의 실
체적이며 자명한 증거는 뜨거운 논쟁 대상이었으며,《의미를 체
현하는 육체》에서는 문화적 과정이 자연적 토대를 생성한다고
주장하면서 그 의견에 무게를 싣는다. 버틀러는 몇 가지 언어적
접근을 결합하며 이러한 질서의 역전을 정당화한다. 그의 이 방
법론은 다음 몇 장에서 자세히 검토해볼 예정이다. 앞으로 이 장
에서는 버틀러가 말하는 '물질화'의 역동적인 복잡성과 정치적
생명력vitality의 의미는 무엇이며, 이 복잡한 과정들이 알려지
지 않고 재현될 수 없는 무언가로부터 분리되는 이유가 무엇인
지 밝히기 위해 보다 일반적인 논의를 이어갈 것이다. 즉 그 과
정이 일반적으로 우리가 물리적 실체이자 물질의 자명한 증거
라고 이해하곤 하는 '다른' 무언가로부터 분리되는 이유를 탐구
하는 것이다.《의미를 체현하는 육체》의 부제인 "'섹스'의 담론

적 한계에 대하여'에서부터, 버틀러의 주장은 의도적으로 제한되어 있으며, 영속적이고 몰역사적인 지시대상 혹은 '물자체'에까지 확장되지는 않는다는 점이 분명히 드러나 있다. 대신 그의 분석적 관심은 신체의 변화가능성, 즉 진화하는 쾌락, 욕망, 자기 정의를 설명하는 역동적인 심리사회적 상호작용에 집중되어 있다. 비록 버틀러에게는 물리적 실재와 그것의 재현이 분명 서로 얽혀있지만, 버틀러는 그것들의 실질적 차이의 측면으로 이러한 복잡성에 개입하여 설명한다.

> 담론적 수단 없이는 이전의 물질성에 접근할 수 없듯이, 담론도 결코 이전의 물질성을 포착할 수 없습니다. 신체가 파악하기 어려운 지시대상이라는 주장은 신체가 언제나, 그리고 오직 구성된 것이라는 주장과 동일하지 않습니다. 정확히 말하자면, 어떤 면에서 그것은 구성된다는 것에는 한계가 있습니다. 말하자면 구성에는 반드시 그것이 한계를 맞닥뜨리는 곳이 있을 수밖에 없다는 주장입니다.(Butler, 1998a: 278)

> [⋯] 언어적 효과란 포착하지 못하는 지시대상과 동일한 말이 아닙니다. 언어적 효과는 어떤 것을 다양한 방법으로 지시할 수 있게 하는 것입니다. 그중 어떤 방법도 무엇이 지시되어야 한다고 주장할 수 없습니다.(Ibid.: 279)

버틀러는 '근원적 명분', 즉 도덕적이고 정치적인 편견을 불가피하고 심지어 필요한 것처럼 보이게 만들어 그것을 중화하고 은폐하려는 책략을 지적하면서 그들의 보수적 의도를 정당화하는 추론 양식을 해체하고자 한다. 이것은 '생물학은 운명이다'라는 경구에서 분명히 드러난다. 그러나 생물학적, 해부학적 고려사항이 주체 형성 문제는 물론 인간에 대한 일반적인 문제와 관련이 전혀 없다고 주장하는 것은 터무니없는 일일 테다. 우리가 신체가 지닌 생물학적 내면성과 해부학적 실재를 지닌 실질적 육신을 어떻게 인식하는가를 고려해야만 적절한 논쟁을 시작할 수 있다. 버틀러는 날것의 존재 물질성, 즉 '문화 이전'의 성질로서 신체가 지닌 모든 명백함에서 드러나는 것은, 그저 의미의 사회적 체제가 암호화되고 변형되고 환영적인 방식으로 개입된 겉모습일 뿐이라고 주장할 것이다. 결과적으로 '삶 자체'(위험을 무릅쓰고 이러한 표현을 사용한다면)는 언제나 그것에 접근하고 이해하고자 시도하는 모델, 은유, 재현을 초과할 것이다. 실제로 물리적 실재와 그것을 이해하려는 시도들 사이의 이러한 불일치, 이러한 통약불가능성이 비판적 실천의 기반이 된다. 요컨대 버틀러는 자연의 본성은 문화적 과정을 통해 정체성과 의미를 부여받으며, 더 중요하게도 실제로 신체와 쾌락은 본래의 질료(대문자 N의 자연Nature)와 이후 그것의 '물질화'(대문자 C의 문화Culture) 사이에 존재하는 차이를 통해 재창조된다고 주장할 것이다.

해부학이 섹스, 젠더, 섹슈얼리티가 의미하는 바가 무엇인지 설명하거나 결정할 수 있는 근원적이고 접근가능한 지시대상이 아니라면, 이렇게 직접적으로 대응될 것으로 전제되는 모든 범주도 확실히 알 수 없는 무언가가 된다. 앞서 보았듯, 위티그는 전통적인 성적 정체성 범주는 이성애를 규범화하는 체제에 부응하기 위해 만들어졌다고 주장한다. 그러나 해부학이 완전히 괄호쳐지면, 이러한 정체성의 잠재적 불안정성은 한층 더 뚜렷하게 드러난다. 가령 우리가 마치 여성의 신체가 여성성을 보장하고 레즈비언 섹슈얼리티를 설명할 수 있는 '공유된 무언가'라는 듯이, 여성의 신체가 고정된 지시대상의 안정성을 가지고 있다고 생각하는 이유는 무엇인가? 비슷한 질문을 탐구하며, 조너선 돌리모어Jonathan Dollimore는 수키 드 라 크루아Sukie de la Croix의 '매력적인 사례'로 정체성 논의에 한층 근거를 더한다. 게이 남성인 수키는 아프리카계 미국인이며 이성애 여성인 트로이에게 매력을 느끼게 된다. 트로이의 매력이 수키 자신의 성적 정체성을 '급선회'시킨 것이 아닐까 걱정하던 나날을 지나, 다행히도 한 친구가 트로이는 매우 감쪽같은 복장 전환자transvestite임을 밝혔다. 그러나 자신의 진정한 정체성과 욕망에 대해 수키가 느끼는 불안이 과연 이런 정보로 해소될까? 돌리모어는 그렇게 생각하지 않았다. 그리고 우리에게 다음의 질문을 던진다.

> [⋯] 친구가 트로이에 대해 몰랐던 사실을 밝히기 전에 이 시나리오에서 "어떤 사람" 혹은 무엇을 수키가 "정말로" 욕망했는지 우리는 자신 있게 말[할 수 있다. ⋯] 이 욕망이 정말로 이성

애적인가, 아니면 양성애적인가? 수키가 자신의 동성애 성향으로 인해 의식적으로 혼란을 겪었다는 것 외에 다른 가능성은 전혀 있을 수 없는가? 그리고 설령 우리가 결정할 수 있다 하더라도, 친구의 폭로가 실제로 어떤 차이를 만드는가? 요컨대 동일시에 대한 동성애적 환상과는 구분되는 게이 정체성은 우리 욕망의 직접적인 사회적 대응물이 되는 것이 아니라, 부분적으로는 그 욕망들, 심지어 그 정체성이 승인하는 욕망들로부터 일종의 보호책이 될 수도 있다.(Dollimore, 1996: 525)

끝내 돌리모어는 트로이의 남근이 트로이나 수키의 정체성 문제를 진정으로 해결했다고는 끝내 확신하지 못하고, 〈레즈비언 팔루스와 형태론적 상상계〉(1993a)에서 버틀러는 그러한 '실수'가 가능할 뿐 아니라 불가피한 이유를 탐구한다. 해부학의 난제를 탐구하기 위해 버틀러는 프로이트가 리비도의 본질에 대해 자세하게 설명하는 에세이 〈나르시시즘에 관한 서문〉(1991a)을 상세히 참조한다. 프로이트에 따르면, 리비도는 유동적이자 양적인 차원을 지니고 있으며, 리비도의 '성적 에너지' 증가 및 감소를 통해 육체적 경험의 개인적 의미가 등록되거나 감지된다고 한다. 이러한 흥분의 움직임은 경제에 비유되는데, 성적 에너지가 신체를 관통할 뿐 아니라 외부적으로 다른 사람들의 신체에까지 들어가면서 끊임없이 변동하는 강도를 통해 부착되거나 투자되기 때문이다. 이러한 변동의 증거는 고통과 상처에 대한 반응에서 나타난다. 주체가 사용할 수 있는 리비도 에너지의 양이 충분하지 않다고 판명되면, 에너지는 '회수'되어 재투자되어야 한다. 그것이 외부의 애정 대상으로부터 회수되어 자아로 옮겨가면, 주체는 그 경험에 의해 완전히 자기도취self-absorbed에 빠질 수 있고, 심지어 그 과정에서 고통을 증폭시키고 그것의 강도를 성애화하기도 한다. 그 반대의 경우도 마찬가지다. 주체의 관심이 고통으로부터 분산되면, 상처에 대한 지각도 확연히 줄어들거나 심지어 사라지기도 한다. 프로이트는 욱신거리는 치아라는 시대를 초월한 예를 통해 고통의 주관적인 등록을 완벽하게 설명한다. 여기서 욱신거리는 고통의 범위는 그것의 신체적 기원을 훨씬 넘어서서 주체의 존재 전체를 둘러싼다. "그의 영혼은 [⋯] 그의 어금니에 난 고통스러운 통증에 집중되어 있다."(Freud, Butler, 1993a: 58(119)에서 재인용)

고통을 생각할 때 우리는 중재되지 않은 가장 긴박한 신체의 현실을 생각하지만, 고통의 경험은 개별적 주체 안에서 현저히 변화할 뿐 아니라, 서로 다른 문화적, 사회적 맥락에 따라서도 극도로 다양하게 나타난다.[1] 치통의 예는 고통이 신체적이고 정신적으로 유발되며, 그에 따라 등록된다는 점을 시사한다. 그러나 복합적 원인을 이렇게 간단히 묘사할 때조차 연결사가 필요하다는 사실은, 생물학을 가장 우선적 혹은 근원적 원인으로 두고 그것의 결과가 문화적, 주관적 영향에 의해 조절된다고 보는 구도를 만드는 경향이 있다. 그러나 자연과 문화를 분리하는 이러한 시간적인 두 단계의 논리는, 프로이트가 치통의 경험을 우울증을 비롯한 리비도적 자기투자에 대한 다른 사례에 외삽外揷

揷함에 따라 점점 더 혼란스러워진다. 상상적 신체 질병에 대한 후자의 사례에서는 생물학적 원인에서 그들의 주관적 해석으로 향하는 설명의 방향이 뒤집어진다. 즉 여기서 고통은 정신적 힘으로부터 발생하는 것으로, 정신적 힘이 생물학적 증상으로 나타난다. 프로이트의 주장에서 '물리적, 상상적 상처에 대한 이론적 불가해성'에 주목하면서, 버틀러는 두 가지 흥미로운 지점을 포착한다.

이러한 입장은 일반적으로 육체의 부분을 구성하는 것과 (앞으로 살펴보겠지만) 특수하게 성감대를 구성하는 것을 결정하는 데 필수적인 귀결들에 도달하게 된다. 나르시시즘에 관한 에세이에서 우울증은 육체의 한 부분에 리비도를 아낌없이 부여한다고 언급되었지만, 보다 냉철한 의미에서 볼 때 의식에게는 그러한 육체의 부분이 그 같은 투여에 앞서 존재하는 것으로 여겨지는 것은 아니다. 프로이트에게 오히려 그러한 육체의 부분은 오직 그 같은 투여 조건에서만 묘사되고 있으며, 인지가 능한 것으로 여겨지고 있다.(Butler, 1993a: 58(119~120))

〈거울단계〉(1977a)에서 라캉이 펼쳤던 주장을 예언하듯, 프로이트는 아동이 어머니로부터 발달적으로 분리되는 과정에서 신체의 경계를 깨달으면서 자아라는 감각이 획득된다고 믿었다. 다음의 발언에서 볼 수 있듯, 프로이트는 신체는 오직 형태학으로만 이해될 수 있다고 분명히 제안한다. "자아는 무엇보다 육체적 자아다. 즉 그것은 단지 표면상의 실체일 뿐만 아니라, 그 자체로 표면의 투사이기도 하다"(Freud, Butler, 1993a: 59(120)에서 재인용). 그러나 신체적 흥분이나 고통의 의식적 경험에 의해 자기발견이 유발된다는 제안을 보며 우리는 무언가 곤경에 빠진다. 의식이 처음부터 이미 존재한다면, 어떻게 그것이 육체적 자기발견의 파생물이 될 수 있는가? 버틀러는 "이러한 주장에서는 그러한 성적인 자극이 (우울증의 경우처럼) 고통을 묘사하는 과정에서 고통을 대상의 탓으로 돌리는 의식인지, 아니면 동반되는 의식에 의해 과거회상적으로 나타나게 되는 기질적 질환으로 인해 야기된 고통인지가 특히 불분명하며, 심지어 그것은 그 둘 중 하나로 결정될 수도 없는 것이다"(Butler, 1993a: 59(121))라고 지적한다. 이러한 설명에서 자기인식은 오직 생물학적 원인에 의한 것이 아니라(그런 일이 있을 수 있다고 가정하면서도), 특정 신체 부위에 대한 관념을 그것의 지각의 현상학과 일치시키는 성적 만족에 기인한 것이기도 하다.

리비도적 자기주의self-attention의 성적 본성을 강조하면서, 프로이트는 "고통에 민감한, 그러면서도 어떤 식으로든 변화된, 그렇지만 통상적인 의미에서 병이 들었다고 말해질 수 없는, 우리가 이미 잘 알고 있는 한 기관의 원형은 흥분상태에 있는 성기라고 할 수 있다"(Freud, Butler, 1993a: 59(122)에서 재인용)고 제안한다. 버틀러는 프로이트가 성기를 지칭할 때 'the'라는 정관사를 사용하면서 그것을 남성성에 귀속시키려 한다는 점을 언급하지만, 다른 성감대도 이를 대체하여 비슷하게 반응할 수 있음을 고려한다면, 성별의 특수성은 사라지게 된다. 리비도적 투자가 어떤 신체 부위에서 다른 부위로 재분배된다는 것은 이 가변적 과정에서 성기가 원형적 의미이기는 하지만 이 연쇄적 대체의 시발점은 아니라는 뜻이다. 프로이트가 설명하듯이 "우리는 성적 자극을 모든 기관의 일반적인 특징으로 간주하기로 결정할 수 있으며, 그런 다음에서야 육체의 특정 부분에서 그것의 증대나 감소를 이야기해봐도 무방할 것이다"(Freud, Butler, 1993a: 61(125)에서 재인용).

프로이트의 설명 속 모호함은 버틀러에게 어느 정도 결정적인 받침점을 제공한다. 남성 성기에 실제로든 상징적 가치로든 존재론적 특권이나 우선권이 없다면, 원래의 팔루스적(남성적) 특권을 단순히 대체하고 그것의 성적 만족을 다른 신체 부위로 전이시키는 것 이상의 일이 일어나고 있다고 생각할 수 있다. 실제로 팔루스가 마치 하나의 단일한 기관, 즉 남근인 것처럼 '그것의 성적 만족'을 이야기한다면 이는 무엇을 의미하겠는가? 버틀러가 설명하듯 "모든 기관의 고유성으로 존재한다는 것은 어떠한 기관에도 필연적이지 않은 고유성, 즉 물리적 변형능력, 전이능력, 박탈능력 등에 의해 정의되는 고유성으로 존재한다는 것을 의미한다"(Butler, 1993a: 61(125)). 그리고 어떤 신체 부위의 고유성과 능력이 진정으로 우연적이며 단지 리비도 투자의 결과로서 인지되는 것이라면, '팔루스'는 투자의 과정, 즉 윤곽을 파악하고, 정체화하며, 성애화하는 행동을 지칭하는 용어다. 그렇다면 어떤 하나의 기관의 정체성과 온전함은 언제나 훼손될 것이다. 그 기관을 '선별'하는 것은, 그 기관의 맥락을 포함하고 유지하는 해석을 통해 이뤄지는 상대적 구분이기 때문이다. 버틀러는 '어금니의 욱신거리는 구멍'에서 벌어지고 있는 일에 대해 설명하면서, 이 혼잡하고 응축된 위탁의 네트워크에 대해, "구멍 뚫린 삽입기제, 방향이 뒤바뀐 치아 모양의 질, 항문, 입, 온갖 구멍, 삽입된 삽입기제의 유령"이라는 유용한 묘사를 제공했다. 심지어 치아의 정체성조차 "물고, 절단하고, 돌파하고 진입하는 것"이지만 "치아가 이미 진입되고 침입된 것이기도 하는"(Ibid.: 61(125~126)) 양가성을 지닌다.

　그런데 왜 리비도의 전이를 부성의 관점에서 설명해야 할까? 지시의 미끄러지는 환유를 통해 그것이 설명하고자 하는 정체성을 미리 짐작하면서, 프로이트는 팔루스의 생성적 권력을 남성의 신체 기관에 융합시킨다. 지금까지 살펴봤듯, 팔루스는 윤곽을 파악하는 생산적인 과정이며, 그러한 과정을 통해 개체/신체 부위가 식별할 수 있는 의미로 나타난다고 볼 때 그것이 보다 정확하게 이해된다. 그러나 이러한 변형적 역동성을 포착하여 사물과 같은 고유성에 비유하면, 남성은 팔루스를 소유한 것처럼 보이게 되며, 마찬가지로 여성은 성적이며 가치 있는 대상, 즉 남성에게 소유되고 교환되는 상품인 것처럼 보인다. 이렇게 대립적인 기능과 주체 위치로 이루어진 성적 매트릭스는 다른 부문을 조직한다. 그리하여 여성은 남성의 적극성에 대응하는 수동성의 존재, 남성의 행위성과 쾌락을 위한 텅 빈 도구, 남성의 취약하지 않은 신체의 보호를 받아야 하는 취약한 신체, 남성의 보다 진화한 이성적 능력의 우월성에 의존하는 아둔한 신체가 된다. 팔루스(여성)가 부착물, 사용되고 조작될 도구로 여겨지기 때문에, 이러한 의미 작용의 이성애적 경제는 남자를 비육체적인 존재로 이해한다. 남자도 신체를 가지고 있고, 분명히 신체를 욕망하지만, 그 자신이 신체는 아니다. 이렇게 비현실적인 논리에도 불구하고 위와 같은 '자연스러운' 연합은 우리가 성적 정체성을 개념화하는 방식뿐 아니라 적법한 애착 및 교환/성행위의 양식을 구성하는 방식에 교묘한 영향력을 발휘한다.

이런 점을 고려하면 레즈비언 팔루스에 대한 버틀러의 성찰이 전복적인 이유를 이해할 수 있다. 그것이 정말 남성 원본의 실패한 복사본, 즉 여성의 신체적 결여와 그것의 결과인 레즈비언의 성적 무능에 대한 대체물일까? 버틀러는 다음과 같이 지적한다. "여기서 흥미로운 점은 과연 팔루스가 여성 동성애적인 성 속에서 구조화 원리로서 유지되고 있는가 하는 점이 아니라, 그러한 팔루스가 어떻게 유지되고 있고, 어떻게 구성되어 있으며, 이같이 구성된 교환형식 내에서의 팔루스라는 시니피에가 지니는 '특권화된' 위상에 어떠한 일이 벌어지고 있는가 하는 점이다"(Ibid.: 85(166~167)).

프로이트 자신이 믿고 있던 리비도 에너지의 본성에 따르면 단일한 기원으로 설명적 회귀를 하기 어려워진다. 리비도는 에너지의 장이며, 그 리비도 에너지가 신체 전체에 불균등하게 분배되면서 유아의 자기발견을 추동하기 때문이다. 물론 이 설명에서 '자기'라는 개념은 다소 성급하다. 여러 사람 사이에서 경계가 구획된 개인으로서 유아의 자기인식은 아직 일어나지 않았기 때문이다. 그 이전에는, 세계의 충만함이 그 아이와 자기동일적self-same이다. 그리고 여기서 우리는 또 하나의 조건을 생각해야 하며, 그것으로 돌아가야 할 충분한 이유가 있다. 유아가 세계와 명백한 일치를 이룬다고 해서 그것이 반드시 차이의 분할(문화/언어/개인화) 이전의 동질화된 통일체, 혹은 미분화된 충만함을 의미하지는 않기 때문이다. 이 기원적 '자기동일성'이 불일치와 지시가 혼잡하게 뒤얽혀 있는 장면임을 이해하는 것은 중요하다. 다시 말해, 유아가 지각하는 것의 복잡성이 아직 '적절하게' 해석되어 의미 있는 장소에 할당되지 않고 있기 때문에 지각한 것을 구분해내기는 역부족이다. 애초에 유아는 본질적으로 파편화되어 있고 그로 인해 분열되어 있으며, 분명히 그것의 원초적 동일시, 애착, 욕망으로 묘사될 수 있는 것의 측면에서 '다중적'이기 때문에(타자 역시 유아 자신이기 때문이다), 프로이트는 인간의 섹슈얼리티는 천성적으로 양성애적이며 다형 도착적이라고 설명한다. 프로이트는 양성애에 대해 정확한 설명을 제공하지 않았을 뿐 아니라 그것의 의미와 함의에 대해 평생 의문을 제기했음에도 불구하고, 성차의 이항 좌표로는 남성성과 여성성, 혹은 남성과 여성 간의 차이를 설명할 수 없다는 관념 덕분에 그 차이가 매우 혼란스러워진 것은 분명하다.[2] 이러한 이유로, 미리 정체성을 추정하는 방식(가령, 남성 더하기 여성)으로 양성애를 생각하기보다 양성애를 '모든 정체성을 처음부터 비일관적이고 도착적으로 만드는 욕망의 분열'로 생각하는 편이 보다 유용할 것이다. 하나의 기원, 통일된 정체성, 의도 혹은 목표를 없애고 나면, 신체와 쾌락을 구분된 정체성 및 적절한 실천과 분리하는 목적론적 섹슈얼리티의 관념에 자연적 기반은 전혀 없다.

그러면 리비도의 기원을 남성의 신체 기관에 귀속시키는 것과 필연적으로 남근을 생성적인 부위 그 자체(팔루스)로 가치 부여하는 것은 상상적 환상이며, 이는 오직 리비도 에너지의 변형이 부인되고 억압될 때만 유지될 수 있다는 결론이 도출된다. 그러나 이러한 부인이 특권을 자연화함에도 불구하고, 리비도 형성의 기만적인 본성 그 자체는 그것을 유지하는 데 구조적 결함으로 남을 것이다. 버틀러는 이를 "그러한 체계와해를 기약하는 유령 역할"(Ibid.: 63(128))이라고 간주한다. 프로이트가 성욕을 유발하는 발견과 자기몰입self-preoccupation을 병, 고통, 괴로움의 관점으로 설명할 때 시스템의 허약함이 다시 한 번 강조된다. 이전에 나르시시즘적 자기도취의 경우로서 우울증 사례에서 살펴봤듯이, 주체의 매혹은 특정한 신체 부위를 본질적으로 연약하고, 아프며, 결핍된 것으로 묘사함으로써 표현된다. "(우울증은) 순차적으로 자체의 인식론적인 접근가능성을 성립시키는 육체 표면의 리비도적인 투사"(Ibid.: 63(129))라는 구절에서 드러나듯, 신체를 성애화할 때 병의 연극적 수행을 본보기로 삼아, 프로이트는 섹슈얼리티의 사회적 직조와 더불어 그것과 병의 잠재적 연속성을 강조했다. 《자아와 이드》(1991b)에서 프로이트는 우울증 환자의 자기몰입이 버틀러가 설명한 대로 "죄책감의 도덕적인 틀이 일정한 구조를 이루며 존재하고 있다는 것을 드러내주는 징후"(Butler, 1993a: 63(129))라는 점을 발견하면서 섹슈얼리티와 병을 한층 더 밀접하게 연관시켰다. 프로이트에 따르면, 죄책감이 발생하는 이유는 우리가 정상적인 섹슈얼리티를 경험하려면 나르시시즘적 자기소유의 내적 역학이 대상 및 다른 주체를 향해 외면화되어야만 하기 때문이라고 한다. 그것을 자기에게 재투자하는 방식으로 사회적 요구를 거부하는 것은 길티 플레저guilty pleasure를 얻기 위한 것이지만, 이러한 쾌락은 양가성을 담고 있다. 한편으로 그것의 승인되지 않은 만족은 신체적 병과 고통을 초래하지만, 다른 한편으로 그로 인해 초래된 병이 효과적으로 사회를 속인다면 기저의 나르시시즘은 승인된다. 이 사례에서 쾌락과 고통 사이의 차이가 판가름 날 수 있을까?

'성애화된 우울증'에 수반되는 모호한 가능성을 인식하면서, 버틀러는 규제적인 성적 모범ideal에 대한 순응이 금지와 고통의 위협을 요구한다면, 이러한 금지의 실패 혹은 그들의 적절한 성공은 불규칙한 결과를 유발할 수밖에 없다고 지적한다. "그것들은 관습적인 이성애적 극단들을 의미하지 않는 육체의 표면들을 묘사할 수 있는 것이다. 그리하여 이 같은 다양한 육체의 표면들이나 육체적인 자아들은 더 이상 그 어떠한 인체조직에도 속하지 않는 고유성들을 전달해주는 장소들이 될 것이다"(Ibid.: 64(130)).

이 지점에서 레즈비언 팔루스의 가능성이 나타난다. 그러나 이 도발적인 주장으로 돌아가기 전에, 우리는 병과 나르시시즘(자기에 대한 사랑)을 연결하는 연결고리가 프로이트가 동성애(자기동일성의 사랑)와 연관시키는 것이기도 하다는 점을 강조해야 한다. 내적으로 향해 있으며, 원시적이고 사회 이전의 리비도 에너지라고 알려진 것은 이성애 경제로 선회되어 다른 사람을 향해야 한다. 프로이트는 이러한 이성애 규범적 요구를 성공적으로 받아들이는 것이 양심, 즉 사회 규범에 순응하려는 의지의 발달과 일치한다고 주장한다. 따라서 성적 정체성의 적절성이 "동성애적인 몰입의 자기투여"(Ibid.: 65(132))에 달려있다면, 정상성은 이제 위와 같이 승인되지 않고 금지된 쾌락에 부착된 고통과 죄책감을 기반으로 하여 효과적으로 유지된다. 버틀러는 이렇게 고통에 시달리는 결과를 "동성애에 대한 이런 금지는 동성애 자체로 다시 회귀되는 동성애적인 욕망이며, 양심의 가책은 동성애적 욕망의 재귀적인 진로 변경이다."(Ibid.: 65(132))라고 설명한다.

그러나 버틀러는 가책과 부인의 고통은 단순히 사랑의 대상을 포기하는 것 이상이라고 주장한다. 정신이 신체를 의미 있는 부분들의 상상적 도식으로 조직해갈 때, '생산적인' 무언가가 함께 작동하기 때문이다. 신체는 느껴진 의미 작용의 살아있는 역사이기에, 신체가 어떤 형태로 나타난다면 특정한 사랑의 대상에 대한 사회적 금지는 그러한 리비도의 투자를 재형성하여 그들을 보존하고 기념할 것이다.

프로이트의 주장대로, 만일 고통이 동성애적인 욕망을 묘사해 주는 효과를 지닌다고 한다면, 다시 말해 우리가 우리의 육체에 대한 이념을 소유하게 되는 한 가지 방식이 된다고 한다면, 아마도 젠더를 제도화시키는 금지들은 표면의 투사 속에서, 즉 보상적인 환상이자 주물적인 마스크이기도 한 성애화된 형태론의 투사 속에서 절정에 달하는 고통으로 육체를 가득 메움으로써 이를 통해 작용하게 될 것이다. 그리고 만일 우리가 사랑을 해야만 하거나 병들게 될 수밖에 없다면, 병으로 나타나는 성은 사랑에 대한 검열에 의해 암암리에 야기되는 효과일 것이다. 그렇다면 과연 그 같은 형상의 산출은 금지된 사랑의 알레고리, 즉 상실의 통합으로 읽혀질 수 있을까?(Ibid.: 65(132))

버틀러의 주장은 나르시시즘에 대한 프로이트의 사색을 떠나, 자크 라캉이 〈거울단계〉(1977a)와 〈팔루스의 의미작용〉(1977b)에서 프로이트 이론을 재구성한 내용으로 옮겨간다. 라캉은 아동이 공간 속에서 자신을 일관적이고 경계가 확립된 개체로 인식하기 위해서는, 다른 사람의 관점, 즉 자신은 자리할 수 없는 외부의 관점에서부터 자신을 동일시하는 법을 반드시 배워야 한다고 설명한다. 아동이 거울에 비친 자기를 인식하는 일을 이렇게 성찰speculation의 보다 일반적 과정에 대한 비유로 사용하면서, 라캉은 아동이 머릿속에 그리는 결과적 형태학, 혹은 신체의 경계가 투사와 오인 사이의 역동적인 동요를 통해 나타난다고 주장한다. 이 주장에서 중요한 점이 몇 가지 있다. 첫째, 자신의 무정형적 편재성에 대한 유아의 인식(라캉이 언어유희를 섞어 오믈렛hommelette〔오믈렛omelette은 무정형의 계란 요리인데, 이를 'homme인간-lette작은'라고 표기하여 어린이의 의미를 중첩시켰다〕이라고 표현했듯, "세상 모든 곳"이 자기 자신이라고 인식하는 것)과 거울에 비친 자기를 통제력과 행위성을 지닌 (별개의) 일관적 개체로 이상화하는 것 사이의 분열은 결코 해소되지 않을 것이다. 이는 자아란 신체적 자아이고 앞으로도 계속 그럴 것이며, 자아의 정체성은 고정된 특성이기보다는 재인식과 변형의 지속적인 역학 관계라는 의미다. 둘째, 또한 라캉은 자아를 만들어내는 형태학적 도식은 가시적인 세계로 들어가는 입구이기도 하다고 주장할 것이다. 다시 말해 우리가 사람, 사물, 그들 간의 상호관계(타자성의 형태와 정의) 속에서 차이를 인식하는 방식은, 구성적인 힘을 가지고 있는 육체적 상상을 통해 만들어질 것이다. 주체는 바로 이러한 과정이며, 그 과정에서 세계와 자아의 분화가 동일한 반사/반영 속에 이루어진다. 버틀러는 다음과 같이 요약한다.

> 대상으로서의 상상적인 자아는 주체에 대해 내재적이거나 외재적인 것이 아니라 그런 공간화된 구분이 영구히 타협점을 형성하고 있는 영원히 불안정한 장소다. 바로 이 같은 모호성을 통해 자아는 이상화된 사랑 대상으로서, 즉 동일적인 관계로서 표시되는 것이다. 그리하여 자기동일화들은 결코 단순하게 혹은 명확하게 이루어지거나 성취되는 것이 아니라, 끊임없이 구

성되고 이의제기되며 타협점을 형성하게 된다.(Butler, 1993a: 76(150))

버틀러는 아동의 신체적 자아가 타자와 더불어 '사람이 되며' 그렇기 때문에 아동의 해부학 자체가 사회적 관계와 그것들의 역동적인 변화를 통해 특성 및 형태를 갖추어간다in-form는 라캉의 의견에 분명히 동의한다. 실제로 레즈비언 팔루스의 가능성은 인식된 신체에 대한 해부학의 사회심리적 개방성에 달려있다. 그러나 버틀러는 라캉의 주장이 양면성을 지닌 것처럼 보인다는 측면에서 모종의 문제점을 발견한다. 라캉은 상징적 질서의 조직적 논리, 즉 아동이 호명되는 그러한 문화적, 언어적 구조를 이항적 동일시로 이루어져 있으며, 그것의 위치가 초월적 기표인 팔루스에 의해 이미 결정된 시스템이라고 설명한다. 그러나 그는 또한 상징적 질서는 모든 언어를 움직이는 분화의 보편적 원칙이기 때문에 특정한 문화적 혹은 사회적 귀속을 초과한다고 주장하기도 한다(그리고 여기서 우리는 레비스트로스를 비롯한 보다 일반적인 구조주의의 주장을 떠올린다). 이런 이유로 라캉은 팔루스는 남근이나 사실상 어떤 신체 기관 혹은 특정한 상상적 효과와 혼동되어서는 안 된다고 주장하면서 프로이트와 공명할 것이다. 하지만 우리가 이 이론을 받아들인다면 무엇을 할 수 있을까? 버틀러가 정치적 불평등에 대항해야 할 필요에 비판적 에너지를 집중하고 있는 만큼, 그는 라캉의 '설명'이 팔루스에 부여된 상징적 특권을 남근(과 남성성)에 투자하고, 그에 따라 어떤 면에서 남성 성기의 정치적 의미를 의심의 여지가 없는 곳에 배치하는 수행적 결과를 초래한다는 점을 우려한다.

라캉의 주장에 담긴 온갖 곡절을 꼼꼼히 읽어내며, 버틀러는 라캉 본인의 설명을 활용하여 그가 제시한 상징적 질서와 상상계의 구분, 즉 유아가 자신의 부족함을 극복(하고 부인)할 수 있게 해주는 표상적 동일시representational identification의 소망적 과정에 의문을 제기한다.

> 라캉이 팔루스에 부여한 지위라는 것이 거울 앞에 서 있는 조각나고 탈중심화된 육체에 대한 반사와 그러한 육체를 이상화시켜주는 반사를 증후화한다고 본다면, 우리는 여기서 신체의 한 기관인 페니스가 팔루스로서 환상적으로 수정되는 과정, 즉 페니스의 대체가능성, 의존성, 소형의 몸체, 제한된 통제 그리고 부분성 등에 대한 가치전환적인 부정에 의해 야기되는 과정을 읽어낼 수 있을 것이다. 그렇게 될 때 팔루스는 하나의 증후로 출현하게 될 것이며, 이것의 권위는 오로지 원인과 결과의 이중환유적인 전도metaleptic reversal를 통해서만 성립될 수 있을 것이다. 그리하여 팔루스는 의미화 작용이나 의미화될 수 있는 것의 미리 가정된 기원이라기보다는 오히려 전적으로 억압되어 있는 의미화 작용 사슬의 효과가 되는 것이다.(Ibid.: 81(160))

버틀러의 질문은 어떤 신체 부위든 인식가능하고 분리된 것으로서 윤곽을 확인하기 위해서는, 신체의 전반적인 성애화 가능성 및 의미화 가능성을 관련시켜야 한다는 점을 상기시킨다. 실제로 신체 부위는 '부위'들이 가치전환transvaluation되어 하나의 전체로서의 신체로 통합되는 과정으로부터 나타날 것이다. 라캉도 팔루스는 남근 외에도 사물을 비롯한 무수한 상상적 형태를 취할 수 있다는 원칙에 분명히 동의할 것이다. 그러나 버틀러가 라캉의 말을 받아들여 레즈비언 팔루스라는 젠더트러블적 유령을 주장할 때 팔루스의 지배적 우위를 "거세 불안과 남근선망의 상호배타적 궤적"(Ibid.: 84~85)과 일치시키는 정치적 투자는 더 이상 직접적으로 이루어지지 않게 된다. 신체적 자아의 변덕은 물론 그것의 욕망의 성향을 고정시킬 안정적 기원점에 의지하지 않으면서, 성적 정체성을 포함한 모든 정체성은 모호하게 표현된다. 라캉의 연구는 분명 이 점을 인정하고, 심지어 강조할 것이다. 그러나 버틀러는 '소유와 존재의 질서를 넘어서는' 레즈비언 팔루스의 '모순적인 형성'에서 한층 전복적인 무언가를 발견했다.

> 만일 남성들이 팔루스를 상징적으로 "소유하는" 존재들로 여겨진다면, 그들에 대한 해부학은 팔루스 상실에 의해 나타내어지는 장소가 되는 것이다. 왜냐하면 해부학적인 신체의 부분은 팔루스 자체와 결코 부합될 수 있는commensurable 것이 아니기 때문이다. 이러한 의미에서 인간은 (이미) 거세된 존재인 동시에 페니스 선망의 (보다 정확히 말하자면, 팔루스 선망의) 충동

을 지니는 존재로 이해될 수 있는 것이다. 역으로 여성이 팔루스를 "소유하고 있는" 동시에 팔루스의 상실에 대해 두려워하고 있는 존재로 여겨질 수 있는 한에서, (그리고 그러한 사실이 암묵적으로 내재된 이성애의 문제를 제기하는 여성 동성애적인 성관계와 동성애의 문제를 제기하는 이성애적인 성관계 모두에 적용될 수 있는 한에서), 여성은 거세공포의 충동을 지니는 존재가 될 것이다.(Ibid.: 85(166))

만일 신체적 자아가 그러한 환상적 교차를 반드시 통합해야 한다면, 성적 정체성과 욕망이 규범에 따라 이분법적으로 나뉘는 것은 '주변적' 주체성에 의해 발생하거나 읽을 수 있게 되는 적합성의 실패를 포함해야만 한다. 설령 그 실패가 모든 사람에게 해당할지라도 말이다. 특히 버틀러는 소위 주변이 중심과 구성적인 차이를 가진다는 견해를 거부한다는 점이 중요하다. 그러한 의견은 포용을 중시하는 다원주의 정치뿐 아니라 그 반대로 주변을 이성애 중심적 정체성이라는 억압적 구조의 외부에 존재하는 놀이 및 가능성의 장소로 특권화하는 경향을 뒤섞어 버린다. 대신 버틀러는 주체 형성의 구조에 가치를 부여하는 중심점은 존재하지 않으며, 구조 전체를 아우르면서 이성애 규범적 교환 형태를 너무나 달라 보이는 것들로부터 분리해내는 모순 없는 논리도 없다는 점을 강조한다. 누구에게든 동일시의 구조가 그토록 완전히 엉망이고 뒤얽혀 있으며 모호한 나머지 팔루스를 가진 자와 팔루스인 자의 차이가 해부학적으로 정해질 수 없는 사회적이고 정치적인 결정이라면, 불변으로 보이는 팔루스의 준거reference는 수행적 허구다.

지금까지 살펴봤듯이, 버틀러는 팔루스가 근본적으로 그 것의 표상적 대체물과 일치하지 않기 때문에 의미화 연쇄를 시작하고 작동시킨다는 라캉의 이론에 초점을 맞춘다. 라캉의 이론은 기원과 개체는 이미 주어진 것이라는 관념을 과정과 비결정성으로 대체, 즉 해부학의 살아있는 의미작용이 작동하고 준거의 불변성이 무너지는 역동성으로 대체한다는 점에서 확실히 도발적인 명제다. 이것이 버틀러가 남근이 팔루스라는 특권적 기표와 융합되어버리는 것에 의문을 제기하는 받침점이 된다. 만일 "팔루스가 인체의 기관을 자신의 계기로 취하게 됨으로써만 상징화 기능을 수행한다면, 자신의 상징화를 위한 해부학적인 (그리고 비해부학적인) 계기들은 보다 다변화되고 보다 예측불가능해지며, 그러한 시니피앙은 보다 불안정해지게 된다"(Ibid.: 90(175)). 따라서 (라캉이 팔루스와 남근을 구분하며 필연적으로 암시한 대로) 레즈비언이 팔루스를 가지는 동시에 팔루스가 될 수 있다면, 신체의 사실성과 그와 관련하여 신체가 할 수 있는 것과 없는 것에 대한 관념은 "공격적인 영역 재분할"(Ibid.: 86(169))에 종속된다. 다시 말해, 아이러니하게도 레즈비언 팔루스의 함의는 욕망이 가정할 수 있는 무수한 사물과 표현뿐 아니라 모든 사람의 환상적 해부학이 지닌 복잡한 차원과 감각적 현실을 인식시킨다.

어떤 면에서 버틀러의 주장이 프로이트의 다형적 도착성과 기원적 양성애라는 개념이 지닌 보다 급진적인 측면을 발전시킨다고 말할 수도 있다. 그러나 프로이트가 빅토리아 시대의 정치적 배경에 비해 급진적이었던 이 근본적 도착성의 급진적 함의를 유지할 수 없었고, 그 뒤에는 라캉이 남근과 팔루스가 자석처럼 연결되어 있음을 발견했던 것처럼, 버틀러가 시도한 페미니즘적 개입도 결국에는 비슷하게 혼란에 빠지지 않았는지 질문해보아야 한다.

지금까지 확인한 것은 버틀러의 연구가 정체성의 일관성과 순수성, 특히 정체성은 처음부터 거기에 있었다는 전제를 집요하게 심문하는 데 기반을 두고 있다는 점이다. 그리고 해부학의 준거적 안정성을 재검토하기 위해 해부학으로 돌아가는 것이 그의 비판 전략의 중요한 발판이었다. 요컨대 버틀러는 개인의 신체 경계(이마고imago, 환상적인 신체)는 성애적 표면이며, 그것의 개인적 인식은 언제나 신체의 윤곽과 욕망을 진화 및 이동시키는 사회적 관계로부터 형성된다고 주장해왔다. 특히 이러한 상상적 해부학의 묘사는 상실의 고통에서 비롯된 것이며, 바로 이 이유 때문에 그것은 깨지기 쉽고 불안정한 '체계'로 남아있다는 점이 중요하다. 실패와 무능력으로부터 형성되었기에 그것은 자신이 소유할 수 없고 될 수도 없는 이상을 재현할 수 없다. 그것은 자신에 대한 오인, 이제는 금지된 것에 대한 애도적 우울증의 "숨겨진 효과", "물신적 가면", "보상적인 환상"이다.(Ibid.: 65(132))

생산을 추동하는 이 일방적인 욕망의 다소 쓸쓸한 장면과 더불어, 우리는 버틀러가 우울증의 성애, 상실을 쾌락으로 다시 쓸 수 있는 고통의 능력을 포착하여 이 가치전환의 일반적 과정을 잘 보여주는 예시로 삼았던 것을 떠올리게 된다. 그것은 신체 부위, 질병, 사물을 모성 상실에 대한 재현을 초과하는 성애적 기념물로 묘사한다. 보이는 것과 다른 무언가가 될 수 있는, 즉 외부의 것을 자기 자신으로 통합할 수 있는 신체의 능력은 버틀러가 남성적, 이성애적 우울증을 다음과 같이 묘사하는 이유를 설명한다. "〔우울증은〕 […] 사랑의 한 가능성으로서의 남성성을 애도하는 것에 대한 거부[에 대한 비유라고 볼 수 있다]. 반면 여성적 성은 여성적인 것으로 하여금 사랑의 가능한 대상으로서 배제되게끔 해주는 합일적 환상을 통해 형성(수용 또는 가정)되는바, 이때 이루어지는 배제는 애도되는 것이 아니라 여성적인 자기동일화 자체의 고조를 통해 '보존'되는 것이다"(Ibid.: 235(439)). 금지의 이 기이한 표명은 다음 문장에서 한층 더 강조된다. "이러한 의미에서 '가장 진정한 의미의' 여성 동성애적인 우울증 여성은 철저하게 이성애적인 여성이며, '가장 진정한 의미의' 남성 동성애적인 우울증 남성은 철저하게 이성애적인 남성이다"(Ibid.: 235(439)).

우리가 지금까지 이 변형적인 사례에 대해 그래왔듯, 금지가 순전히 부정적이지만은 않다는 점을 이해하는 것은 정치적으로 중요하다. 그러나 여기에 문제가 있다. 이 설명에서는 분명히 상황이 겉보기와 다름에도 불구하고, 정체성에 대한 버틀러의 비판은 여전히 토대로서 의심받지 않는 상태와 연결되어 있다. 처음부터 그 후로도 영원히 성적 정체성을 부적절하고 결정 불가능한 것으로 만드는 양성애적 도착 대신, 버틀러의 분석은 모호성을 효과적으로 풀어내어 가짜들 속에 숨겨진 하나의 진실을 드러낸다. 여성적 정체성과 여성성을 모성을 규정하는 본질적 속성으로 이해할 수 있다면, 그의 (겪었으리라 추정되는) 상실로 인해 촉발되어 정체성을 형성하는 역전reversal의 가장행렬이 설득력을 가질 것이다. 하지만 그렇지 않다. 어머니는 결여된 것이 아무것도 없기 때문에 그/녀는 팔루스적 어머니로 간주된다. 그/녀는 구멍(혹은 전체), 세계, 변형이라는 양육적 풍부함이며, 이 풍부함은 동시에 아동이 자신에 대해 '스스로' 지닌 차이를 표현한다. 그것은 자기 자신/또 다른 타자를 향해 아동의 욕망을 추동하는 구성적 차이다. 최종적으로 정체성이라곤 전혀 확립되지 않은 형태 발생의 이 장면에서, 모성/타자는 어디에나 존재하는 형상이다. 그리고 그/그녀가 그저 단순히 사라지거나 부재하는 것이 아니라면, 라캉의 이론을 확립할 뿐 아니라 '가장 진정한 의미에서의 레즈비언'과 '가장 진정한 의미에서의 이성애 남성'에 대한 버틀러의 묘사에서 가장행위의 전략을 구성하는 '오인'이라는 용어의 위상은 무엇인가?

이들의 연관된 공모가 이중성으로 환원될 수 없다는 점을 고려한다면, 정체성 형성의 복잡한 작용에 대해 더 잘 이해할 수 있을까? 이것은 까다롭고 이해하기 어려운 지점이기 때문에 신중한 해석이 필요하다. 예를 들어, 프로이트가 우울증적 질병을 나르시시스트적 자아몰입을 위한 거울 뒷면의 은박으로 해석하며 그 은박의 쾌락적 괴로움이 사회의 요구에 부합하지 않을 신체의 생산에 수반되는 죄책감을 통합한다고 했던 설명을 기억할 것이다. 사회에 기대어 규정된 이 최초의 소유-이전을 다루기 위한 내러티브적 해결은 '그것'을 숨기는 것이다. 그러나 아동과 세계, 혹은 회고적으로 양분된 동일시의 차이들(내부와 외부, 자아와 타자)이 근원적으로 동질하다면, 태초의 성적 만족(소유-이전)의 풍부함이 외부로부터 근본적으로 분리된 개별화된 '무언가'라고 가정해야 할 이유는 무엇인가?[3] 이러한 의미에서 '동질성'은 형태형성(변화)을 통해 지속되는(불변) 어떤 정체성의 '동일성'을 촉발한다. 이는 참으로 복잡한 문제로 심각하게 고민을 해야 하는데, 버틀러가 시도하는 전복에서는 그러한 차원이 일종의 설명적 '해결'을 거부한다. '동일성'과 '차이', '동종homo'과 '이종hetero'이라는 개념 자체는 그저 의미를 암시하는 것이 아니다. 그것은 자신이 훼손되기 전에 그들의 분리를 미리 전제하는 개념이다. 동일성이 결코 미리 주어지지 않으며 이러한 준거 용어들이 결코 분리될 수 없다면, 동일성의 구성적 패러독스는 정말로 이상해진다.

그러나 이러한 뒤얽힘의 미묘함이 그토록 중요한 이유는 무엇일까? 여기서는 버틀러 자신의 주장이 도움이 된다. 그는 동성애에 대한 묘사에 대응하는 공통성에 대해 반복적으로 질문하며, 심지어 레즈비언 섹슈얼리티의 존재를 "불가능한 독립체"(Ibid.: 85(167))라고 판단까지 하기 때문이다. 기원 속에 존재하는 원초적, 나르시시즘적 자아소유를 발견하고, 자연스럽게 이것을 자기동일성의 사랑(동성성애화)과 등치하는 발달적 서사에 따르면 타당하게 사회적 성숙과 양심의 형성, 즉 이성애자 남성의 적절한 속성들이 더 진화된 성취라는 가정이 상당히 논리적 타당성을 얻게 된다. 다음의 '경계할 점'에 대한 언급에서 드러나듯, 버틀러는 이 논리의 위험을 분명히 알고 있다.

> 프로이트에 의해 수행된 성감대의 병리학화는 죄의 감정과 연관되어 생겨난 담론으로 읽혀지기를 요구하고 있다. 우울증의 상상적이고 투사적인 가능성들이 비록 유용하다고 할지라도, 그것들은 성의 묘사에 스며들어 있는 병의 은유들로부터 구분되기를 요구하고 있기 때문이다. 이것은 요즘 들어 특히 긴급히 요구되는데, 일반적으로는 성의 병리학화 그리고 특수하게는 병리학적인 것 자체에 대한 패러다임으로서의 동성애 묘사 등이 에이즈AIDS에 대한 동성애 혐오적인 담론의 전형적인 징후들로 나타나고 있기 때문이다.(Ibid.: 64(130~131))

이성애 정체성보다 동성애 정체성을 차별하는 논리가 그대로 유지된다면, 동성애혐오의 폭력성이 그러한 도덕적 호소로 약화될 리는 없다는 것은 분명하다. 동성애혐오, 여성혐오, 인종차별은, 원시적으로 과성애화된 자기몰입이 사회적인 것에 선행하며 이 근원적 무능력함은 사회적 정당성에 기대어 규정된다는 개념으로부터 자양분을 얻는다. '정당성'은 자신이 증오한다고 주장하는 무언가를 억압하고 유지하기 때문에 의문의 여지가 있다고 주장하면 확실히 문제를 해결할 수 있겠지만, 여전히 그것은 그 서사의 정치적 질서, 즉 원시에서 문명으로, 동일에서 차이로, 모성적 질서에서 부성적 상징으로 구성된 질서에 복무하고 있다. 사회적인 것을 이차적 질서의 준거틀로 설정하기 위해 유아(처음에는 사회적인 것을 결여하고 있다)에게 결여를 남기는 방식으로 가해지는 규제적 힘은 동일성을 존재하거나 혹은 부재하는, 사실이거나 혹은 허구적인 '무언가'로 이해한다. 분화의 과정을 경계를 확립할 수 있는 상품이나 시스템으로 응고시켜 외부로부터 보호하려는 시도는, 동일시하는 과정인 팔루스를 하나의 사물, 즉 남근으로 물화하는 방식과 비슷하다. '레즈비언 팔루스'에서 버틀러가 제공하는 이 독창적인 도발이 기원에 대한 질문을 계속 움직이게 할 수 있을까? 그리고 동일성의 토대적 진리로 회귀하는 것에 저항하는 방식을 유지할 수 있을까?

4장

언어, 권력, 수행성 I

의미를 체현하는 육체: '섹스'의 담론적 한계에 대하여

아주 여러 가지의 다양한 문제에 관여할 수 있는 주디스 버틀러의 능력은, 겉보기에는 관련이 없는 지적 노력들이 함께 묶여 동일한 논리와 개념적 토대에 연결될 수 있다는 그의 이해를 통해 발휘된다. 이 장에서는 버틀러가 이렇게 토대까지 파고들어간 작업에서 가장 중요한 사례 중 하나인 언어/담론의 존재론에 대한 연구와 문화적 구성주의 관련 논쟁을 살펴볼 것이다.

《의미를 체현하는 육체: '섹스'의 담론적 한계에 대하여》(1993a)에서 버틀러는 언어에 대한 질문이 그토록 정치적 중요성을 지니는 이유를 매우 상세히 설명한다. 버틀러는 순수한 지시대상의 통일성을 둘러싸고 있으며 그것을 필연적으로 훼손하는 오염을 전경에 내세우면서 육체의 정치를 소개하기 시작한다. 이를 통해 의미작용 외부 혹은 이전의 물질성에 접근가능성은 없으며, 나아가 언어와 분리된 신체적 삶의 순수한 물질성에도 접근할 수 없다고 주장한다.

그럼에도 우리는 관념과 물질 사이의 경계에는 분명 모종의 중첩이 있으리라는 감각을 유지한다. 버틀러가 "신체는 단순히

언어적 대상이다"라는 명제를 부정하는 동시에 "[신체는] 항상 언어를 향한다"(Ibid.: 68)고 주장하기 때문이다. 이 자연적 토대를 언어와 사고에 선행하고 따라서 그것을 넘어서는 무언가라고 생각할 때 문제가 발생한다. 만일 그것이 사실이라면, 우리는 그 관계를 끝내 이해하지 못할 것이기 때문이다. 이러한 딜레마에 대응하여 버틀러는 깊게 분열된 논리적 난국을 해소할 구성적 에너지 및 능력을 물질에 주입하고자 한다. 문화적 의미형성과 관련하여 선행적이고 수동적인 위치에 있는 물질을 구제할수 있다면, 육체성과 물질에 대한 관습적 이해도 크게 바뀐다. 따라서 물질성을 재구성해야 할 필요성은 구성주의 담론과 더불어 버틀러 주장의 핵심이다. 그 필요성은 다음 인용문에서 분명히 나타난다.

본인은 이러한 논쟁에서 사용되는 개념들을 잠시 유보하고 우선 "물질성"이라는 것이 어떻게, 그리고 왜 환원불가능성의 징표가 되었는지, 즉 생물학적 성의 물질성이 '단지 문화적 구성물들만을 담지하며 그리하여 그 자체로는 어떤 구성물일 수도없는 것'으로 이해된다는 점이 어떻게 설명될 수 있을지에 대한 문제들을 제기하고자 한다. 이와 같이 물질성이 구성물로부터 배제되어 있다는 것은 과연 어떠한 상태를 의미하는 것일까? 물질성이란 구성물을 작용하게 하는 동시에 구성물의 작용대상이기도 한 것으로 구성과정으로부터 배제되어진 장소또는 표면인 것인가? 아니면 그것은 구성물이 작동하는 데 필수적인 구성적 배제 또는 구성을 가능하게 하는 배제인가? 이같이 구성화되지 않은 물질성의 장소를 점유하고 있는 것은 무엇인가? 그리고 무엇보다 이런 장소가 마치 구성물 외부 또는 아래 존재하는 것처럼 형태화되어짐으로써 어떤 종류의 구성물들이 배제되는 것일까?(Ibid.: 28(65~66))

버틀러의 작업은 구성주의 담론을 비판하면서도 어떻게든 여전히 그것의 가장 기본적 견해를 지켜내야 한다는 점에서 상당히 까다롭다. 그러한 주장에 대한 인내심이 소진되어버린 청자들을 놓치지 않기 위해, 그는 자신의 접근 방식에 관해 기본적으로 안심할 수 있는 내용을 몇 가지 전하며 논의를 시작한다. 구성 담론은 통상적으로 언어적 이상주의라고 인식되기 때문에 버틀러는 신체의 집요한 현실성을 기꺼이 인정한다. 그는 자신이 "탄생과 노화, 병과 죽음 등과 같은 추정상의 사태"라고 부른 것을 인정하며, 몇 가지 최소한의 "성적으로 구별되어진 부분들과 행위들 및 능력들 그리고 호르몬과 염색체 상의 차이"(Ibid.: 10(37~38)) 등이 존재한다는 것을 받아들여야 한다는 것에도 동의한다. 그러나 특정한 육체적 사실의 존재를 인정하는 것은 또한 그 사실에 대한 특정한 해석을 인정하는 것이기도 해서 상황이 복잡해진다. 버틀러는 "그러한 인정이 이루어지는 곳이자 그러한 인정이 이루어지게끔 해주는 매개이기도 한 담론이 [⋯] 자신이 인정하는 현상을 자기 스스로 구성하게 되는 것은 아닐까?"(Ibid.: 10(38))라고 질문하며 난제를 풀어나간다.

버틀러의 위치에는 불가피한 뒤얽힘이 있다. 같은 주장, 즉 물질/관념의 분열 사이에서 무비판적으로 어느 쪽을 선택하라는 주장을 매우 다른 방식으로 표현한 두 가지 입장을 대상으로 삼고 있기 때문이다. 이를 설명하기 위해 우리가 이 논의를 페미니즘 안에 위치시키면, 따옴표에 의지하지 않는 진정한 여성을 대표한다고 자임하는 사람들이 마치 여성의 삶의 강력한 진실은 그 자체로 자명한 것처럼, 자신은 (진정한) 물질의 진리에 접근할 수 있다고 주장할 것이다. 이러한 견해에 따르면, 의미화 실천은 오직 그런 진리를 전달할 뿐 스스로가 형성적 입력을 하지는 못하는 운송 수단일 뿐이다. 아무리 그들이 부적절하다고 여겨질 가능성이 있다 해도, 모든 결함이 수정될 수 있다고 가정된다. 이 입장의 반대편에서는 의미화 실천의 구성적 힘을 강조하면서, 명백한 사실성의 진리 역시 언어 속에서 생산되기 때문에 우리는 언어 외적 현실에 접근할 수 없다고 결론을 내린다. 버틀러는 후자의 입장에 분명히 동조하지만, 그것에 종종 수반되곤 하는 결론에는 동의하지 않는다. 우리가 언어로 매개되지 않는 '언어의 외부'에 접근할 수 없다는 점에는 버틀러도 동의하지만, 이를 이러한 외부에 대한 언급을 전부 검열할 수 있거나 검열해야 한다는 의미로 받아들이지는 않는다. 사실 그의 이론은 그 논쟁이 수용한 문법은 반드시 외부성을 생산해내며, 즉 담론의 외부이지만 그럼에도 여전히 담론의 내부 영역을 생산해낸다는 점을 강조하려 한다. 이를 감안할 때, 해야 할 일은 이 물질성을 부인하거나 배제했다고 전제하는 것이 아니라, "물질이라고 불리는 경계, 고정성 그리고 표면 등의 효과를 산출하기 위해 시간의 흐름 속에서 안정화되는 물질화 과정"(Ibid.: 9(36))을 분석하는 것이다.

　육체성에 대한 버틀러의 분석은 물질을 '타자'로서 거부하는 현상에 초점을 맞춘다. 이러한 거부가 주체 형성의 핵심 요소이기 때문이다. 가치 있는 규범과의 차이가 결함과 동의어가 될 때, 모든 일탈은 흠결이나 잘못으로서 병리화된다. 무엇보다 물질에 대한 폄하를 '자연적 결함'과 연결 짓는 함의의 역사는 인식하기가 상당히 까다롭다. 특정한 신체에 부당하게 부착된 결함의 표지가 그것의 비천한 지위를 '자연스럽게' 설명하고 있는 것처럼 보이기 때문이다. 이러한 동어반복의 용어 속에서, 이 비천한 신체가 '적절한 의미를 가지'지 못하는 선천적 실패로 인해 그들은 인식불가능해지고, 재현을 초과하며, 따라서 민주적 절차의 관심 밖에 있게 된다. 온전한 인간의 영역으로 진입하는 것을 거부당하면서, 이 추방자들은 자연적인 것, 야만적이고 동물적인 것이 지닌 통제 불능의 위험, 다시 말해 물질 자체에서 발산된다고 인식되는 위협과 일치된다. 버틀러의 목표는 다음과 같은 질문을 통해 이러한 논리의 경제를 무너뜨리는 것이다. "그처럼 배제되고 비체화된 영역은 '쟁점이 되는 육체'의 자질을 지니는 것에 […] 근본적인 재정교화를 강행할 수 있는 상징적 헤게모니를 향해 어떠한 도전을 펼치게 되는 것인가?"(Ibid.: 16(48))

'언어의 외부'

버틀러는 구성주의 담론에 대해 논하면서, 언어와 담론의 '외부' 혹은 '이면', '이전' 혹은 '너머'의 측면에서 말해야 할 필요성을 인정한다. 실제로 이것은 피할 수 있는 일이 아니다. 그러나 관념과 물질의 차이가 담론상의 구분이라면, 그들의 차이에 부착된 정치적인 연합을 살펴보며 논쟁을 벌일 수 있다. 버틀러의 요점은 만일 언어와 담론이 살아있는 현실의 의미 있는 차원을 구성하며 거기에 많은 의미가 있다면, 언어의 울타리는 감옥이 아니라는 점이다. 오히려 언어와 재현은 내적 복잡성을 통해 각기 다른 결과와 가능성을 만들어낼 수 있는 유동적인 구조다.

요컨대 언어 안에서 발생하는 구조화된 분화의 움직임에 관여하려는 버틀러의 욕망은 진실로 우리의 인식과 재현을 초월하는 외부 언어의 존재를 미리 배제하지 않는다. 그저 인간이라는 조건이 그 언어로 접근하는 것을 가로막을 뿐이다. 따라서 이 외부에 대한 인식과 재현은, 그것이 정말로 투명해보일 뿐 아니라 직접적으로 닿을 수 있는 것처럼 느껴짐에도 불구하고, 언제나 언어적 효과, 즉 문화적 생산이 될 것이다. 버틀러는 이러한 전환 과정을 포함하는 설명적 범주로서 포괄적 용어인 '문화'에 의존하면서 요점을 분명히 짚어 낸다. 다시 말해 언어와 문화는 서로를 내포하고 있다, 실로 이 둘은 하나이며 동일하다고 말하는 사람이 충분히 있을 만하다.

그러나 이런 방식으로 '문화'라는 용어에 특권을 부여함으로써, 물질과 관념, 자연과 문화, 육체와 정신 사이의 동일성과 성애화된 위계가 은밀히 재구축된다. 버틀러의 전략은 이 대립 쌍 중 첫 번째 항에 의문을 제기하여 그것을 미지의 상태로 만드는 것이라고 설명할 수 있지만, 그에 따라 첫 번째 항을 비우거나 완전히 지워버리면서 실질적으로 두 번째 항을 확장시키는 효과가 불가피하게 발생한다. 버틀러는 개입은 분명히 대립 쌍의 두 항을 모두 재해석하려는 의도로 개입하며, 우리가 〔절대적인〕 대문자 N의 자연이라고 생각했던 것이 사실은 〔담론 속의〕 '소문자 n의 자연nature', 즉 대문자 C의 문화임을 보여주는 방식으로 이를 달성한다. 그러나 여기서 우리는 버틀러가 사실은 지식과 정치적 논쟁의 영역, 즉 대문자 C의 문화와 그것에 선행하여 존재하던 것인 대문자 N의 자연(이 시점에서 보다 정확하게는 '삭제된' 혹은 '취소선이 그어진' 대문자 ~~N~~의 자연이라고 표현되어야 한다) 사이에 명확한 선을 그어왔다는 점을 제대로 이해해야 한다. 따라서 자연과 문화의 불가분성과 오염을 개념으로 보는 버틀러의 비판은 물질/대문자 ~~N~~의 자연과 소문자 c의 문화/관념의 절대적 분리에 기반을 두고 있다. 버틀러가 "물질로의 회귀는 우리가 […] 기호로서의 물질로 회귀하기를 요구하는 것이다"(Ibid.: 49(106))라고 지적한 부분을 상기하면, 물질과 그것의 재현 사이의 혼란을 피할 수 있다.

'의미를 체현하는 육체'라는 제목에서 분명히 드러나듯이, 버틀러의 목표는 "세계 속에서 가치 평가된, 그리고 가치 있는 육체로 간주되는 것의 의미 자체"(Ibid.: 22(58))를 논쟁하고 확장하는 것이다. 신체의 실체가 고정된 고체성이나 규범적인 지시대상이 아니라 하나의 기호라는 주장은 '물질matter'과 '물질화materialize'라는 단어의 절묘한 우연의 일치 속에서 더욱 심화된다. 이 두 개의 기호는 또한 '의미meaning'뿐 아니라 의미 형성에 관한 보다 큰 의미론적 과정과 동의어다.

> 이렇듯 의미를 체현하는 육체들에 대해 언급하는 고전적 맥락들 속에서 이야기를 전개시키는 것을 쓸데없는 말장난으로 보아서는 안 된다. 왜냐하면 물질화의 원리가 육체에 있어서 "중요한matter"과 일치하는 곳에서 물질적이라고 하는 것은 그러한 육체의 이해가능성을 물질화시킨다는 것을 뜻하기 때문이다. 이러한 의미에서 어떠한 것의 의미를 안다고 하는 것은 그것이 어떻게 중요성을 지니고 왜 중요성을 지니는지에 대해, 그리고 어떠한 곳에서 "중요하다matter"라는 말이 "물질화시키다"라는 말과 "의미하다"라는 말을 동시에 뜻하게 되는지에 대해 알게 되는 것이라고 할 수 있다.(Ibid.: 32(72~73))

버틀러는 육체성을 이해하는 데 관습적으로 사용되는 이 용어들을 재검토하면서 그 용어에 부여된 의미에 명확하게 도전한다. 그러나 여기서 물질의 내적 실체, 즉 버틀러가 호르몬과 염색체의 차이를 최소한이나마(이것이 의미가 있다면) 양보하면서 인정하는 실체적인 무언가는 전혀 그에게 분석의 대상이 되지 않는다는 점을 분명히 지적해야 한다. 아이러니하게도, 버틀러의 이론이 모종의 받침점을 마련하기 위해서는 그것이 분석 대상에서 빠져있어야만 한다. 물질의 물질성, 그것의 촉지성palpability과 물리적 강조에 대한 우리의 감각은 버틀러의 설명 속에서는 말할 수도 없고 생각할 수도 없는 것이 된다. 그것에 대해 알 수 있는 것은 오직 그것이 재현을 초과한다는 것뿐이기 때문이다. 문화적 인식가능성intelligibility을 넘어서는 이 외부적 대상의 존재는, 그것이 담론에 의존하는 한, 외부를 물질의 모습으로 나타나는 외부의 위장이라고 이해할 수밖에 없게 만든다.

　이 지점에서 버틀러와 정치 이론가이자 문화 분석가인 슬라보예 지젝의 논의를 살펴보면 도움이 될 것이다. 지젝의 연구에 대한 버틀러의 평가 속에 언어란 무엇이며, 어떻게 작동하는가에 대한 보다 일반적인 개념화가 담겨 있기 때문이다. 《의미를 체현하는 육체》 7장 '실재계와의 교전'에서 버틀러는 보다 포괄적인 "정치적인 수행적 언술과 민주주의적인 투쟁에 관한 이론"(Ibid.: 20(56))을 발전시키기 위해 지젝이 활용한 정신분석학의 용법과 한계를 탐구한다. 버틀러는 한계가 결정되고 의미가 부여되는 방식을 심문하면서, 특정한 주체를 마치 그들은 전혀 중요하지 않다는 듯이 바람직한 인간성의 범위 밖으로 추방하는 논리에 도전한다. 그러한 한계와 배제가 생산되는 방식을 보여주는 예시적 표지로 기호의 구조를 가져오면서, 버틀러는 그 한계가 자신의 임무를 달성하지 못한다. 즉 궁극적으로 그 한계는 내부의 일관성이나 동일성을 확보하는 데 실패한다고 주장할 것이다. 버틀러가 우리의 세계는 재현/언어의 세계라고 주장하는 만큼, 그의 주장은 언어가 그 자신의 한계 및 외부성을 '물질화'하는 방식에 집중한다. 버틀러에 따르면, "동일성이 항상 자신이 감내할 수 없는 것만을 요구"(Ibid.: 188(353))하기 때문에 이 '구성적 외부'로부터의 진정한 분리는 달성될 수 없다. 언어의 기계 장치 자체에 대한 버틀러의 세밀한 분석 이면에 담긴 질문은 다음과 같다. "소위 구성적이라고 할 수 있는 배제들은 어떻게 해서 그처럼 덜 지속적이면서 보다 더 역동적으로 이루어질 수 있는 것인가?"(Ibid.: 189(355))

언어의 내적 구조 안에 주체 형성을 위치시키는 이론인 정신분석학을 활용하는 지젝의 논의에서, 버틀러는 그것이 금지와 명령으로서의 한계라는 관념에 근본적으로 결속되어 있음을 발견한다. 일군의 거부와 폐제를 통해 주체가 나타난다는 지젝의 주장에는 버틀러도 동의하지만, 폐제를 '실재계the Real'라는 절대적인 용어로 표시해야 할 필요성에는 이의를 제기한다. 라캉을 이어받아 지젝이 주장한 대로 실재계가 진정으로 상징화의 외부에 있다면, 우리는 다음과 같은 딜레마에 빠지게 되기 때문이다. "상징적 담론 내에서 상징화될 수 있는 것과 상징화될 수 없는 것의 경계들을 설득력 있게 규정하기가 얼마나 어려운지를 한번 생각해 볼 필요가 있다"(Ibid.: 190(357)). 실재계에 대한 라캉적 개념은 결여의 결여, 즉 언어와 문화의 한정적인 단절과 분할, 차별과 가치부여 이전에 존재하는 일종의 풍부함이다. 흥미롭게도 실재계의 근원적 온전함이나 자급성은, 상징계질서(아버지의 법)가 그것의 잠재력을 이리저리 뒤집으면서 전유해버릴 것이다. 그리고 이러한 실재계는 일종의 충만함과 충분함을 전제하는 언어와 재현의 문화적 영역으로 귀결되는 반면, 언어에 선행하는 것처럼 보이는 존재의 육체적 혹은 자연적 기반은 원초적 결핍, 즉 본질적으로 여성적이라 여겨지는 결여나 상실로 회귀한다. 차이를 결여와 등치시키면 곧 기원적 풍부함이 사회적인 것 혹은 상징적 질서로부터 단절된 것처럼 보이는 효과가 발생하며, 차이를 인식하는 이러한 방식은 거세와 상실의 위협은 물론, 그에 따른 젠더적 동일시와 젠더적 연합까지 예행연습한다. 라캉의 도식에 내재된 팔루스중심주의를 설명하고 해체하기 위해 페미니즘 비평가들이 오랫동안 들여온 노고를 생각하면, 라캉의 도식을 승인하고 수용하는 지젝을 버틀러가 비판하는 것은 그리 놀랄 일이 아니다. 버틀러는 지젝의 주장에 은밀히 숨겨진 의미를 다음과 같이 설명한다.

지젝은 다음과 같이 주장한다. "실제계는 [언어에 내재해 있는] 한계인 동시에 언어가 자기 자신과의 동일성에 도달하는 것을 저지하는 불가해한 주름이기도 하다. 바로 그러한 사실 속에 상징계와 실제계 간의 관계가 지니는 역설이 놓여 있는 것이다. 그들 사이를 가르는 차단봉bar은 상징계 내에 엄연히 내재해 있는 것이다." 지젝은 이러한 '차단봉'에 대해 계속 다음과 같이 상술한다. "이것은 라캉이 '여자란 존재하지 않는다'라고 말할 때, 라캉이 주장하고자 하는 내용인 것이다. 대상으로서 여자Woman qua object는 상징적인 보편체 내에서 특정한 차단봉

이 물질화되어진 것에 불과하다[…].”(Ibid.: 279(511))

이렇게 존재가 금지된 것, 즉 상징적 질서에 완전히 포함되기엔 부족했던 것을 여성에 융합하면서, 여성은 재현불가능성의 블랙홀, 실재계의 형언할 수 없는 공간과 등치된다. 이러한 해석의 지지를 받는 정치적 의제는 파괴적 재앙이기 때문에, 버틀러는 실재계의 한계가 심문에서 면제되거나 담론의 외부에 놓여선 안 된다고 주장한다. 실재계의 소위 비역사적 지속성에 담긴 추정상의 소여givenness 속에서, 성화된sexed 주체성과 섹슈얼리티의 상징적 규범성이 승인된다.

그리하여 이름을 잠정적으로 고정시킬 수 있는 가능성을 조건 짓는 구성적 배제들이 항상 존재한다고 해서 상실된 지시대상이라는 개념을 지니는 구성적 외부라는 것, 다시 말해 거세의 법칙이라고도 할 수 있는 것 또는 존재하지 않는 여성에 의해 감각적으로 나타내어질 수 있는 “차단봉bar”이라는 것이 필연적으로 붕괴되는 것은 아니다. 그러한 관점은 여성들을 상실된 지시대상, 즉 존재할 수 없는 것으로 사물화시킬 뿐만이 아니라 더 나아가 페미니즘이라는 것을 그처럼 특수하게 이루어지는 법의 공표에 저항하려고 하는 헛된 노력으로 […] 사물화시키는 것이다. 그렇지만 특별히 “상실된 지시대상”을 나타내 주는 형상으로서의 여성을 문제시한다고 하는 것은 여성에 대한 서술을 하나의 가능한 의미작용으로서 새롭게 규정하는 것이며, 동시에 그 개념으로 하여금 보다 폭넓은 재정교화를 위한 장소로 작용할 수 있게끔 해주는 것이다.(Ibid.: 218(406~407))

버틀러가 개념적 경제와 주체의 위치를 재평가할 가능성을 열기 위해서는 현존을 부재(결여, 실재계)로부터 분리하고, 언어를 그것에 선행하거나 언어가 아니라고 여겨지는 것으로부터 분리하는 그 차단봉을 파열시켜야만 한다. 다시 말해 그는 이러한 결정의 생산양식, '여성성'에 대한 숨겨진 부채에 반드시 관여해야 한다. 그 양식은 여성성을 부인하면서 여성됨을 파산과 등치한다. 그는 차이를 생성적이고 공유된 힘으로 재구성하는 것을 목표로 하여 동일성과 차이, 현존과 부재를 대립시키는 존재의 형이상학(나는 그것이 되지 않음으로써 나이다)을 탐구한다. 차이의 변형적 에너지 속에서 고정된 정체성(자아에 대한 현존으로서)의 감각은 근본적으로 불안정해진다.

이를 달성하기 위해 버틀러는 지젝이 정신분석학을 사용하는 방식을 비판하고 있음에도 불구하고 '정치적 기표(시니피앙)'에 대한 그의 논의가 자신의 연구에 부분적으로 유용하다고 생각한다. 지젝은 '여성'과 같은 정치적 기표가 실질적 주체 위치에 대한 기술적인descriptive 지정으로 여겨져선 안 된다고 주장한다. 그런 기표들이 미리 주어진 지지기반들을 대표하지 않기 때문이다. 지젝이 제시한 특성이 중요한 이유는 다음과 같다.

어떠한 시니피앙도 근본적으로 재현적일 수는 없다. 왜냐하면 모든 시니피앙은 영원한 오해méconnaissance의 장소이기 때문이다. 다시 말해 시니피앙은 결코 성취될 수 없는 궁극적이고도 완전한 인식과 통일에 대한 기대만을 산출할 뿐이다. 역설적이게도 자신에 의해 대표되는 지지기반을 온전히 서술하지 못하는 그러한 시니피앙들—특히 "여성"이라는 시니피앙—의 좌초는 바로 이러한 시니피앙들을 가상적 투여와 담론적 재정교화의 장소들로서 구성하는 것이다. 그리고 그러한 좌초는 시니피앙에 정치적인 재의미화 작용의 새로운 가능성들과 새로운 의미들을 개시해주는 것이다. 본인이 보기에 시니피앙의 이같이 자유롭고도 수행적인 기능이야말로 근본적으로 민주적인 미래성 개념 구성에서 가장 중요한 역할을 수행하는 것이라고 생각한다.(Ibid.: 191(358~359))

버틀러는 정치적 시니피앙도 동원과 논쟁의 장소가 될 수 있고 동일시를 고정시키는 도구가 될 수 있으며, 그 도구의 구성적 힘이 변형적이라는 주장을 받아들인다. 그리고 지젝을 통해 그는 시니피앙의 고정된 정체성을 파열시킬 수 있을 뿐 아니라, 그것이 지속적으로 변이하며 따라서 본래적으로 '그 자신'의 외부성에 대해 견고한 장벽을 세울 수 없다고 주장할 수 있다. 여성과 다른 사회적으로 비천한 주체들이 이렇게 동일한 의미적 변형에/변형을 통해 종속된다면, 그들의 존재와 그것의 의미는 상징적 질서 내에서 결정되어야 한다. 안타깝게도, 마치 거세의 절단이 결정적인 사실이기라도 한 것처럼 차단봉을 절대적 금지로 보는 지젝의 해석은 외상과 거세라는 게으른 용어로 '외부 담론'을 재승인한다. 따라서 이 폐제를 설명하기 위해 실재계라는 라캉의 개념을 전유함으로써, 지젝은 비천한 주체가 형성될 때는 이러한 폭력적 상속이 불가피하며 논쟁의 여지없이 필연적이라는 주장을 사실상 지지한다. 이런 관점에서 그 차단봉은 절대적이고 고정된 장벽이 아니라 경계를 만드는 과정이자 결코 끝나지 않는 선을 긋거나 차단하려는 지속적인 시도라고 설명하는 버틀러의 개입은 중요하다. 그 차단봉을 절대적인 틀로 설치하는 것은, 내재적으로 결함이 있으며 자연스럽게 기반이 되는 외부를 발견하고 또한 부정하는 효과를 만들어낸다.

그 기반 혹은 가치평가의 무관심한 근거로서 '주어져 있다'고 여겨지는 것을 심문하면서, 그리고 그것이 다른 의미적 실천과 동일한 정치적 결정으로부터 위조된다는 점을 발견하면서, 버틀러는 실재계의 폐제를 완전히 없앨 수 있다. 이 전략은 지젝이 차이를 부재/아무것도 아님과 등치시켰던 등식과 비교할 때 분명 충분히 합리적이다. 그러나 버틀러의 이론적 접근이 그의 주장의 다른 곳에서도 등장하는 부재의 개념에 계속 의지하는 한, 지젝의 입장을 괴롭히는 정치적 문제가 버틀러에게도 기괴하게 다시 나타나는 것은 당연한 일이다. 이는 변형과 욕망의 의미적 에너지가 '다양한 종류의 가상적 투여들을 담지하게 될 텅 빈 기호들'(Ibid.: 191(358))에 의해 수용되는 방식을 다루는 버틀러의 논지 전개에서 분명히 나타난다. 그러나 버틀러 자신의 무nothingness에 대한 논박을 생각하면, 그 무엇이 곧이곧대로

'텅 비어' 있을 수 있겠는가? 우리는 어떻게 기호의 신체에 담긴 이러한 의미적 지원이 지속적으로 변화하는 의미와 가독성의 근거를 형성하는 환상적 투사를 포함할 수 있는지 의문을 품게 된다. 왜냐하면 기호의 '작동가능성'이 내적 공허(그럼에도 수용하고 재의미화 할 기능적 능력을 보유하고 있는)에 의해 훼손된 것처럼 보이기 때문이다. 마치 기호의 신체는 아무것도 아니며 아무것도 품지 않는다는 듯이 환상적 투사를 텅 빈 것에 투사하는 일은 무엇을 의미할 수 있겠는가? 버틀러의 주장대로, 이러한 투사가 의미작용이기도 하다면 전달과 수용의 구분이 팔루스 중심적 논리를 반영하는 현존과 부재, 가치와 결여, 남성과 여성, 정신과 육체를 통해 이해되는 이유는 무엇인가? 그리고 그들의 명백한 동일성의 결여, 그들의 비존재非存在를 고려할 때, 환상적 투사의 차이가 무언가로 번역될 수 있는 방법은 무엇인가?

기호에 대한 버틀러의 헌신

위의 지적이 버틀러의 전반적인 성취와 그가 다루는 보다 광범위한 문제의 측면에서는 상대적으로 중요하지 않아 보일 수도 있지만, 기호의 동일성 및 그것의 내적 구성요소를 담은 매우 관습적인 개념에 대한 그의 연구를 살펴보면 언어가 무엇이며 어떻게 작동하는가에 대한 그의 전반적인 견해를 파악할 수 있다. 버틀러는 여성을 부재와 합체시키는 지젝의 주장을 피하기 위해 분명히 노력하지만, 자신이 꾸준히 헌신해온 이러한 접근 방식으로 인해 실패한다. 그리고 이제는 그 노력 때문에 오히려 버틀러가 차이를 동일성과 대립하고, 현존을 부재와 대립하는 것으로 해석하면서 이러한 의미화 경제의 보수적인 함의를 반복하게 된다. 이 맥락에서 소쉬르적 기호에는 많은 해석자가 있어 왔고, 심지어 페르디낭 드 소쉬르 자신마저 그 기호의 복잡함에 다소 혼란스러워했다는 점을 이해하는 것은 중요하다. 그럼에도 불구하고 기호에 대한 라캉적 해석은 문화비평의 상당 부분을 좌우하고 있으며, 금지의 차단봉이 실재계를 상상계 및 상징계(문화)로부터 분리한다는 라캉의 가정은 그가 기표와 기의를 분리할 때 다른 형식으로 반복된다. 이러한 차이의 본질에 대해 고민하는 대신 라캉은 버틀러가 그랬듯 차이를 가볍게 짐작하면서, 한편으로 이제는 삭제되고 있는 자연을 완전히 이 '체계' 밖에 위치시킨다.[1] 간단히 말해, 차단봉은 식별가능하고 경계를 정할 수 있는 문화적 질서('언어'라고 표현된다)로 표시된다. 분명 차이의 차단봉은 극복되거나 제쳐둘 수 없다. 만일 이것이 달성될 수 있다면, 그것이 차이 개념을 불필요한 무언가, 즉 그것의 부재가 결코 아쉽게 여겨지지 않는 외부의 보충물로 강화할 것이다. 오히려 기호에 대한 라캉적 이해의 문제점은 차단봉 자체의 정체성을 검증하는 일이 완전히 금지된다는 점이다. 그리고 이것은 버틀러가 지젝이 실재계를 분석에서 제외시키는 방식에 대해 문제제기하며 지적하는 바와 비슷하다. 통합되고 미분화되어 전혀 침투할 수 없는 침투봉은 순수한 금지를 나타낸다. 거세는 절대적이다. 따라서 차단봉이나 한계는 개념 기호를 언어/

문화 영역 안에 가두어 그것의 소유를 보증한 뒤 그에 따라 주체와 그의 속성을 분리해낸다. 나아가 그것은 아무리 변덕스럽다 해도 기호의 의도를 의미작용이나 의미의 영역 안에 담는다.

기호의 개념적 지형학과 이를 현존과 부재를 통해 표현하는 것에 대한 버틀러의 신념은 필연적으로 문화/언어의 절대적 외부라고 간주되는 어떤 차이에 부딪힐 수밖에 없다. 설령 그 차이가 문화/언어 안에서 생산되었다 하더라도 말이다. 요컨대, 차단봉과 그것의 비천한 결과에 대한 버틀러의 심문은 폐제foreclosure와 부재 자체에 의문을 제기하기보다는 금지가 만들어내는 단절을 재배치할 뿐이다. 차단봉의 온전함 자체가 분석적 검증에서 차단된다는 가정하에, 차단봉의 정체성은 순수한 부정성으로 구체화된다. 그러므로 기호의 내부에 있는 금지의 차단봉은 오직 기호를 규정하는 외부적 한계로 재출현하기 위해, 즉 언어와 언어가 아닌 것의 사이, 이제는 대문자 C의 문화와 대문자 N의 자연의 사이를 가르는 분리장벽으로 재출현하기 위해 사라진다. 이제 차단봉은 기호로 둘러싸이고 그것의 내적 내용인 문화의 영역(언어)를 장막이 벗겨진 대문자 N의 자연의 위협으로부터 보호한다, 그러나 여기서 무언가가 이동한다. 기호 내부에 존재하는 차단봉은 거세 위협, 즉 남성의 정체성이 지닌 전체성wholeness과 자율성에 대한 위협을 재현한다는 점을 제대로 이해하는 것이 중요하다. 그러나 언어 체계(문화)라는 기호의 보다 포괄적인 동일성 속에서 그것의 외적 한계는, 일단 그것의 비천한 추방자들이 의미 있는 인간으로서 적절히 인식되고 나면, 인간성 자체라는 정체성에 대한 위협을 재현한다. 이 방어선의 반대편에는 말할 수 없는 위협, 즉 대문자 N의 자연의 신체, 근본적 타자성alterity의 실체가 있다.

차단봉 혹은 금지에 대한 이 해석을 우리가 법을 인식하는 방식에 대한 단서로 활용하면, 이런 방식으로 법을 통합하면 부정적이고 절대적인 권력이 행사하는 도구적 힘에 저항한들 반동적이고 상당히 쓸모없는 반응이 되어버린다는 점을 알 수 있다. 앞 장에서 살펴보았듯, 버틀러는 라캉의 이론, 혹은 여기서 더 정확히 말하자면 상징계의 등록으로부터 상상계를 분리하는 크리스테바의 도식을 비판할 때와 상당히 비슷한 점을 지적한다. 그는 다음과 같이 질문한다.

> 저항개념에 대한 이런 견해는 상징계의 지위를 불변의 법으로 고찰하려는 노력을 게을리하고 있는 것은 아닐까? 그리고 그러한 법의 변화는 상징계에 부과된 강제적 이성애를 문제시할 뿐만이 아니라, 라캉의 도식 내의 상징적 명부와 상상적 명부 간의 차이가 지니는 안정성과 독자적 구별성 역시 문제시하게 되지 않을까? 여기서는 불변의 법에 대한 저항이 안전을 위해 상상계에 한정되어 있으며, 따라서 상징계 자체의 구조로 진입될 수 없게끔 제한되어 있는 강제적인 이성애의 경우에, 과연 그러한 전향이 그런 강제적인 이성애에 대한 정치적 문제제기의 형태로서 충분한 것인가라는 물음을 던져볼 필요가 있을 것 같다. [… 그렇게 될 때] 여성적인 저항은 특수한 형태로 가치를

부여받는 동시에 안심하고 권력을 내놓게 된다. 상징계와 상상계 간의 근본적인 구분을 받아들임으로써 페미니즘적인 저항의 개념들은 성적으로 구별되고 위계화된 "분리영역들"을 재구성하게 된다. […] 저항은 상징계로 하여금 상징계 자체의 권력을 반복하게 하고 성적인 요청들의 구조적인 성별주의와 동성애 공포를 변경시키게끔 해주는 역학으로 진입해 들어갈 순 없는 것이다.(Ibid.: 106(202~203))

언어의 영역을 상징계의 법으로, 전-언어적pre-linguistic 혹은 원형-언어적인proto-linguistic 것을 상상계 영역으로 구분하는 데 담긴 본성을 반박함으로써, 버틀러는 몇 가지 전제, 즉 상징적 질서의 직접적인 동일성 및 온전함과 자기 스스로 존재하는 남성 주체의 온전함/동일성, 그리고 이렇게 동일성을 형성하는 체계 속에서 여성 및 다른 폄하된 주체의 주변화 및 심지어 삭제에 관한 전제를 성공적으로 허물어뜨린다. 그러나 버틀러는 법의 권력을 명명하고 지정하고, 경계를 설정하는 권력으로 인식하면서, 명명하는 행동 자체가 일종의 폭력으로 간주되도록 만든다. 그로 인해 이름이 일관적으로 나타나는 것과 마찬가지로 법 자체가 하나의 통합된 힘으로 나타난다. 그러나 이 살인적인 파괴의 관념은 '폭력'이라는 단어의 핵심에 있는 흥미로운 모호성을 간과한다. 파열과 위반의 힘은 파괴를 창조와/창조 내에서 혼동하기 때문이다.

권력의 목적을 궁극적인 부정, 방지, 제약, 금지의 측면에서 해석하면서, 버틀러는 정치적 재절합rearticulation이 이미 법 안에서 작동하고 있을 가능성과 그 이름 자체의 안에서 발생할 수 있는 경우의 가능성, 사실상 불가피성을 고려할 수 없게 된다. 법은 내재적으로 도착적이라는 (그리고 이미 기표는 표명되지 않은disarticulated 잠재력의 한 장면이라는) 이러한 감각을 미리 배제하면서 버틀러는 기표의 역사성, 즉 기표가 반복되면(반복될 때만) 시간의 경과에 따라 그것이 어떤 왜곡을 겪게 될지도 모른다는 예상 속에서 변화의 희망을 찾을 수밖에 없다. 버틀러는 헤게모니적 규범은 반드시 유지가 필요하다는 점을 언급하면서 이 생각을 확장한다. 법은 계속 제정되고 또 제정되어야 한다. 그리고 이러한 법의 지속적인 재호명을 발화행위의 한 가지 형식에 비유하면서 "담론적인 수행성은 자체의 지시체를 작동시키기 위해, 즉 명명하면서 수행하고 명명하면서 만들어내기 위해 자신이 명명하는 것을 생산해내는 것이다"(Ibid.: 107(203))라고 제안한다. 버틀러는 이 동어반복적 반사 속에 담긴 명백한 폐쇄성을, 담론적 권위의 정당성은 허구라는 증거로 받아들인다. 인용 행위, 즉 언어라는 반복적 차이는 지금은 상실되거나 부재한 원천으로 영원히 지연시키는 실천이기 때문에 담론은 기원적 권위 안에 토대를 마련할 수 없다. "돌이킬 수 없는 과거로 권위가 무한히 지연됨으로써 권위 자체가 구성되는 것이다. 이러한 지연은 합법화를 야기하는 반복된 행위다. 결코 회복되지 못하는 토대에 대한 지시는 결국 권위의 토대 없는 토대가 되는 것이다"(Ibid.: 108(205)).

그러나 자크 데리다의 반복 개념의 복잡성을 인정하면서, 버틀러는 해체적 반복가능성iterability이 시간 속에서 일련의 개별적 순간들을 전제하며 만들어진 반복의 감각을 붕괴시킨다고 설명한다. 그리고 계속 담론과 권력에 대한 푸코의 이해가 데리다의 반복가능성과 편안히 결합되지 못하는 이유를 설명한다. 버틀러 자신이 지적했듯이, 해체적 해석은 심지어 명백히 고립된 행동 혹은 사건에조차 반복, 즉 '언제나/이미'가 내재되어 있다고 주장한다. 그리고 여기서 더 나아가 데리다의 '텍스트성textuality'은 사회적 규제와 가능성을 전제하고 있는 푸코의 '담론적인 것'에 대한 이해에 포섭되지 않는다. 데리다의 독해는 생산에서 단순한 실패 혹은 부재란 없으며, 어떤 행위든 모든 '행위'는 어떤 면에서 무수히 많은 방식으로 효과적이지만 그중 상당수가 뚜렷하게 드러나지는 않는다고 주장한다. 하지만 그것이 근원적, 지시적 실패를 필수적으로 요구하고 있음을 고려하면, 버틀러는 이러한 견해를 어떤 입장에서 받아들일까?

상당히 까다롭게 보일 수도 있지만, 그것의 함의는 중요하다. 버틀러는 예전에는 한정적인 기원/지시대상, 즉 언어/담론 안에서 그것의 재현으로부터 상당히 분리된 독립적 개체가 있었다고 전제한다. 그리고 그것이 이제는 상실된 무언가에 대한 이차적 질서의 구성물이나 대체물로 인식되는 한, 언어는 자신의 동일성 자체를 분리로서의 차이의 개념에서 발견한다. 다시 말해, 버틀러의 주장은, 이제는 접근할 수 없는 현실이 그것의 재현을 선행하며 그 재현은 환상과 허구의 상태이자 문화적 내삽interpolation의 환상적인 장이라는 점을 전제해야만 한다. 이러한 허구가 효과를 '실재화real-ize'하기 때문에 그것이 강력하게 유지되어야 한다는 버틀러의 주장은 인과성의 논리를 전복하지만, 인과성의 개별적이고 선형적인 차별이나 인과성의 '방법론the how'을 반박하지는 않는다. 그러나 이러한 시간성의 선형적 감각과 그것의 필연적인 인과성 개념(효과, 기원, 목적end)은 데리다의 반복가능성의 공간적/시간적 복잡성 안에서 뒤섞여버린다. 버틀러 자신이 인정하듯, 어떤 '순간'이 분화 속에서 나타난다면, 그것은 단순한 외부성을 가질 수 없다.

부재의 설명적 모델을 구축하는 일의 정치적 함의

'정치적 기표'라는 지젝의 개념으로 돌아가보면, 권력을 재해석하는 것에 대한 이것의 관련성은 더욱 분명해진다. 지젝은 지시대상과 상징화 사이에는 영구적인 저항 혹은 맞아떨어지지 않는 실패가 있기 때문에, 의미작용에 묘사의 지위가 주어져서는 안 된다고 주장했다. 암묵적으로 차이와 동일시하고 차이를 포함하는 이 간극을 근거로 하여 지젝은 지시대상의 서술적 사실은 환상적 구성물, 즉 논쟁의 여지가 있는 헤게모니 구조의 욕망의 생산물로서 보다 정확히 이해된다고 판단한다. 버틀러는 이 견해를 받아들여 정치적 가능성이 실제로는 지시대상의 현행성과 언어의 불일치 속에서 생성된다고 강조한다. 여기서 그는 '여성'이라는 기표를 구체적으로 언급하며 다음과 같이 설명한다. "그 범주[여성]가 결코 서술적일 수 없다는 점이 바로 그 것이 정치적으로 효력을 발휘하기 위한 조건인 것이다"(Ibid.: 221(412)).

버틀러는 서술이라는 개념은 초시간적이고 본질적이며 언어의 수행적 반복가능성 혹은 변형의 외부에 있다고 알려져 있는 것을 그럴 듯하게 은폐하기 때문에 서술을 피한다. 그러나 이 기원적 면제로 인해 버틀러는 대체로서의 차이의 개념에 다시 한 번 묶이게 되는데, 여기서 차이는 다른 무언가, 어떤 기원적 상실 혹은 부재의 기호로 해석된다. 그는 이 상실을 회복하지 못하는 구성적 실패 속에 문제적인 동일성의 본성이 있다고 보기 때문에 그의 해석에서 상실과 부재는 본질적이다. 이 전제 속에 담겨 있는 동일성의 불가피한 불완전성으로 인해, 버틀러와 지젝은 온전성에 대한 모든 호소를 환상적 환영으로 이해한다. 그러나 이러한 정신분석학적 해석에 반하여 데리다의 반복가능성 안에서 나타나는 동일성의 출현과 변형을 불가피한 손상이라는 결과를 수반하는 기원적 부재로 설명할 수 없다.

버틀러는 성적 위치성을 정렬하여 고정시키는 오이디푸스 논리의 유감스러운 결과에 대해 충분히 알고 있다. 지젝의 주장에 대한 버틀러의 논의에서 알 수 있듯, 담론 이전의 것이 결여의 논리를 통해 해석된다면 논쟁의 여지가 없으며 성별화되고 인종화된 일련의 사전-기입pre-scription은 자연 자체에 의해 승인되는 것처럼 보인다. 실제로 버틀러는 이 점에 대해 매우 단호하며, 그것의 중요성을 강조할 때 그의 주장도 가장 설득력 있다. 예를 들어 급진적 민주주의에 대한 샹탈 무페와 에르네스토 라클라우의 이론과 그것이 지젝의 이론과 맺는 연관성에 대한 논의에서, 버틀러는 데리다의 대리보충에 대한 논리와 라캉의 결여 개념이 그 이론가들이 가정하는 것처럼 양립할 수 있는지 질문하면서 그들이 차이를 결여와 교활하게 등치시키려는 그들의 시도를 또 다른 방식으로 공격한다. 이를 설명하기 위해, 무페와 라클라우는 동일성 형성의 구성적 적대와 우연성에서 결말이 열려 있는 정치적 미래성의 약속을 찾는다. 지젝과 비슷한 주장을 하며 그들은 이데올로기적 구조가 스스로를 사실로 정착시키는 데 반드시 실패할 수밖에 없다는 측면에서 동일성을 재교섭할 가능성을 설명한다. 버틀러는 라클라우가 "미리 정초된 동일성의 '외부'"(Ibid.: 194)에 있다고 모호하게 설명한 사회관계 안에 이러한 우연성과 적대를 위치시키고 있다고 해석한다. 이를 고려하여 버틀러는 "적대화의 힘은 가장 엄밀한 의미에서 볼 때 나의 동일성을 부정하는 것이다"(Ibid.: 194)라는 라클라우의 진술의 상태에 대해 질문을 던진다.

그렇다면 이제 우리는 그러한 적대화의 힘에 의해 작용하는 우연성이나 부정성이 과연 사회관계들의 일부인가, 아니면 그러한 우연성이나 부정성이 실제계(이것의 박탈로 인해 사회적인 것과 상징적인 것의 가능성들이 구성되어진다는 의미에서)에 속하는 것인가 하는 문제를 제기해볼 수 있다. 앞서 살펴본바, 라클라우는 사회적이거나 객관주의적인 모든 결정이나 예측을 넘어서 있으면서 사회적 장 내에 있는, 즉 미리 정초된 동일성의 "외부"에 있으면서 사회적인 것 내에 있는 것으로서 추기라는 것에 적대주의와 우연성이라는 개념들을 결부시킨다.(Ibid.: 194(363~364))

앞서 살펴보았듯, 버틀러는 지젝이 이러한 구성적 적대와 우연성을 사회적인 것의 외부, 즉 라캉의 실재계에 위치시킨다는 점을 비판한다. 여기서 우리는 버틀러가 라클라우의 설명을 선호하는 이유를 알 수 있다. 그러나 라클라우도 동일성의 생산을 '결여'의 측면으로 설명하는 동시에 한편으로는 데리다의 대리보충의 개념에 의지하기 때문에 버틀러는 다음과 같이 질문한다. "라클라우의 주장대로 만일 "외부"라는 개념이 데리다적인 대리보충의 논리에 결부된다면(Laclau, NRRT, 84 n.5), 이 개념을 라캉의 "결핍"개념과 모순되지 않게 사용하기 위해서 어떠한 조처들이 취해져야 하는지가 불분명하다[…]"(Butler, 1993a: 194(364)) 버틀러가 풀어야 할 문제는 데리다의 대리보충을 내면화된 외부, 즉 뒤얽힌 '애착'이 외부를 사회적 재기입reinscription의 영역으로 회귀시키는 것으로 해석한다고 할 수 있다.

그러나 여기서 버틀러의 움직임이 중요함에도 불구하고, 그가 결여 혹은 부재 개념을 고수한다는 것은 그가 그 개념의 장소, 즉 사회적인 것의 내부인가 외부인가의 적절성을 문제 삼고 있다는 것을 의미한다. 순수한 형태의 부정성은 근원적 단절,

틈, 아무것도 없음nothingness은 물론 어떤 것과 다른 것 사이의 연결을 막는 명확한 분리를 전제하면서 그 연결을 통해 발생할 상호생산성에 대한 질문을 말도 안 되는 것으로 만들어버린다는 점을 깨달아야 한다. 그러나 결여의 동일성 자체는 여기서 문제가 되지 않는다. 따라서 데리다의 대리보충 개념과 라캉의 결여 개념이 양립할 수 있는가의 문제는 데리다의 대리보충성이 실제로는 사회적 세계를 절대 떠나지 않는다는 잘못된 가정에 의해 상당히 제한된다. 데리다의 대리보충이 실제로 내면화된 외부성에 대한 개념임에도 불구하고, 버틀러는 그 내부성의 동일성을 당연히 '주어진 것'으로 가정한다. 언어가 인간의 문화와 함께 시작되고 끝난다고 믿는 만큼, 버틀러의 개입은 재기입과 정치적 가능성이 사회적 영역에 국한되어야 한다는 사실을 강조하기 위한 것이다. 결국 대문자 N의 자연은 마땅히 규범적이다(사전-기입에 존재한다).

버틀러가 단어, 개인, 특정한 사회적 환경에 대해 인정하는 동일성 형성의 복잡성은 '언어', '사회적인 것', '문화적인 것'과 같은 '개체'에는 부여되지 않는다. 힘이 이러한 동일성 각각의 내부성을 파열하고 분화시키지만, 동일시가 이루어지는 경계 자체는 그 힘의 교란에 영향을 받지 않고 그대로 남아있는 것처럼 보인다. 버틀러는 이러한 개체의 한계를 별도의 대리보충, 대리보충성의 논리에 자기 자신은 해당하지 않는 대리보충으로 개념화한다. 그러나 이러한 방식의 분화, 생산성, 변형가능성의 영역을 미리 폐제함으로써, 버틀러는 (결여로서의) 차이에 대한 자신의 비판을 자신이 비판하고 있는 바로 그 대상, 즉 차이를 부재와 등치시키는 논리를 통해 구축한다. 간단히 말해, 대문자 N의 자연의 실체와 문화가 자신의 적절한 외부라고 외부화하는 모든 것은 완전히 부재하게 되며, 그에 따라 삭제되면서 중요하지 않은 것이 된다.

언어와 문화의 융합에 대한 데리다의 개입

그러나 버틀러 자신이 이 복잡한 문제를 수용하고자 노력했다는 점을 감안할 때, 대리보충에 대한 데리다의 논리는 이러한 사고방식에 어떤 차이를 만들 수 있을까? 버틀러가 가정한 것처럼, 차연différance이 즉시는 아니더라도 최종 심급에서 결여로 회귀하는 것은 불가피한가? 언어에 대한 당대의 이론적 연구에 친숙한 학자 중에서 데리다의 반복가능성이나 여기서의 대리보충성이 시간성과 공간성을 재해석하며, 이를 통해 '기술description', '본질essence', '기원origin', '기반ground'과 같은 용어에 대한 우리의 이해가 근본적으로 변화했다는 말을 듣고 놀랄 사람은 거의 없을 것이다. 이 용어들은 모두 확정된 공간적 그리고/또는 시간적 지역성과 고정성을 전제하고 있으나, 데리다의 연구가 이것을 뒤흔들고 분산시킨다. 이와 같은 근본적 개념을 해체하는 공격적 접근을 감안할 때 이러한 심문의 궤도 안에 '신체'와 '물질'을 포함시키는 것이 아주 무리한 시도는 아니다. 하지만 이러한 공격이 버틀러의 입장을 되풀이하는 것일까?

아니면 그것을 통해 육체적 실체에 대한 질문으로 회귀하여(매우 다른 방식이긴 하지만) 버틀러의 연구 목표라고 명시되었던 바를 실질적으로 더 심화시킬 수 있는가?

앞서 보았듯, 버틀러는 '실체substance' 대신 '물질matter'이라는 용어를 사용한다. 실체는 의미/의미작용과 동의어이기 때문이다. 실체를 생각하는 것은 태어나고 묻히는 육욕의 살덩이 자체, 기호학과는 전혀 관계없는 썩어가는 물질을 생각하는 것이다. 실체는 기반을 가지고 있는 것 자체의 토양, 즉 구체적이고 만질 수 있으며 본질적인 사물들의 사물성thing-ness을 떠올리게 한다. 신체의 물질성에 관심을 갖고 있다고 밝힌 저자가 '실체'라는 단어를 사용하지 않는다는 것은 분명 신중한 결정이다. 그렇다면 버틀러가 실체라는 용어를 지속적으로 피하면서 최소화하려고 한 위험은 무엇일까?

'실체'는 철학 연구에서 오랜 역사를 지닌 개념이다. 이는 분명히 신체의 내부적 밀도를 자명하게도 '실체'라고('실체'로 이루어졌다고) 인식하는 상식적인 가정을 복잡하게 만든다. 버틀러는 이러한 비속하고 생생한 신체적 삶의 감각을 무시하고, 대신 관여의 장소로서 신체의 표면에 초점을 맞춘다. 이는 그가 신체의 인식된 경계선은 끊임없이 변화하며, 그러한 신체를 변화하는 텍스트 혹은 담론적 효과라고 생각하기 때문이다. 이러한 신체 형태학의 변형은 "성의 육체적인 물질의 윤곽을 그리"며 "육체적인 이해가능성에 제한을 두는"(Ibid.: 17(51)) 일종의 산출 형식으로 여겨진다. 버틀러는 여러 이론가의 연구를 활용하여 이러한 형태화/한계점의 개념을 정교화하고, 호명interpellation(알튀세르), 발화행위enunciation(벵베니스트), 신체 이마고body ima-go(라캉), 기입inscription(푸코)의 관점을 통해 그것을 만들어낸다. 이렇게 다양한 접근을 통해 그는 활동을 표면/한계점에 투자하며, 윤곽그리기가 지속적인 의미작용, 논쟁, 재기입의 과정이 되어가는 방식을 정교화한다. 관습적인 이해에 따르면, 의미작용은 형식의 놀이이며 실체는 이 활동에서 제외된다. 신체의 표면에 머물러 있으면 그것의 내적 살덩이는 언급할 필요가 없다. 그것은 육체적 재기입, 그것의 과정과 등록에서 간단히 제외된다. 따라서 의미작용이란 그것의 경험과 가능성 자체가 신체의 신체적, 지각적 장치(우리의 신경 지도, 인지 표상, 감각 기록, 표현과 해석 등)가 지닌 전체를 통해 등록되고 위조된 하나의 작동 과정임에도 불구하고 버틀러의 이론은 생물학적 실체도 본질적으로는 기호학적일 수 있다는 모든 제안을 거부할 수밖에 없다. 대신 우리가 살펴보았듯 버틀러는 피부 표면 위에 대문자 N의 자연(미지의 것, '사고 이전'의 것, 언어)과 대문자 C의 문화(알려진 것, 사고, 명확히 발화된 것)를 나누는 선을 긋는다. 그러나 지식의 물질 그 자체는 완전히 육체적이지 않다는 이 가정은 가장 거친 형태의 데카르트적 이원론과 얼마나 다른가? 실제로 기입을 만들고 수용하는 것이 신체 내부의 복잡성이 아니라면 무엇인가? 그리고 그 내부성이 그러한 기입을 읽고 쓴다면(그렇게 하는 것이 분명 생물학의 본질이어야 하므로), 그렇다면 우리는 육신 자체가 텍스트성/언어의 외부이거나 이전에 존재한다고 가정할 필요가 있을까?

버틀러는 데리다의 차연 개념이 차이를 결여로 파악하는 동일성의 논리를 교란하기 때문에 그 개념에 의지한다. 다시 말해, 차연이 동일성 안에 그것의 가능성 자체의 힘으로서 내재한다면 그것은 결함이나 동일성의 결여와 등치될 수 없다. 차연은 차이에 대한 라캉의 모델이 가정하는 것처럼 무언가가 되지 못한 실패로 인해 추진된 결핍을 보상해야 할 필요성을 표시하지 않는다. 라캉은 기원(대문자 O의 타자, 대문자 M의 모성, 대문자 N의 차연)과의 단절은 결코 회복될 수 없다고 주장한다. 기원은 회복될 수 없는 형태로 상실되고 접근할 수 없으며 사라졌기 때문이다. 그것을 대체하는 형식을 통해 그것을 오인하는 것이 유일한 위안일 뿐이다. 그러나 차연은 현재가 오면 과거는 사라져버리는 일련의 불연속적인 '순간들' 속에서 시간이 전개된다는 이러한 선형적 감각을 복잡하게 만든다. 데리다가 어떤 것을 다른 것과 분리하기를 거부하면서 함의를 전경에 내세울 때 우리는 기원은 계속 새로 발명되거나, 다르긴 하지만 그 자체로 존재한다는 불편하고 반직관적인 제안을 떠안게 된다. 결과적으로, 대문자 N의 자연(대문자 M의 모성/대문자 O의 타자M/Other, 신체 그리고 차이를 결함으로 표시하는 모든 여성화된 범주)은 대리보충적 '대용물'로 재현되지 않는다. 차연은 버틀러가 해왔듯 대문자 C의 문화의 현존이 대문자 N의 자연의 부재로 확보된다고 가정하는 것으로는 해결할 수 없는 방식으로 차이를 실체와 형식, 경험세계와 관념, 자연과 문화 사이에 빠뜨려버린다.

버틀러에게 동일시의 난잡함은 오직 실체적 지시대상(대문자 N의 자연 안에서 온전한)이 부재하며, 따라서 무수한 문화적 원천으로부터 직조된 지시대상의 텍스트적 대체가 있을 뿐이기에 설명할 수 있는 자질이다. 그러나 기원 자체가 항상/이미 대문자 L의 삶이 진화시키는 그것의 차이 안에서 나타나는 발생가능성의 혼합물이라면, 근원적 단절은 어디에 있는가? 차연이 내부성 안에 있는 모든 외부성을 함의한다면 대문자 C의 문화도 완전히 분리되어 있는 원시적 체계가 자신을 위장하는 버전이 아니다.

버틀러의 의도가 물질에 생명력을 부여하고 불변의 기반으로 회귀하려는 사람들의 보수주의를 논박하는 것이라 해도, 그는 그 텍스트성, 혹은 차연이 바로 그 기반이 될 수도 있다는 가능성을 고려하지 않는다. 데리다의 주장대로 '텍스트의 외부란 없다'면, 쓰고, 읽고, 모델을 만드는 것이 '대문자 N의 자연의 본성' 속에 있기 때문이다.[2] 이것이 생물학주의와 그것의 규범으로 회귀하는 것으로 보여 위험하게 들린다면, 우리는 이 기반에서 불변하거나 '먼저 기입된prescriptive' 것은 없다는 점을 기억해야 한다. 버틀러가 주장한 대로 변형의 논리가 복잡한 변이이자 한계설정의 과정이라면 이 재절합은 언어학의 의미론이나 다의적 가능성에 국한되지 않는다.

자신의 의도와 자신의 운명의 행위자를 분명히 알고 있으며 자의식을 지닌 개인이라는 허구는 여기서 상당히 명확하게 대체된다. 하지만 인본주의적 주체가 대문자 N의 자연의 문식성 앞에서 무너진다면, 이 해명은 인본주의에 대한 비판에서 그치지 않는다. 버틀러는 지속적으로 우리에게 자연/문화 이분법에 대해 지속적으로 논쟁해야 할 필요성과 그것이 중요한 이유, 이 문제제기 자체가 정치적 실천인 이유, 그리고 이 경계면에서 이루어지는 지적 연구가 항상 반드시 필요한 이유를 상기시킨다. 그는 다음과 같이 지적한다.

몇몇의 젠더 "구성"모델들에 의해 전제된 문화와 자연 간의 관계는 수동적인 표면이자 사회적인 것의 외부로서 그렇지만 이러한 사회적인 것의 필연적인 상대자로서 전제되는 자연에 일정한 작용을 가하는 사회적인 것의 행동능력 내지는 문화의 모습을 함축하고 있다. 이러한 기본적인 함의를 염두에 두면서 몇몇 페미니스트들은 다음과 같은 문제들을 제기하였다. 즉 구성행위를 날인 내지는 부과행위의 일종으로 형상화시키는 담론은 암암리에 남성적인 특성을 가지게 된 것은 아닌가? 반면 수동적 표면의 형상은 의미부여를 가능하게 해주는 그런 침투행위를 기다리면서 암암리에 (혹은 명백히) 여성적인 특성을 가지게 된 것은 아닌가? 성이 젠더에 대해 갖는 관계는 여성적인 것이 남성적인 것에 대해 갖는 관계와 동일한 것인가?

[…] 이러한 새로운 규정은 사회적인 것이 자연적인 것에 일방적으로 작용을 가할 때, 그리고 이러한 [자연적인 것에] 자신의

매개변수들과 자신의 의미들을 투여할 때 일정한 기준으로서 작용하는 구성모델을 문제시한다. 성과 젠더 간의 철저한 구분이 보부아르적인 페미니즘 입장에 대해 결정적으로 중요한 역할을 했음에도 불구하고, 그러한 구분은 최근 몇 년 동안 맹렬한 비판을 면치 못했다. 왜냐하면 성과 젠더가 그런 식으로 구분됨으로써 자연적인 것은 인지가능성 "이전에" 존재하는 것으로, 또는 의미를 담지하고 알려지며 가치를 획득하기 위해서 사회적인 것의 손상mar은 아니라고 할지라도 사회적인 것의 표기mark는 필요로 하는 것으로 강등되어 버렸기 때문이다.(Ibid.: 4~5(26~27))

이 마지막 전제 속에 유감스럽고 고질적인 정치적 함의가 담겨 있으며, 이 논리에 이의를 제기해야 한다는 버틀러의 주장에 동의한다면, '물질로 돌아가기 위해서는 반드시 하나의 기호로서의 물질로 돌아가야 한다'[3]는 일종의 재확인에 가까운 버틀러의 주장에 반드시 질문을 던져야 한다. 기호의 동일성을 경계 안에 가두는 것은, 설령 그 관점을 수용한다 해도 차이의 난잡함을 사고하기 위한 비옥하고 생성적인 출발점을 제공하지 않는다. 그러나 버틀러가 다른 맥락에서 독려하듯이, 기호에 의문을 제기하고 그것의 동일성을 탐구하여 폭발시키면서 물질이 훨씬 더 흥미로운 주제로 우리의 탐구의 지평 안에 나타나게 된다. 그리고 물질의 등장이 문화적 인공물이라는 대체의 형식 속에 가려질 필요가 없다는 점은 중요하다.

5장

언어, 권력, 수행성 II

혐오 발언: 수행성 정치

버틀러의 분석 방법론은 자신의 주장이 촉발하는 질문과 비판에 다시금 능동적으로 진화하여 나타나는 반응으로 구성된다. 《젠더 트러블》에서 그는 연극적 수행의 비유를 통해 정체성 형성의 유동적 본성에 대해 설명한다. 즉 정체성은 자연적 안정성이라고는 없는 하나의 연출된 기교이자 환상적 재현이라는 의미다. 그러나 버틀러는 이 과정을 예시하기 위해 자신이 드래그를 활용한 방식에 의문을 제기하게 된다. 그로 인해 모방과 놀이가 자발적인 전략이라는 오해가 발생했고, 변화하는 개인의 환상에 맞추어 각기 다른 주체성이 선택되거나 의도적으로 만들어질 수 있다는 암시가 담기게 되었기 때문이다. 《의미를 체현하는 육체》에서 버틀러는 수행성에 대한 이 자유분방한 감각을 제지하면서, 행위성과 신체의 물질성이 담론적 효과라 해도 그 것을 쉽게 조작할 수는 없다는 점을 강조한다. 이를 고려하여, 버틀러는 언어와 문화라는 사회적 매개변수가 어떤 주체를 승인하는 한편, 다른 존재를 약화시키고 폄하하는 데 실질적으로 어떤 기능을 하는지에 구체적으로 관심을 가진다. 규제와 금지의 규범적 과정은 어떻게 효과를 발휘하면서 여러 정체성 사이에 정치적 차별을 만들어내는가? 문화적 가치평가는 어떻게 부여되고 진실로서 자연화되는가?

언어는 상당히 신비로운 작용이라는 버틀러의 이해는 그저 이론적 관심에 그치지 않는다. 앞으로 살펴보겠지만 《혐오 발언》에서 버틀러는 실제로 미국의 정치적 삶 속에 현저하게 나타나고 있는 혐오 발언의 몇몇 사례를 조사하면서 자기 주장의 분석적 타당성을 평가하고자 한다. 자신의 접근을 보다 엄밀하게 다듬기 위해 이 기회를 이용하면서, 그는 과거에 자신이 의지했던 주체 형성 이론, 특히 그가 '일방적'이고 '미묘하지 않은' 담론 구성의 메커니즘이라고 지적한 미셸 푸코의 이론에 약간의 불만을 드러낸다(Butler and Bell, 1999c: 164).

《혐오 발언: 수행성의 정치학》(1997b)에서는 구성적이고 물질화하는 언어 과정이 실제로 작동하는 방식을 한층 더 자세히 설명하면서 이 상황을 보완한다. 결국 수행적인 것이 버틀러의 주장처럼 "정치적 영역의 '언어화linguistification'"(Ibid.: 74(145))라면, 언어가 어떻게 예측불가능성과 혁신뿐만 아니라 실패와 순응도 생산할 수 있는지에 대해서도 충분히 궁금해할 수 있을 듯하다. 언어가 하나의 폐쇄된 시스템 안에서 그토록 다양한 결과물을 발생시킬 수 있는 연유는 무엇일까? 보다 실용적으로 말하자면, 어떤 존재들이 살고있는 현실이 비천한 것으로 표시되며 적절한 고려와 이해의 경계 밖에 놓인다면 '실패한' 특정 정체성 형성에 대한 인식가능성 자체에 어떻게 의문을 제기할 수 있는가?

　이렇게 수행성 개념을 수정하면서 버틀러는 서로 다른 몇 가지의 이론적 접근을 결합한다. 루이 알튀세르의 '호명', J. L. 오스틴의 '발화 행위 이론', 자크 데리다의 '인용가능성citationality' 혹은 '반복가능성' 그리고 미셸 푸코의 '담론 구성체' 등, 이는 모두 이전의 저작에서도 다양한 내용을 상세히 다루었던 이론들이다. 그런데 여기서는, 상처를 입히고 마음을 해치는 말의 힘에 그가 초점을 맞추고 있다는 데서 알 수 있듯, 언어에 대한 버틀러의 관점에 감정적이고 육체적인 차원이 담겨 있다는 점이 중요하다. 그러나 그는 말이 분명 상처를 입히고 무력하거나 취약하게 만드는 작용을 할 수도 있지만, 또한 그것이 가치를 인정하고 영감을 불러일으키며 생명력을 불어넣을 수도 있다고 주장할 것이다. 여기서 탐구해야 할 문제는 다음의 서두 발언에서 통렬하게 드러난다.

　우리가 언어에 상처를 받았다고 주장할 때, 우리는 어떤 종류의 주장을 하고 있는 것일까? 우리는 이때 언어에 어떤 행위능력agency을 귀속시킨다. 즉 언어에 상처를 입힐 수 있는 권력을 귀속시킨다. 그리고 우리 자신을 언어가 상처를 주게 되는 그 궤적의 대상으로 위치시킨다. 우리는 언어가 행위한다고 주장하고, 언어가 우리에 맞서 행위한다고 주장하며, 우리가 하는 이 주장은 지나가버린 사례의 힘을 저지하고자 하는 또 하나의 추가적인 언어의 사례가 된다. 따라서 우리는 언어의 힘에 저항하고자 할 때조차 언어의 힘을 행사하게 된다. 어떠한 검열로도 돌이킬 수 없는 곤경에 휘말리면서 말이다. 우리가 어떤 의미에서 언어적인 존재가 아니라면, 즉 존재하기 위해 언어를 필요로 하는 존재가 아니라면, 언어가 우리에게 상처를 줄 수 있을까?(Ibid.: 1-2(11~12))

이 설명에서 언어는 단순한 도구가 아니라, 언어를 통제하는 주권적 주체가 각기 다른 효과를 내기 위해 사용하는 기술이다. 우리 자신이 언어의 효과라면, 언어의 존재론이 지닌 복잡성이 우리 자신의 구성과 공명한다는 점에서 까다로운 문제가 발생한다. 그러면 우리 자신의 목적에 따라 언어를 명령하고, 검열하고, 판결을 내리는 우리의 능력은 근본적으로 손상된다. 하지만 우리는 어떤 과정을 거쳐 이 사회적 구조에 통합될까? 이 질문의 타당성은 버틀러에게 언어에 대한 질문은 권력에 대한 질문과 호환가능하다는 점을 깨달을 때 더욱 강조된다.

마르크스주의 철학자 루이 알튀세르의 연구에서 버틀러는 "누군가를 호명하는 용어나 누군가를 구성하는 담론을 전유한다는 것은 무슨 의미인지에 대한 질문을 던지기 시작하는, 소위 하나의 장면"을 얻는다(Butler and Bell, 1999c: 164). 알튀세르는 그 과정에 대한 유용한 발판을 제공하지만, 그 과정의 "풍자적fabulous"인 예시가 그것이 지닌 역설을 보여준다. 간단히 말해 한 개인은 다른 사람의 부름에 대한 인식과 반응의 행위를 통해 사회로 부름을 받거나 호명된다. 알튀세르의 구체적인 예에서 '어이, 거기 당신!'(Althusser, 1971: 174)이라고 부르는 사람은 경찰이다. 이를 통해 그 부름에 내포된 권위가 극화되어 나타난다. 알튀세르의 설명대로, 소리 쪽을 돌아보는 물리적 '전환conversion'을 통해 개인은 주체가 된다. 이때 그 개인은 이 부름이 자신을 향한 것이며, "그 부름이 의미했던 사람은 '정말로 자기 자신이다'라고 인식한다"(Ibid.: 175에 강조 추가). 이 설명은 그 개인이 혼자 있었던 것이 아님을 암시한다. 실제로 알튀세르는 그 거리에 다른 사람이 있었다고 해도, 오직 한 사람만이 돌아볼 것이라며 다음과 같이 언급한다. "[…](열에 아홉은 그 사람을 부른 것이 맞다) [… 그 부름이] 자기를 부른 것이라고 생각하고/짐작하고/알면서 [그쪽을 돌아본다]"(Ibid.: 174~175).

그래서 우리는 난관에 봉착하게 된다. 버틀러의 설명대로, 만일 이 부름의 순간이 주체의 출현을 만들어낸다면, 엄밀히 말해서 그 부름에 대답한 사람은 그 부름에 선행하여-존재할 수 없다. 그러나 돌아보는 그 행동 자체로 인해, 우리가 주체 형성에 대한 최초의 비유를 목격하고 있다는 주장은 신빙성을 모두 상실한다. 한 개인이 이러한 사건을 예상한 적이 없고, 최소한 어떤 대리의 감각으로라도 이미 그 사건을 경험하지 않았다면, 어떻게 응답이 책임을 내포한다는 점을 이해하면서 일군의 행인 속에서 자신을 스스로 택할 수 있는지 의문을 품을 수 있다. 알튀세르는 아마도 이러한 "이상한 현상은 […] '죄의식의 감정'만으로는 설명되지 않는다"(Ibid.: 174(292))고 하면서도, 그 원인이 무엇이든 그 현상은 기이한 예지력을 보여준다고 설명한다. 버틀러는 그 장면의 시간적 순서에 대해서는 언급하지 않은 채 그것의 의미를 설명한다. "행인은 다름 아닌 어떤 특정한 정체성, 즉 죗값을 치르고 구매한 정체성을 획득하기 위해 뒤를 돌아본다. 인정 행위는 어떤 구성행위가 된다. 즉 그 말 걸기는 주체를 존재로 탄생시킨다"(Butler, 1997b: 25(57)). 그러나 알튀세르와 마찬가지로, 사건의 연속적 전개로서의 이 '초기 조건'에 대한 재현이 불가능한 공상이라는 점을 강조하는 것은 매우 중요해 보인다. 그는 다음과 같이 설명한다.

> 당연한 것이지만, 우리의 작은 이론적 무대를 설명하는 데 편의와 투명성을 위해 앞과 뒤가 있는 연속체의 형태로, 그러니까 시간적인 연속의 형태로 사태를 설명해야만 했다. […] 그러나 현실을 보면 사태는 아무런 연속 없이 이루어진다. 개인들을 주체로 호명하는 것과 이데올로기의 존재는 단 하나의 동일한 것이다.(Althusser, 1971: 174~175(293))

아직 수신되지 않은 부름이 언제나/이미[1] 들려지고 있다는 이 시간적 응축에는 권력 및 주체성에 대한 우리의 이해와 연관된 함의가 담겨 있다. 피상적으로는, 주체 형성에서 강압적 명령이 그 진술에서 유래하며, 그것은 주체에 대해over 권력을 행사하는 권위의 익명적 도구인 경찰로 나타나는 것처럼 보인다. 이 모델에서, 권력은 개인에게 복종을 명령하는 외부적 힘으로 작동한다. 그러나 권력이 강제력을 발휘하기 이전에는 진정으로 그 개인에게 외부적이라면, 그 개인이 권력의 의도(그를 굴복시키는 것)를 순응적으로 확인하기는 불가능할 것이다. 죄책감 때문이든, 알튀세르가 추측한 대로 보다 신비로운 무엇 때문이든, 그 주체의 반응은 사회적 의식의 증거다. 그리고 이러한 '의식conscience'의 존재, 소속감을 전제하는 직관적인 사회적 지식은 권력의 '책임에 대한 부름'의 한 가지 표현이다.

그렇기에 어떤 의미에서, 이 호명의 장면에는 사실 반드시 두 사람이 필요하거나, 전후의 시간적 분리가 필요하지 않다. 이 복잡함을 더 잘 이해하기 위해 우리는 헤겔의 주인과 노예의 투쟁으로 돌아갈 수 있다. 이 투쟁은 상호주관성inter-subjectivity과 내적 주관성intra-subjectivity의 역동을 내포하고 있으며, 초기 조건과 최종 조건의 시간적 구분이 뒤섞여 있다. 헤겔의 변증법에서 오염은 개별적이고 자율적인 개체(그 개체가 개별 주체이든 단일 사건이든)에 대한 호소력을 손상시킨다. 모든 정체성은 자기 자신을 규정하는 그 차이를 은밀히 통합하기 때문이다. 이를 고려하면 우리는 알튀세르의 경찰이 대답하는 사람에 선행하여 존재하는 개별 주체, 실제로는 강압에 해당하는 행동을 하는 사람으로 보일 필요가 없는 이유가 무엇인지 알 수 있다. 경찰을 평범한 사람으로 본다면, 그 부름은 응답과 분리될 수 없다. 사실 응답은 그 부름의 의도에 이미 전제되어 있고, 어떤 면에서 그 부름을 촉발한다. 이 의미에 담긴 밀접함을 고려할 때, 이 설명에서 권력은 주체의 가능성과 변형의 내적 알고리즘이기 때문에 주체에 맞서 대항하는 외부적 힘이 아니다. 다시 말해, 주체가 이미 권력의 반사작용, 권력의 대상이자 행위자라면 권력은 자신의 희생자를 억누르는 종속의 도구적이거나 억압적인 수단 이 아니다.

이데올로기적 국가 장치Ideological State Apparatus는 주체 안 에서 실현된다는 알튀세르의 이론은 이데올로기로부터 결코 쉽 게 도피할 수 없다는 가정을 전제한다. 사회 기관, 개인적 신념 과 행동의 독립성은 실제보다 더 뚜렷하게 보인다.[2] 따라서 권력 의 작용은 다소 동어반복적인 것, 즉 권력이 '정착'하는 각기 다 른 장소가 이미 서로를 예측하고 있는 것처럼 보이며, 이러한 반 복, 구성, 확인으로 상호지시된 짜임으로 보일 수 있다. 예컨대 주체에 대한 구체적인 믿음이나 생각은 그가 수행하는 행동으 로 나타나며, 그다음에는 자기 존재의 의례적 리듬을 표현함에 따라 그 행동의 실천이 스스로 강화되며 더욱 심화된 반복을 요 구할 것이다. 알튀세르가 설명한 대로, "[…] 그의 믿음이 지닌 관념들의 존재는 물질적이다. 왜냐하면 그의 관념들은 물질적 관 례에 의해 조정되는 물질적 실천 속에 편입된 그의 물질적 행위이며, 이 관례 자체는 이 주체의 관념이 종속된 물질적인 이데올로기적 장 치에 의해 규정되기 때문이다"(Ibid.: 169(285)).

버틀러는 특히 알튀세르가 "발화하는 곳이 발화된 효과를 창출한다"라는 신성한 명제로 환기시켰던 바에 관심이 있다. 이 명제가 어떻게 작동하는지 설명하기 위해, 그는 알튀세르가 종교적 기원에 대한 파스칼의 전도된 설명인 "무릎을 꿇고, 입 술을 움직여 기도하라, 그러면 당신은 믿게 될 것이다"(Ibid.:

168(285))를 긍정적으로 언급했던 부분을 지적한다. 버틀러는 알튀세르가 호명의 효능을 설명하기 위해 신성한 호격에 의지하는 것에 의문을 표한다. 그것은 목소리가 창조적 힘을 지닌 결정적 도구이며 그것의 효과는 강제적이고 즉각적임을 암시하기 때문이다. 그러나 주체 형성이 시작되는 순간을 그런 관점에서 고려할 필요는 없다. 효과는 시간의 흐름에 따라 전수될 수 있으며, 그것의 구성적 에너지는 직접적이기보다는 도착적인 담론적(다른 재현적) 채널을 통해 작동할 수 있다. 따라서 주체의 현존이나 순응은 호명의 필수적 요건이 아니다. 주체가 어떤 이름을 소유하지 않고 능동적으로 거부할 수 있듯이, 마찬가지로 주체는 그의 부재 속에서 명명될 수 있기 때문이다. 여기서 버틀러는 모순되는 것처럼 보이는 두 가지 주장을 펼친다. 하나는 "이름이 그 이름을 지닌 자와는 무관한 방식으로 언어적인 구성 권력을 행사한다"(Butler, 1997b: 31(68))이고, 또 다른 하나는 "주체는 그 구성이 효과적인 방식으로 작동하도록 구성되는 방식을 인식하거나 기록할 필요가 없다. […] 의미화의 연쇄는 […] 자기 인식의 범위를 넘어선다. […] 담론의 시간은 주체의 시간이 아니다"(Ibid.: 31(68)).

버틀러는 알튀세르의 주체 형성 장면의 여러 측면 중에서도 특히 부름의 즉각적 인식/효능의 측면을 J. L. 오스틴의 발화 행위 이론을 활용하여 수정한다. 《말과 행위How to Do Things with Words》(1975)에서 언어를 세계에 대한 서술적(확정적) 진술이나 보고로 여기며, 따라서 그것의 진위여부를 검증할 수 있다고 생각하는 철학의 경향에 의문을 제기한다. 오스틴은 언어는 그 자체로 사회적 행위의 도구이며, 언어는 효과를 만들어낼 수 있을 뿐 아니라 언어 행위 그 자체로부터 타당성이 도출되는 진리를 생산할 수 있다고 주장하면서 논의의 조건을 완전히 바꿔버린다. 이를 설명하기 위해 오스틴은 발화를 몇 가지 유형으로 구분하는데, 그중에 발화수반적illocutionary 언어 행위와 발화효과적perlocutionary 언어 행위가 있다. 버틀러의 설명에 따르면, 발화수반적 행위는 "말하는 순간에 말하는 것을 행하는 언어 행위"이고, 발화효과적 행위는 "어떤 효과들을 자신의 결과로 생산하는 언어 행위다. 즉 무언가를 말함으로써, 어떤 효과가 따라 나오는 것이다. 그러나 발화수반적 언어 행위는 그 자체로 자신이 야기하는 행동이지만, 발화효과적 언어 행위는 그 행위 자체와는 같지 않은 어떤 효과들로 단지 이어질 뿐이다"(Butler, 3(14)). 발화수반적 언어 행위의 경우, 도박꾼이 물주에게 말할 때 '나는 돈을 걸겠소'라는 계약적 진술과 결혼식에서 누군가가 주례와 예비 배우자에게 말할 때 '결혼하겠습니다'라는 선언적 진술은, 각각 베팅과 결혼의 사실을 구성한다. 여기서 언어의 실질적 실천은 진리의 생산이라고 설명할 수 있다. 하지만 언어는 또한 특정한 발화 순간의 외부에 있는 사건들을 변화시킬 수도 있다. 오스틴이 설명한 대로 발화효과적 언어 행위는 "확신시키기, 설득하기, 저지하기 그리고 심지어 예를 들어 놀라게 하기 혹은 오도하기와 같은"(Austin, 1975: 109) 결과를 초래할 수 있다.

이 중에서도 버틀러는 특정 발화 행위의 효과를 평가하기 어렵게 만드는 언어 행위의 속성인 지연과 결정불가능성에 관심을 가진다. 그는 혐오 발언을 법적으로 금지해야 한다고 요구하는 사람들이 혐오 발언에 담겼다고 주장하는 도구적 힘과 효능에 의문을 제기하기 때문이다. 간단히 말해 발화가 성공하는 요인, 발화의 효과가 온전히 발휘될 수 있게 하는 요인은 무엇인가? 상처를 입히려는 의도가 제대로 전달될 수 있게 보장해주는 요인은 무엇일까? 오스틴에 따르면 발화의 효율성은 오직 "전체적인 말의 상황"의 관점에서만 확인될 수 있지만, 그도 이 사건의 매개변수를 정확히 결정하기는 어렵다고 인정한다. 예를 들어, 사실을 오도하는 진술과 같은 발화효과적 언어 행위가 규모를 측정할 수 없는 지속적인 결과를 초래할 수 있는 이유는 쉽게 이해할 수 있다. 이 경우에는 말의 상황이 미래로 확장되기 때문이다. 그러나 "발언의 순간에 행동을 수행하는"(Butler, 1997b: 3(15)) 발화수반적 언어 행위는 그 행위의 효과가 쉽게 제한되기 때문에 비교적 직접적으로 보인다. 그러나 발화수반적 언어 행위의 경우에도 버틀러는 모든 말의 상황이 지닌 의례적 성격, 즉 어떤 발화가 제대로 실행될 수 있게 하는 담론적 적절함에 담긴 역사성이나 관습을 강조하며 이러한 확실성에 의문을 표한다. 이렇게 맥락적 수행성이 지닌 보다 포괄적인 의미를 고려하면서, 버틀러는 발화수반적 발화를 포함한 모든 언어 행위는 어떤 면에서 무한하다고 주장한다. 즉 "주체 자신의 일시성을 넘어서는 담론의 일생"(Butler and Bell, 1999c: 166)이 있다는 것이다. 다시 말해, 발화의 실행가능성이 언제나 과거의 상황을 회상하며 암묵적으로 미래의 상황을 촉발한다면, "전체적인 말의 상황"의 정체성은 본질적으로 파악하기 어렵다.

오스틴이 여기까지 주장하지는 않았지만, 발화가 자신의 의도를 달성하는 데 '부적절'할 수 있다고 설명할 때는 오스틴 역시 동일한 함의, 즉 그 의미가 즉각적이고 충실한 의사소통을 회피한다는 점을 인식하고 있었다. 발화는 그것의 주된 목적이 '기생적으로parasitically' 탈취되어 다른 용도로 사용될 경우에는 자신의 목표를 달성하지 못할 수 있다. 이러한 예시는 연극에서 열리는 결혼식에서 찾아볼 수 있다. 거기서는 '결혼하겠습니다'라는 말을 암송하는 것이 통상적 결혼 선언과는 상당히 다른 결과를 만들어내기 때문이다. 이 예시에서 특정한 발화수반적 의도를 기생적으로 모방하는 것은 비밀이 아니지만, 오스틴은 작가 자신의 주요 목적이 불분명한 상황에서도 언어 행위가 발생할 수 있다고 인정한다. 화자는 자신의 말에 진실로 권한이나 의도를 부여했을까? 그가 어떤 말을 하도록 강요받지는 않았을까? 혹은 오스틴이 자세히 검토하지 않은 보다 까다로운 고려사항이 더해보자면, 말하는 순간에 부인되거나 억압되었을지 모르는 무의식적 동기는 주요 의도에 해당되지 않는다고 작가가 전제할 수 있는가? 오스틴은 특정 발화에 내재적 모호성이 부착되어 "'어떤 결과가 생겼다' 혹은 '화자가 그 결과를 만들었다'"(Austin, 1975: 21)고 단순히 평가할 수 없는 경우도 있다는 점을 인정한다. 심지어 그는 수행적 형식을 가진 어떤 발화는 즉각적 효과나 이후의 결과를 초래할 능력이 없을 수도 있다고 인정한다. 목표를 달성한 것처럼 보이는 발화가 목표에서 완전히 빗나갈 수도 있다는 오스틴의 인정은, 다른 상황에서는 그 화자의 의도가 발화의 수행적 성공을 평가하는 데 상관이 없다고 밝혀지더라도 혐오 발언을 분석하는 데는 중요한 결과로 이어진다. 만일 언어가 유순한 주체에게 자신의 지시를 '받아들이라고' 선고하는 데 적합한 도구가 아니라면 어떨까?

《혐오 발언》에서 버틀러는 특히 혐오 발언의 행위를 면밀히 검토한다. 이 해로운 행위가 엄청난 고통을 초래할 수 있음에도 불구하고, 그는 그것을 중단시키기 위한 캠페인의 성격을 규정하는 권력의 사법적 모델에 이의를 제기하기 때문이다. 버틀러는 독자들에게 다음을 고려해보자고 권한다. "말이 상처를 줄 수 있는 자신의 권력을 어디에서 이끌어내는가에 대한 이해가, 상처를 줄 수 있는 권력에 저항하는 것은 무엇을 의미할 수 있을 것인가에 대한 우리의 개념을 변경시킬까? 우리는 상처를 주는 말을 개별적인 주체와 행위에 귀속시킬 수 있다는 개념을 받아들여야 하는가?"(Butler, 1997b: 50(100~101)) 여기서 버틀러의 요점은 상처를 입히려는 화자의 의도와 혐오의 실질적 재현, 그리고 피해자가 느끼는 충격을 모두 인과적으로 등치시키는 '주권자의 자만'은 의사소통의 문제적 본성을 거의 이해하지 못한다는 점이다. 게다가 이런 스타일의 분석은 무심코 혐오 발언의 피해자를 그 행위의 무력한 대상, 수동적으로 상처를 받는 사람으로 구성하며, 그러한 무능력이 그들을 완전히 취약하게 만든다. 행위성이 결여된 그 주체가 자신을 보호하기 위한 유일한 희망은 국가가 그러한 행동을 금지하고 통제하는 권력을 행사하는 것이다.

버틀러는 국가에게 통제를 요구하는 운동가들은 '말의 상황'에는 그저 원래의 상처를 반복하는 것이 아니라 다른 해석, 행동 및 효과를 촉발하는 능력이 있다는 데 개입적 신뢰를 보이지 않는다고 비판한다. 나와의 인터뷰에서 버틀러는 자신의 입장을 다음과 같이 설명한다.

> 어떤 사람이 그런 말[인종차별적이고 동성애혐오적인 발언]을 할 때, 그런 사람을 막아야 할 이유는 수없이 많다고 생각합니다. [⋯] 그것이 중요하다고 생각하고요. 하지만 그러한 치안 기능에서 시작하고 끝나는 정치는 실수라고 생각해요. 제게는 그 사람이 어떻게 인종차별적 발언 의례를 소위 갱신하고 소생시키는가, 우리가 그러한 특정 의례를 어떻게 생각해야 하는가, 그리고 그런 발언이 나올 때마다 그저 막으려고 하기보다 그들의 의례를 보다 철저하게 지속되는thorough-going 방식으로 손상시키기 위해 우리는 그 의식의 기능을 어떻게 이용해야 할까가 중요한 문제니까요. 그것을 다시 무대에 올리고, 차지하고, 그 의례로 다른 일을 해서, 하나의 말하는 행위로 그것의 소생가능성이 정말 심각하게 의심될 수 있게 만든다는 것은 무엇을 의미할까요?(Butler and Bell, 1999c: 166)

버틀러에게 국가 개입에 대한 사법적 담론은 "공적으로 말할 수 있는 것 […] 공적으로 받아들일 수 있는 것 […] 의 영역을 확립하고 유지"(Butler, 1997b: 77(151))함으로써 혐오 발언을 재의미화할 가능성을 적극적으로 방해한다. 다시 말해 국가가 의도와 효과를 하나로 묶어버리면, 오히려 혐오 발언에 언제든지 상처를 입힐 수 있는 능력을 부여하는 유감스러운 결과가 초래된다는 것이다. "국가는 혐오 발언을 생산한다"(Ibid.: 77(150))는 버틀러의 도발적인 주장은, 피해자가 그것과 똑같은 말을 사용하여 대답할 권리를 어떻게 부정당하게 되는지를 강조한다. 이러한 경우에 피해자는 오직 그 혐오 발언의 원래 의미와 의도를 반복하고 강화하는 가해자로 보일 수밖에 없다.

이러한 설명에서 말에 부여된 특권을 고려하면서, 버틀러는 알튀세르의 호명 장면으로 돌아가서 주체가 형성되는 시작점은 언어적이라 해도 '언어'의 구성적 양식이 알튀세르가 암시하는 것처럼 말에 국한될 필요는 없다고 주장한다. 대신 그는 주체 출현의 장면에는 담론적이고 재현적인 복잡성이 포함되어 있으며, 그 복잡성의 반복과 암송이 일련의 함축되고 수행적인 양태를 통해 반향을 일으킨다고 주장한다. 관습적으로는 순수하게 텍스트적 맥락[3]이라고 생각했던 이 확장된 외부와 그것의 작동은 "자신이 명명하는 것을 만들"(Ibid.: 32(69))어낸다고 전제하는 신성한 음성의 작용이 아니다. 버틀러가 지적했듯이, 호명이 "목소리가 들리지 않는 곳에서 이를테면 삼인칭 담론의 지시 대상"(Ibid.: 33(72))으로 일어날 수 있다면, 담론적 주체화는 명령에 대한 즉각적이고 순종적인 응답이 아니다. 가령 개인은 경찰의 부름을 무시하거나 도망치거나, 그 부름의 정확성과 그것의 추정적 인식에 저항하며 맞설 수 있다. 그러나 버틀러는 정체성이 담론적 구성에서 벗어날 수 있다고 주장하고 있지 않다. 오히려 그의 의도는 언어의 상응 이론correspondence theories을 불안정하게 만들고 '담론적 구성'이라는 개념이 실질적으로 의미하는 바를 복잡하게 만드는 것이다.

버틀러는 언어의 결과가 항상 비일관성, 우연성, 모호성에 의해 위협받는다는 점을 중요하게 고려한다. 언어는 분산된 인과관계의 복잡한 그물망을 담고 있으며, 그 그물망에서는 저자성authorship과 권위에 전제된 온전함과 의미 및 의도가 관습을 "통해서 말해"지기 때문이다. 이는 담론적 관습은 정적인 구조가 아니라 "재반복되고, 되풀이되고, 재표명되면서 해체를 겪는" 구조라는 의미다. 이를 염두에 두면서 버틀러는 이렇게 질문한다. "만일 우리가 선언된다고 할 수 있는 '구조'의 시간적인 생명을 고려하게 된다면, 혐오 발언의 언어 행위는 그다지 효과적이지 못한 것으로, 즉 혁신과 전복을 당하기 좀 더 쉬운 것으로 인식될 수 있지 않을까?"(Ibid.: 19(46))라고 말이다.

버틀러는 자크 데리다가 J. L. 오스틴의 연구를 분석하면서, 언어의 이러한 반복적이고 인용적인 작동을 정교하게 설명하며 오스틴의 '참조reference'라는 용어를 한층 더 불안정하게 만드는 부분을 찾아낸다. 그러나 버틀러가 오스틴 주장의 주요 견해를 그에 대한 데리다의 확장적 비판과 결합시키려고 하면서, 이렇게 여러 접근이 뒤섞여 만들어진 그림 속에서 어떤 긴장이 발생하기 시작한다. 버틀러가 한정해야 한다고 느끼는 복잡성을 고려하기 위해 데리다를 동원한 이유는 무엇이며, 최종적으로 그가 분명히 기각하려고 했던 주장은 누구의 것인지 이상하게도 길을 잃은 듯하다. 아마도 혐오 발언 법안의 발의자가 오스틴과 일상 언어 이론을 긍정적으로 언급하기 때문에, 버틀러는 참조라는 동일한 용어가 어떻게 근본적으로 다른 결론을 제시할 수 있는지를 보여주면서 자신의 이론을 설명해야겠다고 자극을 받은 듯하다. 그리고 데리다를 개입시켜 이 목표를 실현하는 것처럼 보인다. 그러나 데리다의 접근이 모든 대립 속에서 서로 공유하고 있지만 인정되지 않은 결속을 언제나 밝혀내고자 한다는 점을 고려한다면, 혐오 발언에 반대하는 입법 운동에 대한 버틀러의 입장에 담긴 대립적 취지를 유지할 수 있을까? 버틀러의 개입에서 해석적 놀이와 상호텍스트적 가능성을 전경화시키는 것이 요점이라면, 반대한다고 말하는 관습적인 형식의 비판, 여기서는 검열에 반대하는 주장으로 표상되는 그 비판은 다소 훼손된다. 다시 말해 검열에 반대하는 버틀러 자신의 입장 속에 검열 및 금지의 정치가 불안하게 회복된다. 이 질문의 보다 반직관적인 측면을 탐구하기 위해서는, 보다 절박한 일상의 정치 현실 측면에서 언어가 작동하는 방식에 대한 데리다의 결론을 거부하면서 버틀러가 그 이유를 어떻게 정당화하는지 이해해야 한다. 해체는 정말로 그렇게 절박한 문제를 회피하는가?

데리다의 주장은 자신의 목표를 달성하는 직설적 의미와 보다 변덕스럽고 모호한 의미 사이의 손쉬운 구분을 무효화하는 주장으로, 오스틴이 '변칙, 예외, "진지하지 않은" 인용 […] 혹은 보다 일반적인 반복가능성'(Derrida, 1988a: 17)이라며 배제하거나 주변화한 것을 특히 지렛대로 삼는다. 데리다는 이렇게 소위 '예외'를 구분하는 논리가 또한 모든 수행문의 가능성 자체를 구성한다고 주장할 것이다. 언어의 인식가능성이 애초에 반복과 맥락적 차이에서 유래하기 때문이다. 〈서명 사건 맥락Signature Event Context〉(1988a)에서 데리다는 모든 수행문에 담긴 의미를 만들어내는 구조화 작용을 기록된 기호의 단절력(force de rup-ture)에 포섭시킨다. 이는 기호든 말의 행위든, 개인의 의도나 특정한 맥락이든, 고려할 수 있는 모든 요소가 반복과 재맥락화의 힘에 의해 '불릴' 것이며, 그 힘의 역사성과 우연적 함의는 정체성을 내부에서부터 균열시킨다는 의미다. 앞으로 살펴보겠지만, 이는 매우 결정적 지점임에도 오스틴과 버틀러는 이 부분을 너무 빨리 넘어가버린다. 여기서 무엇이 문제인지 설명하기 위해, 데리다는 오스틴이 수행적 실패와 부적절함을 외부적 위협으로 인해 "언어가 빠지거나 헤맬 수 있는" 위험이나 "함정"에 비유한 사례를 지적한다. 이때 위협은 "파멸이 도사린 일종의 도랑이나 외부 장소처럼 언어를 둘러싸고"(Ibid.: 17) 있는 듯하다. 그러나 데리다에게는 언어 작용의 이러한 '단절'에 선행하여 존재하는 기원적 일관성이 없기 때문에, 위와 같은 구분선은 언어의 모든 측면에 내재적이다.

특히 데리다에게는 언어가 모든 양식의 경험 및 표현에 작동할 수 있게 하는 구조적 응축과 차단을 일반화한다는 점(Ibid.:

9)이 중요하다. 그리고 이는 알튀세르의 호명 장면에서 나타나는 음성중심적 특권화에 반대하는 버틀러의 입장을 뒷받침하는 것처럼 보인다. 그러나 데리다의 '언어의 일반화'를 다른 지각적 양식이나 담론적 수행문이 포함될 수 있다는 의미, 혹은 이 논리에 따르면 말은 아예 존재할 필요도 없다는 의미로 이해한다면, 데리다의 일반화는 단순한 확장이 아니다. 버틀러는 음성중심주의를 비판하면서, 음성에 특정한 동일성을 부여하며 그 음성으로 인해 버틀러는 지각을 존재할 수도 있고 부재할 수도 있는 상당히 다른 양식들의 집합으로 가정하게 된다. 그러나 데리다의 언어의 일반화는 지각을 별개의 부호로 분리하는 이러한 사고방식을 불안정하게 만드는 것을 목표로 한다. 데리다에 따르면, 독자적으로 존재하는 능력들(듣기, 만지기, 보기 등)을 결합하는 것이 아니라, 각각의 '능력'이 이미 공감각적으로 얽혀 있음을 인식하는 것이 필요하다. 이 지점은 후에 다시 살펴볼 것이기에, 이 단계에서는 버틀러가 데리다의 전반적인 주장을 알기 쉽게 설명해주는 부분을 언급하는 것으로 충분하다. "어떤 수행문은 자신이 동원된 근본적인 관습에 의지하고 그것을 은폐하는 정도까지 '작동'한다는 것이다. 이런 점에서 어떠한 용어나 진술도 권력의 역사성을 축적하거나 위장하지 않고서는 수행적으로 기능할 수 없다"(Butler, 1997b: 51(102~103)).

일군의 분석 방법론으로 무장한 버틀러의 작업은 일종의 저글링이 되어버린다. 요약하자면 그는 언어가 수신인에게 어떤 행동으로서의 힘을 행사하며 그것은 물질적 효과를 등록할 수 있는, 즉 상처를 입힐 수 있는 능력을 가지고 있다고 주장한다. 그러나 그는 혐오 발언 법안의 발의자들이 믿는 것처럼 언어가 주체에게 직접적이거나 인과적인 명령을 내리지는 않는다고 주장하기도 한다. 이론적 추상성과 더불어 모순적으로 보이는 이 주장들을 고려하면서, 그는 상처를 입힐 수 있는 말의 행위의 구체적인 사례를 몇 가지 제시하면서 자신의 분석에 실용적인 특성을 가미한다. 그가 선택한 인종차별적, 동성애혐오적, 여성혐오적 폭력의 특정한 사례들은 미국적 맥락과 미국의 법적 복잡성에 국한된 것임에도 불구하고, 그 예시는 보다 일반적인 관련성을 가지고 적용될 수 있다. 지면의 한계로 이러한 사례 연구 중 하나에 관련된 주장만을 다룰 수 있기에, 아래에서는 버틀러가 포르노그래피의 법적 규제 및 검열에 반대하는 이유에 대해 비판적으로 평가해보겠다.

　　포르노그래피를 반대하는 몇몇 저명한 학자들은 다양한 형태의 포르노그래피를 혐오 발언으로 간주한다.[4] 예컨대, 법철학자이자 반포르노그래피 운동가인 캐서린 맥키넌은 말과 이미지에 버틀러의 표현에 따르면 "효율적, 일방적, 이행적, 발생적"(Ibid.: 74(144))인 권력을 부여한다. 포르노그래피를 발화수반적 언어 행위에 비유하는 것은 가해의 실행이 즉각적이라고 가정한다는 의미다. 이는 또한 포르노그래피는 언제나 여성의 열등한 지위를 정치적으로 재기입하는 결과를 초래한다고 가정한다. 버틀러는 다음과 같이 법학자 마리 마츠다의 입장에서 동일한 가정을 발견한다.

[…] 말은 단지 사회적 지배의 관계를 반영하는 것이 아니다. 말은 그런 사회적 구조가 회복되는 수단이 되기 때문에 지배를 실행한다. […] 혐오 발언은 발언의 순간에 말을 전달받은 자를 구성한다. 어떤 상처를 묘사하거나 상처를 결과로 생산하지 않는다. 혐오 발언은 그런 발언의 말하기에서 상처 그 자체의 수행이며 여기에서 상처는 사회적인 종속으로 이해된다.(Ibid.: 74(44))

여기에 논쟁의 여지가 없다고 가정한다면, 지속적이고 피할 수 없는 피해에 대해 반드시 정부의 보호를 요구해야 한다.

그러나 맥키넌의 《포르노에 도전한다Only Words》(1993)에 대한 버틀러의 비판적 검토에서 볼 수 있듯, 버틀러는 재현과 행동을 이렇게 융합하는 데 강력하게 반대한다. 맥키넌은 포르노그래피적 재현을 경험의 기호나 대입으로 간주하면서도 그 재현에 버틀러가 재현 자체를 실질적 경험으로 실현할 수 있는 '환상적' 능력이라 여기는 것을 불어넣는다. 버틀러가 설명하듯 "이러한 이차 경험은 이차 '현실'과 동의어가 되며, 이는 포르노그래피 세계에서는 현실에 대한 경험과 현실 사이에 구분이 없다는 것을 나타낸다"(Butler, 1997b: 66(133))[5]. 맥키넌은 또한 호명 개념을 확장하여 거기에 시각을 포함시키는데, 버틀러는 이러한 변화로 인해 그 부름의 신성한 수행성과 그 권위적 명령의 즉각적 효능이 다른 재현적 장르에까지 확장될 것을 우려한다. 그러나 포르노그래피가 그것의 표상적 의도를 달성하고 '여성이란 무엇인가'를 구성하는 주권적 힘을 가지고 있다는 맥키넌의 주장에 문제가 있다면 "포르노그래피가 여성이란 무엇인가를 재현하지도 구성하지도 않는다"(Ibid.: 68(136))는 버틀러의 믿음에도 사실은 완전히 동일한 가정을 반대로 뒤집었을 뿐이라는 문제가 있지는 않은지 검토해봐야 한다. 이 주장들은 언어/재현이 그것이 말한 바를 의미하기에 제대로 작동하는지(맥키넌), 아니면 의미하지 않기/의미할 수 없기에 작동하지 못하고 실패하는지(버틀러)를 결정하기 위해 온갖 우여곡절을 거치지만, 안타깝게도이 주장들의 대립적 본성은 언어/재현이 '동일한' 언어 사건, 심지어 '동일한' 사람으로부터 매우 상이할 뿐 아니라 모순적이기까지 한 의미와 반응을 유발할 수 있는 언어/재현의 존재론적 복잡성을 단순히 간과하거나 부인한다. 예를 들어, 버틀러가 언어는 항상 해석에 열려 있기에 결정될 수 없다고 주장할 때 그는 이주장을 사용하여 특정한 사람들, 이 경우에는 반포르노그래피 운동가들이 언어에 적용하는 매우 구체적인 방식에 반대한다. 그러나 그가 데리다가 언어를 추상적으로 일반화한다고 여기면서 그런 입장에 반대하며 사람들에게 '고착'되어 지속되고 있는 살아있는 역사적 의미의 특수성을 옹호할 때 버틀러는 의도치 않게 이러한 두 입장이 상호배타적이지 않은 이유를 설명한다. 언어와 의미 형성의 개방성에 대한 주장은 의미가 고정되어 있으며 일견 정적이라고 가정하는 주장을 반드시 대체해야만 하는가?

　이제 버틀러가 혐오 발언을 분석하면서, 자신이 개념화한 의미화 회로에 생긴 단절, 즉 그것의 전위가 재의미화하는 간극에서 해석적인 정치적 변형의 가능성을 찾고자 한다는 점이 분명해졌다. 소위 부정성의 기술이라 할 수 있는 것을 찾고 이해하면서, 겉보기에 비어 있으나 아주 많은 일이 벌어질 수 있는 이 공간은 버틀러의 연구에서 지속적인 정치적 목표로 남아 있다. 알튀세르의 호명적 미장센의 반사적 분리, 오스틴의 발화효과의 부적절성과 지연 그리고 데리다의 인용가능성의 반복적 재발명 속에서 우리는 '수행성'을 소생시키고 의미와 동일성의 주권적 각인을 훼손하는 몇 가지 접근 방식을 얻을 수 있다. 또한 버틀러는 몸 정치학 전체에 걸쳐 권력으로 향하는 추정적 집중을 분산시키는 푸코적 접근을 사용하여, 주체를 주권적 제약의 무력한 대상이 아니라 '다층적 형태'를 지닌 생산물로 만들어낸다. 후자의 경우 중요한 것은 약자로부터 강자를 분리한다고 여겨지는 차이의 단절 혹은 간극이 우리 모두를 권력의 존재론에 연루시키는 방식으로 분산되고 일반화된다는 점이다.

버틀러의 푸코에 대한 언급 중에서 특히 권력의 분산된 '자기관여'가 재구성하는 지배의 주권 의식은 근본적으로 재배열되지 않는다는 점에 주목해야 한다. 대신 억압에 대한 감각이 "지배의 다층적 형태"(Foucault, Butler, 1997b: 79에 강조 추가)로 유지되고 늘어나며, 이는 권력의 억압적 에너지의 미시물리학을 가능케 한다. 버틀러는 다음을 따져봐야 한다는 푸코의 요청을 지지한다.

계속되는 주체화의 단계, 즉 우리의 신체를 종속시키고 우리의 몸짓을 지배하며 우리의 행동을 명령하는 그런 지속적이고 연속적인 단계에서 상황은 어떻게 작동하는가? 우리는 유기체, 권력, 에너지, 물질, 욕망, 사고 등의 다양성을 통해 주체들이 꾸준히, 계속적으로, 진정으로 그리고 실질적으로 어떻게 구성되는가를 발견하려고 해야 한다. 우리는 주체에 대한 구성으로서의 실질적인 사례 속에서 주체화를 파악하고자 한다.(Ibid.: 79(155))

이 경우에 장치dispositif 혹은 권력의 기제는 "계속적이며 중단되지 않으며" 주체 자체와 혼동되어선 안 된다. 실제로 버틀러는 권력의 장치와 주체 사이에 존재하는 "근본적인 통약불가능성"(Butler, 1997b: 28(63))에서 그들의 존재론적 차이와 변화의 가능성을 확보한다.

그러나 푸코에 대한 이 특정한 재현을, 권력은 먼저 존재하고 있던 신체를 장악하는 것이 아니며 저항은 권력의 내적 반사이고 관념과 개념은 물질화하고 육체적인 효능을 가진다는 점을 고려해야 한다고 주장한 이론가와 조화시키기는 어렵다. 그럼에도 푸코를 직접적으로 인용한 부분을 고려할 때, 버틀러가 몇몇 부분에서 푸코를 통해 자신의 주장을 뒷받침하는 것이 가능하다고 인정할 수 있다. 그러나 하고 많은 논의 중에서도 권력 문제에 대한 푸코의 기여를 억압 가설의 은밀한 회복에 동원하는 것은 납득하기 어렵다. 푸코 연구의 이질성은 주권성이란, 심지어 그것이 고유한 이름으로 표현된다 해도 떠돌아다니는 권위이며 분산된 동일성임을 완벽하게 보여준다. 예를 들어, 《성의 역사》에서 푸코는 "담론은 권력을 전하고 생산하고 강화하고 서서히 잠식하고 노출시키고 약화시키고 가로막게 해준다"(1980a: 101(110))고 지적한다. 그가 '불연속적 선분'이라 묘사한 담론의 비일관성으로 인해 단일한 목표나 의도를 유지하기는 근본적으로 불가능해진다. 즉 "[담론의] 전술적 기능은 한결같지도 항구적이지도 않다"(Ibid.: 100(110)).

이 설명에서 중요한 점은 담론의 본질적 모호성 그리고 그것이 "저항지점이자 대립적 전략을 위한 거점"(Ibid.: 101(110))으로 동시에 기능하는 방식이다. 그러나 오스틴과 버틀러 모두에게 권력의 의도나 효능이 비결정적이라는 의식은, 그것이 시간의 왜곡과 공간의 재맥락화에 따른 발화효과적 등록에 종속될 때 외부로부터 기호/담론에 적용된다. 실제로 오스틴이 '부적절성'이라 부르고 버틀러가 '실패'로 간주하는 것은 기호의 원래 동일성/온전함의 상실을 지시한다. 그러나 푸코는 처음부터 분명히 그것의 동일성이 지닌 주권성에 의문을 제기하고자 했던 기호/담론 내부에 있는 힘의 관계의 다중성을 밝히면서 수행성 개념에 기여한다.

버틀러는 원죄를 짓고 에덴 정원에서 쫓겨나기 이전의 충만함에 이론적으로 헌신하는데, 그것은 권력/지식/언어의 구조적 불안정성을, 묶여 있는 채로 접근하지 못하는 실패나 재현되기 이전의 실재 그 자체의 관점으로 설명하는 조직적 비유다. 우리가 언어/재현/문화의 가정된 범위 안에 머물러있다면, 그것은 기호가 반복되며 부패하기 전에 가지고 있던 기원적 의미의 온전성이나 진실을 수용하는 데 실패하게 된다. 버틀러가 적극적으로 논쟁을 일으키는 급진적, 저항적 담론/실천을, 그것을 폐제하고 금지하는 보수적이거나 순응적인 담론과 대비시킬 때, 이 기원적 순수성은 다른 모습으로 가장한 채 복귀한다. 그러나 무언가의 동일성이 억압적이지 않으면 저항적이라는 주권성의 용어로 규정되어야만 하는 이유는 무엇인가? 앞서 헤겔 변증법의 논의에서 살펴봤듯이, 대립적 차이는 실제보다 더욱 두드러질 수 있으며 이 지점은 버틀러가 다른 곳에서는 피하려던 주장을 여기서는 미묘하게 회복시키는 것에서 그 예를 찾을 수 있다.

이를 좀 더 설명하기 위해 버틀러는 맥키넌이 수행문의 주권적 효능에 중요한 의미를 두는 입장에 이의를 표한다. 맥키넌은 "현대의 권력은 더 이상 주권적이지 않다는 푸코적인 견해"(Butler, 1997b: 74(144~145))를 받아들이고 있기 때문이다. 권력에 대한 사법적-담론적 혹은 주권적 견해는 마치 인구는 권력의 불행한 대상인 것처럼 국가와 시민을 분리시킨다. 푸코는 이에 반대하면서 권력은 관계적 힘의 분산된 네트워크이며, 국가이성raison d'état 혹은 '통치의 기술'은 인구에게 일방적으로 그리고 억지로 실행되기보다 인구에 의해 실행된다고 주장했다. 다시 말해 통치성은 인구가 권력의 자원인 동시에 권력의 대상인 공모적 회로다. 통치governance는 스스로를 조직하기 위한 인구의 투쟁 속에서 그 인구에 의해 제정된 지식과 실천을 포함한다.

따라서 권력의 동일성이 지닌 뒤얽힌 본성을 감안할 때, 저항과 억압의 차이는 잠정적이고 문제가 많으며 언제나 서로 연루되어 있고 마지막으로 규정불가능한 채로 남아있다.[6]

그러나 버틀러가 법정에서 권력이 "자의적이고 전술적"으로 사용된다는 점을 인정할 때 법의 변덕, 오류, 모순적 표현의 감각은 권력 '자신'의 무자비하고 반동적인 의도 안에 담긴 비밀스러운 일관성 혹은 통일성의 증거로 간주된다.

이러한 권력의 자의적인 사용은 진보적인 노력들을 좌절시키고 보수적인 정치적 목적을 고무하는 혐오 발언에 관한 판례들의 대조적인 사용 속에서 입증된다. 여기서 요구되는 것은 언어 행위나 표현의 상처를 줄 수 있는 권력에 대한 더 나은 이해가 아니라, 법원이 이러한 다양한 공식들을 첨가하는 전략적이고 모순적인 사용이라는 것은 분명하다.(Ibid.: 62(124))

여기서 두 가지 중요한 지점이 나타난다. 첫째, 마치 국가가 정말로 "자신이 말한 바를 의미할 수 있는" 주권적 능력을 갖고 있기 때문에 언어의 삶이 진정으로 억류된다는 듯이, 국가와 법적 규제를 주권적 의도에 의한 언어의 억압과 등치시키는 것은 분명히 푸코적인 관점이 아닌 것으로 보인다. 또한 이 주장은 권력에 대한 버틀러의 보다 섬세한 통찰의 방향과 반대되며, 시민 사회에서 혐오 발언을 재활용하는 것은 그것을 전복하는 잠재적인 저항과 진보의 장소로서 특권을 부여할 만한 가치가 있다는 그의 가정과도 반대된다.[7] 버틀러의 작업에 대한 자신의 설명이 적어도 이 순간에 발생하는 권력과 국가적 지배 사이의 이러한 생략을 분명히 드러낸다. "내가 염려하는 것은 국가의 침입에 대항하는 시민 자유의 보호뿐 아니라, 법적 보상의 과정을 통해 국가에 양도된 고유한 담론권력이다"((Ibid.: 77(150)).

그러나 푸코의 연구에서 더욱 흥미롭고 어쩌면 문제적인 도발은 이렇게 깔끔한 이분법을 거부한다. 캐서린 밀스Catherine Mills는 다음과 같이 설명한다.

> [버틀러는] 다양한 진보 운동이 국가적 개입으로부터 중요한 도움을 받아왔다는 사실을 간과한다. 그렇기에 여기에는 국가적 개입을 반동적이거나 중립적이거나 심지어 필수적이라고 선험적으로 지정해버리면, 권력과 정치적 논쟁의 관계 안에서 국가의 위치가 계속 바뀐다는 특성을 놓치게 된다는 점이 생략되어 있다(2003: 266).

그럼에도 불구하고 그리고 이것이야말로 이 논의가 여전히 흥미로운 이유다. 버틀러가 권력이 주권적이고 중앙 집중화되어 있지 않다고 주장했기 때문에, 다른 경우에 국가적 개입에 반대했다 주장한다고 해서 당연히 그가 방향을 상실한 것으로 받아들여서는 안 된다. 마찬가지로 다른 경우에 맥키넌을 비롯한 학자들이 국가적 개입을 요구한다고 해서 그들이 어리석은 것도 아니다. 문제는 두 입장 모두가 권력에 고정되고 주권적인 능력(이는 인구나 국가에 의해 각기 다르게 보유된다)을 귀속시키기 때문에, 그들 모두가 권력의 복잡한 존재론과 그들이 서로 공유하고 있는 헌신을 인식하지 못한다는 점이다.

우리는 이것을 맥키넌 등에 대한 버틀러의 반대에서 발견할 수 있다. 버틀러는 혐오 발언은 상처를 입히는 행위라는 그들의 주장을 거부하는 데 초점을 맞춘다. 이때 그는 마치 표현과 인식 사이의 단절이 상처 입힐 가능성을 미리 배제했으며, 의미의 진정한 의도도 실제로 사라졌다고 생각하는 듯하다. 그 결과, 말이 정말로 "복부를 강타"(Matsuda, Butler, 1997b: 75(147))할 수 있다는 마츠다의 평범한 관찰은, 정교한 궤변을 펼쳤으나 전달하는 내용은 사람들의 말에 신경 쓰지 말라는 뜻의 "말로는 다치지 않는다"는 상투적 표현과 거의 다를 바 없는 채로 반대의 입장과 만나게 된다. 그러나 이 상황에서 마츠다의 주장에 대한 버틀러의 반대는 《의미를 체현하는 육체》에서 다루는 언어의 육체화와는 완전히 모순된다. 거기에서는 심지어 젠더, 섹스, 섹슈얼리티조차 언어와 담론의 살아있고 물질적인 표현으로 나타났고, 실재의 환상적 이상화(언제나 개인적이고 이해관계가 개입되어 있는)와 대문자 R의 실재 간의 차이는 전혀 차이가 아니었다. 반면 《혐오 발언》에서는 언어의 상응 이론을 논박하는 데 너무 열중한 나머지, 포르노그래피에 고통이나 굴욕은 물론이거니와 성애적 흥분으로 현실화되는 에너지가 있다는 것조차 인정하지 않는다. 대신 버틀러는 포르노그래피를 마치 그저 "상상적 장면", "불가능한" 재현으로 이루어진 환상적 허구, "과장된 젠더 규범", "아무도 거주할 수 없는 지위들[과] 보상적인 환상들"
인 것처럼 재현한다. "포르노그래피적인 이미지에 그것이 갖고
있는 환상적인 권력을 부여하는 것"(Butler, 1997b: 68(137))은 작
동하지 못하고 실패할 뿐이다. 버틀러에 따르면 포르노그래피
의 의도는 "묘사"될 수는 있어도 "전달"되지는 않는 듯하다. 그
것은 목표를 달성하지 못한다. 그리고 이러한 차이는 "상상적
인 장면의 직역화literalization에 저항하는 포르노그래피에 대한
페미니즘적인 독해"를 가능케 한다. 따라서 요약하면 "만일 텍
스트가 한 번 행위한다면 다시 행위할 수 있으며, 어쩌면 자신의
과거 행위와 반대로 행위할 수 있다"(Ibid.: 69(138)).

이 경우에 말의 행위와 일반적 행위(행동)는 구분이 모호
해 보임에도 불구하고, 버틀러의 설명에서 포르노그래피가 원
래 가지고 있던 비하 의도는 분명히 전혀 의문의 여지가 없는 것
으로 다뤄진다.[8] 그러나 포르노그래피의 정체성 자체, 즉 '그것
은 무엇이며, 어떻게 작동하는가'가 이미 결정불가능성의 호명
적 수행, 즐거운 힘, 분노, 역겨움, 흥분, 심지어 무관심으로 "복
부를 강타"하는 각기 다른 해석과 경험을 부르는 '장면'이 아닌
이유는 무엇인가? 다른 곳에서 버틀러는 포르노그래피적 사건
의 호명적 난장판이 어떤 한 사람, 하나의 행동, 혹은 하나의 의
미와의 경직된 동일시를 교란시킨다고 인정하는 듯했다(Butler,
1990b: 114~115). 상당히 간단하게도 이것이 우리가 주체로서 타
자성과 동일시하는 상당히 '일반적인' 방식이기 때문이다. 그렇
다면 버틀러가 마치 인구의 성생활이 지닌 다양성, 호기심, 확고

한 자기탐구가 자신에 대한 스스로의 재현과 근본적으로 탈구되는disarticulated 것처럼, 포르노그래피가 성적 실패를 보상하기 위한 "불가능한 지위"와 "실현불가능한" 장면을 포함한다고 주장하는 이유는 무엇인가? 근본적인 단절이 사람들이 사는 현실과 인식을 재현으로부터 분리한다고 가정하는 이유는 무엇인가? 그리고 이렇게 뒤얽힌 주체화의 장면이 마치 "도끼로 가른 듯"(Derrida, 1984: 121) 두 개의 통약불가능한 부분으로 나뉘는 이유는 무엇인가?

여기서 설명을 위해 데리다로 돌아가면, 오스틴이 원래의 맥락에서 떨어져 나오면 결과적으로 목적을 달성하는 데 실패하는 기호의 주권적 자기현존에 투자한 것에 대해 비판받았던 것을 떠올릴 수 있을 것이다. 데리다가 설명했듯, 그것은 마치 기원적 기호가 천국에서 쫓겨난 것만 같은 양상이며, 맥락에서 분리되는 것이 곧 "파멸이 도사린 일종의 도랑이나 외부 장소처럼 언어를 둘러싸고"(Derrida, 1988a: 17) 있는 간극으로 추락하는 것과 다름없다고 보는 인식이다. 안타깝게도 버틀러는 오스틴에 대한 데리다의 비판에 주석을 달아 기원적 개방의 일반화에 어떤 의미가 함축되어 있을지 신중하게 해명하기보다는, 차이의 개념을 이전에는 손상되지 않았던 기호에 일어나는 무언가로서 해석하면서 그 주석을 재투자한다. 후자는 이전의 지시대상의 온전함을 기준으로 측정하는 실패와 성공 모두의 개념을 무너뜨린다. 그러나 버틀러는 한때 의미했었던 것을 더 이상 의미하지 못한다는 기호의 실패에 투자하기 때문에, 그는 기호의 재인용(반복가능성, 인용가능성)이 기호를 관습과 의례의 역사로부터 분리시키며, 따라서 그것의 정치적 유산이자 살아있는 현실로서의 의미로부터 단절시켜버린다는 혼란에 빠진다. 이러한 다소 텅 빈 입장을 데리다에게 귀속시키면서 버틀러는 자신의 오류를 데리다의 연구에 대해 비슷하게 오도된 몇 가지 설명과 혼합하다가, 결국 그로 인해 어색한 교착 상태에 이르게 되었으며 데리다와 결별이 필요하다는 것을 공개적으로 인정하기에 이른다.

요약하자면 버틀러는 주장의 초기 단계에서 적절하게 해체를 전개했지만, 그는 '반복가능성'을 기호에서 맥락을 분리하는 것으로 이해하면서 초기 주장을 기각할 수밖에 없었다. 그 결과, 수행성의 정치적 차원이 상실되면 그것의 의례적 차원도 모종의 문제가 된다. 이와 관련하여 버틀러는 이렇게 묻는다. "데리다가 주장하듯이 기호가 자신의 기원으로부터 "잘려 나간" 것인가 아니면 기원에 느슨하게 연결된 것인가는, 기호의 기능이 본질적으로 기호 사용의 축적에 관련되는가 아니면 기호의 기능이 본질적으로 자신의 역사성으로부터 자유로운가 하는 질문을 제기한다"(Butler, 1997b: 148(276)).

버틀러에 따르면, 데리다의 수행성은 "언어의 구조적인 차원을 의미론에 대립시키며 사회적인 잔여물이 명백히 정화된 구조적인 것의 지율적인 작동을 설명"(Ibid.: 148(277))하는 것인데, 버틀러는 이 입장은 실용적으로 적용할 수 없다고 생각하게 된다. 그러나 데리다가 "텍스트 바깥이란 없다[il n'y a pas de hors-texte]"(Derrida, 1976: 158)라고 주장할 때, 그의 문자소적graphematic 구조(관계성/차이의 구조)의 일반화는 모든 것을 포용하는 체계적 함의를 인정한다. 즉 언어는 작동하는 사회성이다. 실제로 '언어'의 재조합 잠재성은 계속 진화하는 힘이며, 설령 데리다가 이 주장을 아무리 여러 번 반복했다 해도, 버틀러가 가정한 대로 언어의 자기지시('글쓰기')는 언어학의 관습으로 환원될 수 없다. 데리다는 다음과 같이 강조한다. "내가 세계, 실재, 역사를 포용하고 배제하지 않도록 이끌어주는 텍스트 혹은 맥락의 개념은 […] 텍스트는 책이 아니다. 그것은 도서관에 갇혀 있는 서적 자체에 국한되지 않는다. 그것은 지시를 중단하지 않는다[…]"(Derrida, 1988b: 137).

만약 우리가 힘과 '언어'가 (데리다적 의미에서) 실재한다는 것에 동의한다면, 버틀러의 기원적 주권으로서 권력의 개념화는 알튀세르, 푸코, 데리다에서 아마도 가장 도발적인 지점을 놓친다고 할 수 있다. 예를 들어, 경찰(주권적 권력)이 언제나/이미 권력의 주체이자 대상이라면 호명은 권력의 의도에 내재적이자 영원한 부적합성을 만들어낸다. 이러한 해석에 따르면, 통제(지배)는 전체 인구에 내면화된 복종을 지배하는 힘으로 존재하는 것이 아니라 본질적으로 어디에도 잘 맞지 않고 떠돌아다닌다. 이러한 독해는 권력의 존재론을 재검토하여 권력은 항상 생산적이고 효과적이며, 물질적으로 구성적이고 본질적으로 도착적이라고 주장하는 푸코의 기여로 이어진다. 그리고 데리다가 반복가능한 에너지와 생성적인 가능성의 힘의 장이라고 설명한 "쓰는 힘scribble power"(Derrida, 1970)의 의미를 불러낸다. 불행히도 기원적 손실에 대한 버틀러의 투자는 차이를 동일성과 대립시키며 이렇게 동일성은 내재적으로 파열(분화)되어 있다는 점을 충분히 이해하지 못하면서, 버틀러의 주장을 저항 대 지배, 구조적인 것 대 의미/사회적인 것, 신체 대 언어, 인구 대 국가, 주권적 의도 대 그것이 좌절된 효과의 도착성, 시각적인 것 대 말하고 쓴 것, 성공 대 실패 등 상호배제적인 항목으로 나누는 유전적 알고리즘으로 되돌아가게 된다. 만일 버틀러의 연구 취지가 무언가를 할 수 있게 하는 언어/권력의 모호성을 인정해서 삶을 보다 강고하고 평등하게 살 수 있게 하는 것이라면, 이를 주장하기 위해 데리다의 '반복가능성'의 '개념'을 거부해야 할 이유는 없다. 그러나 보다 시급한 도전이 나타난다. 우리가 이렇게 일반적인 불순함을 인정한다면, 차이를 규명하는 비평의 실천은 우리 모두가 우리의 주인공과 공유하는 공통 기반을 반드시 인정해야 할 것이기 때문이다.

6장

정체성과 정치

권력의 정신적 삶: 예속화의 이론들, 젠더 허물기

이전 장에서 보았듯이, 논의를 안정시키고 사회적 요구에 대한 적절성을 보장하는 친숙한 분석의 동료들이 생각만큼 의지가 되지는 않는다. 일반적으로 우리가 당연하게 여기는 모든 토대적foundational 범주와 정체성, 즉 자연과 문화의 차이, 상호배제적인 속성과 욕망의 이분법적으로 나뉘는 젠더, 섹스, 섹슈얼리티의 구분, 의미와 진실의 관점으로 지시를 설명하는 언어 상응 이론, 또는 보다 역량을 부여하고 심지어는 해방적인 것으로부터 억압적으로 보이는 것을 판별하는 일 등 이 모든 단순한 구별이 버틀러의 손에서 더욱 잠정적이며 논쟁적인 문제가 되었다. 그러나 반토대주의적 설명을 괴롭히는 상당히 끈질기고 아마도 어색한 질문 중 하나는 행위성과 책임에 대한 문제일 것이다. 우리의 곤경을 설명하고 우리의 에너지를 동원하는 바로 그 관점에 대한 신념을 잃는다면, 어떻게 개인적, 집단적 삶을 더 나은 방향으로 바꿀 수 있겠는가?

이 장에서 우리는 주체와 권력의 역설적 관계와 행위성의 까다로운 상태를 탐구하면서 이 문제를 살펴볼 것이다. 버틀러는 앞으로 해결해야 할 모순을 다음과 같이 설명한다.

> 이 주제[권력]에 대한 많은 논의들이 주체가 행위성의 조건인
> 가 또는 행위성의 난국인가를 다루며 수렁에 빠지고 말았다.
> 실제로 두 가지 난관으로 인해 많은 이론가들이 주체의 문제를
> 사회이론에서 피할 수 없는 장애물로 여기게 되었다. 내가 생
> 각하기에 이와 같은 곤란이 나타나는 이유는 부분적으로 주체
> 가 그 자체로 이미 이와 같은 양가성의 공간이기 때문이다. 이
> 공간 안에서 주체는 앞선 권력의 효과인 동시에 근본적으로 규
> 정된 행위 형태의 가능성의 조건으로 출현한다.
> [⋯] 주체에 외재적인 권력과 주체를 구성하는 것으로서 권
> 력 사이에, 즉 '작용을 가하는 것'과 '작용을 받는 것' 사이에 이
> 른바 개념적 이행이 만들어지지는 않는다.(Butler, 1997a: 14~
> 15(31~32))

버틀러는 권력을 별개의 '자질'로 생각하면, 결국 그것을 소
유하거나 상실할 수 있는 상품 혹은 우리가 통제할 수 있거나 통
제될 수 있는 힘에 비교하게 된다는 점을 우려한다. 이러한 양식
의 사고는 "소박한 형태의 정치적 낙관주의"와 "정치적으로 독
실한 숙명론 형태"(Ibid.: 17(35~36))라는 두 가지 가능성 중 하나
만을 허용하기 때문에 버틀러는 이를 "멀리하는" 것을 목표로 한
다. 다시 말해, 서로 마주보는 주체와 권력이라는 도구적 개념은
권력의 역설적 본성, 권력에 내재된 "종속과 생산이라는 이중의

가치valence"(Ibid.: 2(13))를 밝혀내지 않는다. 그리하여 이로부터 많은 질문이 발생한다. 예를 들어, 어떻게 권력이 긍정적인 동시에 부정적일 수 있는가? 그리고 우리가 이런 식으로 권력을 구별할 때 그것이 실제로 의미하는 바는 무엇인가? 이는 선과 악, 구성하고 만드는 권력 대 부수고 파괴하는 권력의 구도로 이루어진 도덕적 범주인가? 만일 그렇다면 이는 권력의 존재론을 이해하는 적절한 방식인가? 만일 다른 관점에서 보면 저항이 동시에 지배일 수 있는가? 권력은 상당히 다른 두 가지의 '의도'로 이분법적으로 나뉘어 있는가, 혹은 본질적으로 결정불가능한가?

버틀러는 주체화(정체성을 가정하는 과정, 예속화assujettisse-ment) 혹은 우리가 보통 개인의 사회화라고 부르는 것이 이루어지는 방식은 무엇인지를 물으면서 그러한 질문에 보다 구체적인 맥락을 제공한다. 버틀러가 주체는 "종속을 통해 형성된다"고 믿었던 것처럼, 그의 이론은 주체가 권력의 요구에 순종하거나 "스스로를 종속"시키는 동기에 대해 탐구한다. 그러나 그 복잡한 문제에 대한 이러한 재현조차 버틀러의 지적 매혹을 포착하지는 못한다. 권력이 주체성에 반하여 규정된다면 어떻게 주체가 자신의 개인적 행위성을 표현하고, 실제로 힘(권력)이 되어 그렇게 간주될 수 있겠는가? 권력은 어떻게 주체의 내면성 자체에 거주할 뿐 아니라 주체 자신의 정신과 개인적 의지, 개인적 행위성의 감각이 권력 자체의 목적의 표명으로 나타나는 범위까지 거주하며 주체 안에 정착할 수 있는가? 권력의 외부란 없다면 주체에게는 어떤 일이 벌어지는가?

이 설명에서 주체는 삭제되는 것처럼 보이지만 그것은 권력의 명백히 인간적 속성의 형태로 은밀히 다시 나타난다. 버틀러의 설명 속에는 분명히 인간의 능력과 특성을 대상, 동물, 심지어 자연적 힘 속에서 발견하는 의인주의가 자주 등장한다. 그리고 이러한 정체성의 대체는 《권력의 정신적 삶》이라는 책 제목에 강조되어 있다. 그러나 결과적 혼란이 반드시 특성과 과정에 오류가 있음을 나타내는 것은 아니다. 이러한 능력의 전도는 그 질문을 규정하는 용어 자체에 도발적 파괴를 이끌어내기 때문이다. 인간의 의도를 힘/권력이라는 개념에 대입하면, 주체를 자기에 열중하고 자기를 의식하는 행위자로서 불안정하게 만드는 동시에 이러한 논쟁의 참조점을 뒤섞어버리며, 우리의 (인본주의적) 전제를 보다 깊이 생각하게 된다. 이 문제에 대해 푸코는 다음과 같이 설명했다. "권력관계는 의도적이면서 동시에 주관적이지 않다. […] 권력관계의 여기저기에 계산이 스며들기 때문이다. 일련의 목표와 목적 없이 행사되는 권력은 없다. 그러나 이것은 권력이 개별 주체의 선택 또는 결정에서 유래한다는 것을 의미하지 않는다[…]"(Foucault, 1980a: 94~95(103~104)).

이 에세이집에서 버틀러는 "한 주체가 자신의 종속에 정념적으로 애착을 느낀다"(Butler, 1997a: 6(21))는 점을 인정하면서 정체성을 탐구했던 여러 사상가를 재검토한다. 이제는 상당히 익숙해진 주제들이 다시 등장한다. 헤겔의 주인/노예의 변증법에 등장하는 권력과 정체성의 독특한 동요는 "자기의식의 자유: 스토아주의, 회의주의 그리고 불행한 의식"에서 더욱 깊이 탐구된다. 알튀세르의 주체 호명 장면도 재검토된다. 그리고 원초적 나르시시즘, 억압 그리고 의식의 발달에 대한 프로이트의 연구와 더불어 프로이트의 주장과 버틀러가 '우울증적 젠더'라고 묘사한 것의 관련성도 검토된다. 그러나 이 책에서 가장 중요한 관심사는 권력이 취하는 정신적 형태를 보다 깊이 이해하는 것이다. 버틀러는 니체와 푸코의 권력의 적극적 생산 개념에 대한 논의에 금지에 대한 정신분석학 이론을 도입하는 데 집중한다.

이 책의 주제는 밀접하게 연관된 두 개의 개입 지점이 있다. 첫째, 버틀러는 권력에 대한 가장 정교한 이론마저도 주체화의 장면에서 주체의 내면성을 쫓아내고 이 과정에서 정신의 관련성을 무시하는 경향이 있다고 주장한다. 그리고 이런 간과의 해결책으로 프로이트주의 혹은 정신분석학적 접근이 이론에 가치 있는 보충을 제공하고 행위성의 개념화에 중요한 구성요소를 제시하는 이유를 보여준다. 실제로 그는 주체화 과정은 종속으로 환원될 수 없다는 주장을 통해 자신의 비판적 관심을 전개할 것이다. 그는 주장의 근본적 전제를 다음처럼 설명한다.

행위성은 그것을 가능하게 만드는 권력을 초월한다. 혹자는 권력의 목표가 항상 행위성의 목표는 아니라고 말할 수도 있을 것이다. 행위성의 목표가 권력의 목표에서 벗어나는 한에서 행위성은 권력이 의도하지 않은 목표를 가정한다. 이는 논리적이나 역사적으로 도출될 수 없었던 가정이자 행위성을 가능하게 하고 행위성이 속해 있던 권력에 대해 우연과 반전의 관계

를 형성하며 작동하는 가정이다. 이것이 이른바 그 어떤 목적
론적인 필연성에 의해 제한되지 않는 행위성의 양가적 장면이
다.(Ibid.: 15(32~33))

이제 개입의 두 번째 지점으로 돌아가면, 여기서는 우리가
사회적인 것(즉 주체의 외부에 있으며 선행하고 있다고 보이는 정치
적 규범 및 규제)과 정신적인 것(내부에 있고 겉보기에 주체와 일치
되어 있으며 논리적으로 소외에 저항하는 자기촉발self-affection)을 구
분하는 방식을 검토한다. 정치적 논쟁과 개인의 행위성 장면을
보다 굳건하고 효과적인 방식으로 재구성하기 위해 버틀러는 그
가 자연/문화, 물질/재현 구분에 적용했던 전략적 수정과 동일
한 방식으로 정신적인 것과 정치적인 것의 구분을 열어낼 것이
다. 우리는 이미 '초기 조건'이 회고적이거나 이차적 질서의 구성
물인 것으로 드러날 때(가령 자연이 문화적 기호인 것으로 밝혀짐)
일어나는 일종의 시간적, 공간적 비질서dis-order에 대해 어느 정
도 통찰을 갖고 있다. 또한 그러한 전복이 해결하고자 애쓰는 바
로 그 문제를 은연중에 복구할 수 있다는 점도 알고 있다.

우리는 버틀러의 주장이 이러한 이전의 노력을 얼마나 면밀
히 따르고 있는지, 따르고 있다면 이것이 그의 전반적 기획을 성
립시킬 수 있을 만큼 비슷한 긴장 지점을 제시하고 있는지 판단
해야 한다. 다음에서 버틀러는 자신의 문제의식을 명확히 설명
하고 그것의 재현적 모호성에 대한 몇 가지 유익한 단서를 알려
주면서 훌륭한 출발점을 설정한다.

[사회적] 규범은 처음에는 '바깥에' 머무르다가 일종의 내면의 극장으로 이해할 수 있는, 미리 주어진 정신적 공간 안으로 들어가는 것인가? 아니면 규범의 내부화가 내부성의 생산에 기여하는 것인가? 정신적인 것이 되고 난 후 규범은 규범의 내면화뿐만 아니라 정신의 내면화도 수반하는 것인가? 나는 이러한 내부화 과정이 삶의 내면과 외면의 구분을 만들어내고, 또 우리에게 규범의 정신적 내부화라는 설명과는 크게 다른 사회적인 것과 정신적인 것의 구분을 제시한다고 주장하고자 한다.(Ibid.: 19(39))

이러한 문제를 논할 때는 반드시 어느 부분만을 선택해야 하기에, 그가 〈예속화, 저항, 재의미화: 프로이트와 푸코 사이에서〉에 집중하는 것은 적절해 보인다. 이 특정한 이론적 만남이 버틀러가 달성하고자 하는 바에 대해 유익한 설명을 제공하기 때문이다. 그러나 푸코의 연구 전체를 살펴보면 권력과 주체에 대한 푸코의 재현은 괴리와 철저한 모순으로 제각기 갈라져 있다는 점을 경고차원에서 미리 강조해둬야 한다. 앞 장에서도 이에 대한 뚜렷한 증거를 보았으며, 이러한 혼란은 이 에세이에서 버틀러가 푸코의 여러 저작을 오갈 때도 다시 등장한다. 이는 마치 오직 어떤 접근 방식을 수용하는 데 저항하고 그것을 부인하기 위해서만 다른 접근 방식의 가치를 인정하는 것처럼 보인다. 이러한 입장의 '더듬거림'은, 비일관성의 지뢰밭과 같은 푸코의 연구 속에서 협상 방식을 찾아내고, 이런 문제를 단순히 규명하

는 데 그치지 않고 어떤 면에서는 더욱 흥미로운 논의를 하고자
하는 버틀러의 의도적 전략이라는 점은 중요하다. 이러한 우여
곡절이 의도적으로 길을 잃는 동안, 우리는 그 결과에 세심한 주
의를 기울여야 한다.

논의는 푸코의 《감시와 처벌》(1982)의 시작 장면에서 출발
한다. 이 장면에선 군중이 사법적 법이 몰살시키는 힘에 매혹
되어 그것을 목격한다. 육체적 처벌에 대한 이 장대한 묘사에
서 모든 시선은 죄수에게 향해 있다. 그러나 거기에서는 불운
한 희생자가 주권적 의지의 명령에 의해 계산된 고문을 천천히
받는 것보다 훨씬 많은 일이 벌어지고 있다. 이 사례에서는 순
수한 지배로서의 권력의 본성이 명백히 드러나는 듯하지만, 버
틀러는 권력은 자동사이기에 목적어가 없다는 점을 상기시킨
다. 몇몇 글에서 푸코는 권력의 방향을 전복시키고 이런 관점
이 아니었다면 그저 (무력한) 대상으로만 인식했을, 기반 자체
에서 솟아나는 권력의 감각을 촉발하는 관점에 대해 상당히 구
체적으로 설명한다. "권력은 아래로부터 나온다. 다시 말해 지
배자와 피지배자 사이의 전반적 이항 대립, […] 그러한 이원
성이 권력관계의 원리에 일반적 모태로서 작용하는 것은 아니
다"(Foucault, 1980a: 94(103)). 그렇다면 푸코에게 권력은 "부차
적이고 점감하는 형태들이 사방으로 뻗어나오게 되는 주권의
유일한 중심"(Ibid.: 93(102))이라는 중심점에 자리하고 있는 것
이 아니다. 대신 권력은 일반화되며 그것의 동일성은 마치 네트
워크나 힘의 장처럼 흩어지고 파편화되며, 이러한 에너지의 흐

름과 그들이 지닌 각기 다른 강도는 모든 사회적 관계에 내재되어 있다. 요약하자면 "권력은 도처에 있는데, 이는 권력이 모든 것을 포괄하기 때문이 아니라 권력이 도처에서 발생하기 때문이다"((Ibid.: 93(102)).

이 설명에서 우리가 듣는 내용은 분명 반직관적이다. 푸코는 권력을 통제와 등치시키는 것을 비판하고 있기 때문이다. 그 결과 권력의 기원과 그것의 방향을 판단하는 인과적 논리도 함께 무너진다. 모든 원인이 이미 결과라면, 그 죄수조차 권력의 행위자이기 때문이다. 푸코를 다시 한 번 인용하자면 "권력은 우선 그것이 작용하는 영역에 내재하고 그들 자신의 조직을 구성하는 다수의 세력관계로 이해되어야 한다"(Ibid.: 92(101) 수정). 그러나 이렇게 혼란스러운 주장으로 우리는 무엇을 할 수 있을까? 이 주장을 어떻게 이해하고 평가해야 할까? 여기서 버틀러는 권력의 양가성이 신체를 통해 집중된다고 설명한다. 국왕 시해미수범인 다미엥을 고문할 때, 그의 신체는 위반과 죄의 장소 및 기호이자 정상화의 처벌 의식이 된다(Butler, 1997a: 83). 어쩌면 그의 신체가 이러한 효과를 불러들인다는 주장까지 할 수 있을지도 모른다. 그러나 버틀러의 해석은 권력에 무엇보다 부정적, 제한적이며, 주체의 외부에서 기원하고 주체를 예속에 우겨넣는 단일한 힘이라는 제한적 의미를 부여한다.

예속화란 지배의 형식으로 개인에게 일방적으로 작용하지만, 또한 주체를 작동시키거나 형성하는 권력의 일종이다. 그러므로 예속화란 단순히 주체의 지배나 그 생산을 의미하는 것이 아니라 생산과정에서의 제약을 지칭한다. […] 죄수의 논의를 보면 생산된 주체와 규제되거나 예속된 주체가 하나라는 점, 강제적 생산이 자기 자신의 규제 형식이라는 점이 명확해진 다.(Ibid.: 84(126))

이 설명도 권력 안에 있는 내재적 구분, 규제와 생산 사이를 오가는 양가성을 인정하고 있지만, 이 사례에서 '생산'은 통제할 수 있게 만드는 능력과 동의어에 머문다. 다시 말해, 권력은 종속의 효과가 너무 커서 심지어 대상을 종속될 대상으로서 '작동하게 하는'(생산하는) 구속력이다. 비록 몇몇 글에서 푸코는 그러한 권력의 개념화에 상당히 격렬하게 거리를 두고 있지만(그리고 앞의 인용에서도 이를 감지하지만)[1], 실제로 《감시와 처벌》 같은 다른 저작에서 권력의 반영은 주권적 의지와 지배의 포괄적 미시물리학이라는 다소 암울한 견해를 촉진하는 것처럼 보이는 것도 사실이다. 이러한 입장은 권력의 동일성을 분산시키는 주장, 그저 통제 작동의 범위뿐만 아니라 권력의 동일성 자체를 그것의 모든 관계 및 표현을 포함하는 사회적 신체 전체에 걸쳐 분산시키는 주장과 잘 어울리지 않는다는 점은 상당히 분명하다. 후자 입장에서 권력 '생산성'의 일반성은 사회성 자체를 구성하는 관계적 동학이다. 혹은 우리가 사회성의 '자기성찰'과 재생산의 무수한 비틀림이라고 설명하는 것이다.[2] 이러한 입장에서는 권력이 구속을 포함하려 함에도 불구하고, 구속과 등치될 수 없다. 오히려 권력은 사회가 그 자신이 될 수 있게 하고, 그 자신(권력/지식)에 대한 지식을 얻고, 그것의 자기조우를 모두 등록하면서 그 자신과 관계를 맺고 그것을 변형시키는 본질적 차이의 표현이다. 그러나 버틀러의 질문은 "제한이나 금지의 구성적 혹은 발생적 효과"(강조 추가됨)의 관점에서 구획되어 있기 때문에 이러한 해석을 받아들이지 않는다. 결과적으로, 권력이 금지와 처음부터 융합되어 있다는 사실은 검토할 문제가 아니며, 금지가 만들어내는 예측불가능하고 도착되어 있으며 때로는 긍정적인 결과의 가변적 본성도 마찬가지다.

우리는 이 해석을 '안내선', 적어도 임시 전략으로 고려해야 한다. 그러면 권력에 대한 푸코의 모순적 주장의 미로와 그의 주장을 버틀러가 다시 자신의 필요에 맞게 재해석한 의미를 교섭하는 데 도움이 된다. 우리의 목표는 이 논쟁에서 무엇이 관건이며, 그와 관련된 용어를 재구성하고자 한 버틀러가 옳았던 이유는 무엇인지 더 잘 이해하는 것이다. 이 안내를 받아들인다면, 권력이라는 훈육적 개념에 대한 버틀러의 헌신을 무엇보다 가장 우선적으로 고려할 때, 그가 이 개념을 둘러싸고 권력이 자신의 (통제적) 의도를 실현하는 데 어떻게 실패하는지 설명할 방법을 찾는 일이 연구의 목표가 되는 것은 합당하다. 이 목표를 위해 버틀러는 푸코가 권력이 어떻게 주체를 유순하게 만들며 그의 내부에 거주하게 되는가를 충분히 설명하지 않은 점에 집중한다. 푸코는 죄수의 사생활을 허용하지 않는 감옥의 감시적 효능과 그것의 건축적 배치가 통합되어 있는 파놉티콘을 설명하면서 주체의 내부성을 언급한다. 그러나 이 사례에서 '사생활 없음'은 오해의 소지가 있는 설명이다. 죄수의 비밀스런 삶이나 내적 꿈과 욕망이 구성되고 확고해지는 동안에도 그가 투옥되었다는 사실은 크게 방해가 되지 않기 때문이다. 다시 말해 죄수의 개인적 내면성은 훈육적 기대와 함께 너무나 효과적으로 주입되어, 스스로 자기 순응의 정신적 도구가 될 정도다. 즉 "그는 자기 자신의 복종의 원칙이 된다"(Foucault, 1982: 203). 푸코는 이 과정에 대한 심리학적 설명을 피하고 그 결과의 전체성에 초점을 맞춰 권력의 실질적 작동을 생략하면서, 주체 존재의 바로 그 핵심을 장악하는 권력의 효율성을 환기시키기 위해 '영혼'이라는 단어를 사용한다. 버틀러는 이를 다음과 같이 설명한다.

> [⋯] 영혼은 일종의 공간적인 포획으로, 즉 죄수 육체에 외현적 형식 또는 규제 원칙을 제공하는 감옥으로 그려진다. 이는 "우리가 말하는 그 인간, 우리가 해방시키려는 그 인간의 모습이야말로 이미 그 자체로 그 인간보다 더 깊은 곳에서 행해지는 예속화의 효과다[⋯]. 영혼은 육체의 감옥이다"(Ibid.: 30(4))라는 푸코의 정식화에서 더욱 명확해진다.(Butler, 1997a: 85(127))

버틀러는 이 투옥의 은유가 푸코의 주체화 이론 전반에 일반적으로 적용된다고 인식하기 때문에, 이와 관련하여 몇 가지 주장을 제시한다. 첫째로 그는 푸코가 주체의 '영혼'을 불러내는 것과 주체의 '감금 분석틀'이 그것이 설명할 수 있는 것 이상을 가정하고 있다고 주장한다. 그리고 정신분석학적 설명으로 권력이 실제로 어떻게 정착하는지에 대해 중요한 통찰을 제공할 수 있다고 제안한다. 두 번째 주장은 더 중요한데, 버틀러는 주체 형성의 정신분석학적 정교화를 통해 주체에 대해 훨씬 덜 총체적이고 결정론적인 관점을 제시할 수 있다고 믿는다. 그렇게 하면 상징적 질서의 규범적 요구를 개인의 정신 혹은 무의식의 탈규범화적 비정상성과 분리하게 되기 때문이다. 다시 말해, 무의식이 권력의 규범적 관습을 초월하기 때문에 무의식의 작용은 본질적으로 권력의 요구에 저항한다. 따라서 신체의 내부성은 규율 권력의 일방적 효과라는 푸코의 다소 좌절적 주장 대신, 버틀러는 정신의 내면적 불협화음과 저항이 그것의 재평가를 통해 우리가 '근본적으로 규정된 행위 형태'(Ibid.: 15(32))를 인식하는 데 도움이 되는 공간을 제시한다고 주장할 것이다. 그러나 버틀러는 여기서 만족하지 않는다. 우리가 예상한 대로 그 이야기에는 푸코의 권력 개념을 정신분석학으로 약간 보완하여 해결할 수 있는 것보다 훨씬 더 많은 내용이 있기 때문이다. 그럼에도 이제 정신분석학의 가치가 적어도 잠정적으로는 인정되었기에, 버틀러는 자신의 비판적 관심을 푸코에서 정신분석학으로 돌린다. 그는 자신이 방금 기각했던 푸코의 용어를 가지고 보다 급진적인 사용법을 찾아낼 것이다. 그리고 자신이 방금 수용했던 정신분석학적 주장에서 보다 문제적인 일군의 의미를 찾아낼 것이다.

버틀러의 주체와 행위성에 대한 성찰의 두 번째 '단계'를 이해하기 위해, 우리는 '초기 조건'에 엄밀한 주의를 기울이는 것이 그의 지적 방법론에 일관되게 찍혀 있는 서명이라는 점을 떠올려야 한다. 초기 조건이란 장소, 시간, 원초적 실체인 존재의 상태, 이 경우에는 규범적 규제와 상징적 인식가능성을 선행하거나 초월한다고 말해지는 마음의 상태를 말한다. 이러한 이유로 버틀러는 정신에 자유 및 자율성의 상태를 부여하는 관점을 받아들이지 않는다. 그는 이 문제를 다음과 같이 설명한다.

> 만일 무의식을 저항으로 정의한다면 또는 보다 일반적으로 정신을 저항으로 정의한다면, '예속화에 대한 무의식적인 애착'을 어떻게 이해할 수 있을까? 예속에 대한 무의식적인 애착은 주체가 그러한 것처럼 무의식도 더 이상 정상화 담론으로부터 자유롭지 않음을 의미한다. [⋯] 우리가 보통 주체의 언어에 비해 무의식이 문화적 기표들에 널리 퍼져 있는 권력관계에 의해 덜 구조화되어 있다고 생각하는 이유는 무엇일까? 우리가 만일 무의식의 차원에서 예속화에 대한 애착을 찾을 수 있다면, 그로부터 어떤 형태의 저항을 끌어낼 수 있을까?(Ibid.: 88(131~132))

다른 내용이지만 관련된 언급에서(크리스테바의 비체 및 젠더 형성에 대한 버틀러의 비판을 담은 내용), 버틀러는 정신이 가지는 상징계와의 차이가 실제로는 정신의 조건을 바꾸지 못하게 금지한다면, 정신이 상징계 질서의 요구를 초과한다는 것을 인정하여 얻을 수 있는 급진적 추진력이 과연 무엇인지 묻는다. 정치적 변화에 영향을 끼치지 못하는 정신의 무능력은 위안을 거의 제공하지 못한다. 이유는 다음과 같다. "만일 정상화 명령에 대한 무의식적 저항으로 인해 주체를 완전히 구성하려고 하는 명령이 실패할 수밖에 없는 것이라면, 그러한 저항은 주체형성에 대한 지배적인 명령이나 호명을 수정하고 확장하는 방식으로 작동할 수 있을까?"(Ibid.: 88(132))

이제 행위성 개념을 보다 굳건하게 재구성할 가능성은 좌절된 듯하지만, 어떻게든 그로부터 조금 더 희망적인 해석을 끌어내기 위해 버틀러는 아무것도 권력을 초월하지 못한다는 푸코의 명제로 돌아간다. 권력을 현실화하는 혹은 신체를 존재로 만드는 도구로서의 영혼이라는 푸코의 의문스러운 개념에서, 버틀러는 영혼은 육체적 물질의 '형태와 원리'라는 아리스토텔레스의 명제의 반향을 감지한다. 그러나 이전에는 영혼이 권력의 훈육기계 안에서 저항의 불가능성을 표시하는 것처럼 보인 데 반해, 이제는 우회 경로를 통해 나타난다 할지라도 저항의 불가피성을 예고하는 것이 된다. 버틀러는 권력에 대한 푸코의 훈육적 개념에서 대상은 오직 '물질화', 즉 식별할 수 있고 파악할 수 있으며 살아갈 수 있는 것으로 나타난다고 지적한다. 대상은 권력의 현실화된 투자이기 때문이다. 그리고 만일 물질화가 이 투자와 함께 확장되면, 신체의 물질적 현실은 이 과정에서 독립적일 수 없으며 사실 이 투자, 이 사전-기입에는 신체가 있을 수 없다.

그러나 푸코에게는 다소 애매한 부분이 있다. 《감시와 처벌》에서는 영혼이 신체의 틀을 만들고 신체가 되는 것처럼 서술되지만, 다른 저술에서는 속박되지 않은 신체가 권력이 그 신체에 기입할 수 있는 능력보다 먼저 존재한다고 매우 단정적으로 논해지기 때문이다.[3] 권력의 도구로서의 영혼에 대한 설명 자체가 그러한 해석을 만들어내기에, 이는 놀라운 일이 아니다. 그러나 버틀러는 이 지점에서 푸코 주장의 오류를 밝히는 데는 거의 관심이 없으며, 대신 이 과정에서 서로 다른 시간적 '순간'과 공간적 재구성으로 나타나는 몇 가지 분석적 '범주', 즉 영혼, 주체, 신체 사이의 흥미로운 관계에 주목한다. 가령 버틀러는 푸코의 〈니체, 계보학, 역사〉(1984)에서는 신체의 물질적 현존이 사라지고 주체로 대체되는 것처럼 보이는데, 이 주체는 등장 자체가 "육체의 희생을 대가로 출현하는 것이므로 육체의 소멸과 역관계적 조건 속에서 출현"(Butler, 1997a: 91~92(136))한다고 지적한다. 버틀러는 상당히 신중하게 정신분석학의 용어를 사용하여 이 과정을 설명한다.

> 주체는 효과적으로 육체의 자리를 대신할 뿐만 아니라 감금된 육체에 틀을 부여하며 그 육체를 형성하는 영혼으로 작동한다. 여기서 이와 같은 외재적 영혼의 틀짓기와 형성 기능은 신체에 반해서 작동한다. 실제로 이러한 과정을 치환과 대체 작용의 결과로 발생하는 육체의 승화로 이해할 수도 있을 것이다.(Ibid.: 92(136~137))

복종의 명령을 넘어서는 비순응적 행위 공간에 대한 약간의 가능성을 되찾으려면, 버틀러는 권력이 주체화하는 힘의 일방적인 효능을 어떤 식으로든 차단해야 한다. 그리고 이렇게 주체가 영혼과 섞여 흐릿해지는 가운데에서도 어떤 차단이 나타난다. 이 두 '과정들'이 신체의 바깥으로 외부화되는 것처럼 보이기 때문이다.

육체는 어떤 구성이 일어나는 장소가 아니다. 육체는 주체가 형성되는 사건 위의 파괴다. 이러한 주체의 구성은 육체의 틀 짓기이자 육체의 종속이고 동시에 육체의 규제다. 이러한 과정은 파괴가 정상화 속에서 보존되는 (육체가 유지되고 방부처리된다는 의미에서의 보존) 양식이라고 할 수 있다. (Ibid.: 92(137))

영혼이 규범화하는 이상이며, 그것을 통해 주체가 하나의 체화된 주체로서 일관적이라고 가정되고 하나의 신체 안에서 그것의 동일성이 시각화되고 담론적으로 규제되어 사회적 가독성(이상, 이마고)이 된다면, 버틀러는 이러한 과정을 가능하게 하는 신체가 설령 규범화의 과정 안에서 승화된다 해도, 어떤 방식으로든 계속 유지된다고 추측한다. 그리고 다행스럽게도, 마치 규범화가 한 번 정해지면 영원히 지속되는 일직선적 과정인 것처럼 상황이 제자리에 고정되지는 않는다. 승화는 끊임없이 복원되고 유지되어야 하며, 이는 주체가 항상 사회적 재기입의 변화하는 결합가(문장을 완성하기 위해 동사에 반드시 필요한 문장 성분)

의 범위 안으로 들어가는 과정에 있다는 의미다. 여기서는 니체를 참조하고 있지만, 우리는 《혐오 발언》과 수행성의 변형적 효과를 떠올리게 된다. 버틀러가 설명했듯, 다른 맥락을 통해 읽을 때 기호의 본래적 의도는 도착되고 변화하기 때문에 의미와 진리는 언제나 잠정적이고 불안정하며 그들의 입장과 권위를 재구축하기 위해 항상 수정이 필요한 상태다. 이러한 권력 작동의 구조적 더듬거림이 주체화에 진정으로 내재되어 있다면, 권력에 대한 주체의 의무적 종속은 결코 유순한 순응의 과정이 아니다.

여기서 버틀러는 정신분석학과 푸코 사이에서 흥미로운 점을 발견한다. 정신분석학에서 (상징계의) 주체는 정신(사회적 규제를 넘어서는 개인의 내면성)과 구별되고, 푸코에서 주체 혹은 영혼은 주체화를 가능하게 하는 신체로부터 그 신체의 명령을 어떻게든 앞서고 넘어서면서 나타난다. 버틀러는 푸코적 신체와 정신분석학의 정신은 아마도 상호교환가능한 기능을 가졌을 것이라 생각하지만, 이렇게 용어를 모호하게 만드는 것으로 어떻게 정체성과 행위성에 대한 보다 급진적 이해를 제안할 수 있겠는가?

만일 권력이 유령 같은 신체의 잔여물, 떨쳐버릴 수 없는 무언가에 사로잡혀 있다면, 권력의 정신적 삶은 두 가지 일을 한번에 하는 내적 분리를 합체시킨다. 한편으로 그것은 자신의 권위를 회복하기 위해 규범의 수행적 반복가능성을 자극한다. 그리고 다른 한편으로 이 반복 자체가 순수하게 지배적인 힘으로서 권력의 일방적인 효능을 발휘할 가능성을 탈선시킨다. 다시 말해 순응에 대한 요구와 신실하게 순응할 수 있는 개인의 능력 사이에는 언제나 '부적합함', 즉 모종의 방해가 있다. 그리고 이 다시 쓰기 혹은 경로 변경은 권력의 정신적 삶 자체인 양가성과 도착성을 나타낸다.

권력이 자신의 의도를 실현하지 못하는 본질적 불능에 대한 이러한 강조는 "상징적 요구의 효과, 즉 자신이 명명하는 주체를 구성할 수 있는 상징적 요구의 수행적 능력"(Ibid.: 97(145))이기에 훈육적 권력을 재현하는 것과는 상당히 다르다. 그리고 이것은 규범의 정신적 내부화를 설명하고자 애쓰는 사회화 이론과도 매우 다르다. "이러한 내부화 과정이 삶의 내면과 외면의 구분을 만들어낸다"(Ibid.: 19(39))는 버틀러의 주장이 옳다면, 이는 그가 관련된 몇 가지 방식으로 논쟁의 용어를 근본적으로 바꿔왔기 때문이다. 첫째, '권력의 외부는 없다'는 푸코의 공리는 도망칠 곳이 없어 불가피하게 순응할 수밖에 없다고 판명된 감옥 건물의 훈육적 구조를 통해 주체 형성이 이루어졌음을 의미한다. 그러나 버틀러는 동일한 공리를 주체를 완전히 순응하게 만들려는 권력의 목적론적 의도는 불가능하다는 증거로 받아들인다. 둘째, 버틀러는 정신이 권력(사회적인 것)보다 먼저 존재하며 따라서 근본적으로 법의 문자를 다시 쓸 수 없다는 정신분석학적 공리에 의문을 제기했다. 그의 재공식화에 따르면, 정신은 단순히 법을 좌절시키거나 법에 저항하지 않고, 적극적으로 법을 변형시킨다. 정신은 법 안에 거주하고 있기 때문이다. 그리고 정신이 권력 안에 있다면 권력의 정체성은 본질적으로 불안정하다. 실제로 우리는 그것을 '끊임없이 달라진다'고 설명할 수도 있다.

《성의 역사》에서 권력에 대한 표현, 권력은 "구성적이고, 생산적이며, 유순하고, 증식을 잘하고, 갈등적인 것"(Ibid.: 99(147))임을 강조하는 표현을 소환하면서, 버틀러는 이러한 "권력 벡터의 다양성"이 법의 사법적 이해 범위 내에 수용되어서는 안 된다고 주장한다. 결과적으로 상징계 질서의 정신분석학적 개념, 즉 사회적 요구에 순응하도록 강제하는 체제는 구성적 탈질서, "법 자체가 원래 의도에 반대하고 또 그 의도를 넘어서는 것으로 변형되는"(Ibid.: 99(147)) 논쟁적 정치에 열려 있다.

그러나 이렇게 보다 개방적인 의미의 정치적 가능성을 구축하고, 그와 더불어 개별적 행위성이 법의 수행적 방해로부터 나온다는, 즉 권력의 무수히 분산되어 경쟁하는 벡터들의 틈새 안에서 나온다는 주장을 구축해 오면서, 버틀러는 이러한 함의에서 물러나는 듯하다. 우리는 국가에 의한 시민의 억압을 우려하는 푸코에게로 돌아간다. 이때의 시민은 자신의 주체성 자체로 "수세기 동안 우리에게 부가되었던 이와 같은 개인성"(Foucault, Butler, 1997a: 101(149)에서 재인용)의 예시다. 이 '역사적 헤게모니'의 억압이 효력을 발휘하고 주체는 '원고의 지위'로 환원되는 것을 우려하면서, 억압 가설을 긍정하는 푸코는 우리에게 "현대 정치 구조들을 개별화하고 동시에 총체화하는 [하나의 정체성인 …] 현재의 모습에 반대해야 한다"(Ibid.: 101(149)에서 재인용)고 독려한다. 그러나 여기서 버틀러는 푸코의 해방적 제스처에 비판적이다. 이는 버틀러가 권력을 촉발하는 억압 개념에 동의하지 않기 때문이 아니라 푸코의 제안에 담긴 의지주의는 주체가 물려받는 정체성 범주에 그/녀가 성애적 애착을 갖게 된다는 점을 간과하기 때문이다. 그들의 고통스러운 상처와 상관없이, 정체성 지정은 부담을 가한다는 이유로 그저 옆으로 제쳐둘 수 있는 외부적인 추상이 아니다. 우리는 그러한 명칭이나 그것의 의미에도 불구하고가 아니라 그것을 통해서 어떤 하나의 정체성, 의미, 내부적 삶을 가정한다.

버틀러가 이러한 명백한 곤경에서 벗어나기 위해 원초적 나르시시즘과 양심의 발달에 대한 프로이트의 연구로 돌아가는 방식에 대해서는 이전 장에서 충분히 다루었기에, 여기서는 다음을 언급하는 것으로 충분할 듯하다. 욕망과 법이 불가분하게 서로 얽혀 있기 때문에, 그리고 법은 언제나 자신의 목표(규범화하는 것, 적합하게 만드는 것, 이상에 맞추는 것)를 실현하는 데 실패할 것이기 때문에, 버틀러는 사태가 변화할 수밖에 없다고 주장한다. 법이 스스로를 재구축하기 위해 노력하기에 우리의 성애적 삶은 재구성될 수 있고 우리의 정체성은 변형될 수 있다. 특히 이 수행적인 부적합의 '잔여물'이 정체성이 재구성될 수 있는 재창조의 행위적 공간을 나타낸다는 점이 중요하다. 이 내용이 푸코의 연구에서 나타나는 해방적 경향(우리는 단순히 법을 회피할 수 없다)은 물론, 권력의 일방적인 효과를 암울하게 바라보는 듯한 푸코의 비전에 대한 버틀러의 응답이다. 다시 말해 법의 의도는 끊임없이 좌절되며, 이러한 과정은 순수한 금지와 수동적인 순응의 매끈한 실현을 방해한다.

그러나 푸코의 '전략적' 관점이 해방적이지도 패배주의적이지도 않았다는 점을 상기하면, 권력의 정체성이 일방적이고 통일된 지배의 표현이 될 가능성이 희박해 보임에도 왜 우리는 국가가 억압적 힘의 '초월적 특이점'이라는 이 개념을 다시 받아들여야 할까?[4] 권력의 억압적 존재론에 대한 푸코의 주장은 언제나 전술적, 전략적, 유동적이고 편재되어 있는 에너지로서 권력의 긍정적 힘에 대한 푸코의 주장으로 반박될 수 있음을 고려할 때, 여기서 상황을 바로잡기는 어려워 보인다. 이들은 근본적으로 다른 관점이기 때문에, 각 관점을 수용한 방식을 정당화하는 것이 푸코 자신에게 판결을 호소하여 해결하는 것보다 더 흥미로울 것이다. 요컨대 권력에 대한 첫 번째 표현은 처음부터 금지의 권위이며, 이는 지배하는 상류층과 제도에 의해 상품화된다. 그러나 권력이 변화하는 강도, 배치, 통합, 분산의 관계적 힘의 장인 두 번째 시나리오에서 권력은 하나의 목적이나 일관된 정체성을 가지고 있지 않으며, 목적론적 목표도 없다. 후자의 경우에는 권력을 포괄적인 것으로 설명한다 해도 억압이 총체적이라는 의미가 아니다.

권력이라는 복잡한 문제에 대한 버틀러의 영리한 참여는 이렇게 긍정적 에너지에 대한 근본적 재영토화를 분명히 촉진한다. 그러나 그는 근본적으로 권력의 사법적 개념을 고수하기에 그의 주장 역시 보다 흥미로운 방향으로 나아가는 모습을 보이고, 그에 대해 우리는 일련의 의문을 가지게 된다. 가령 권력의 우선적 의도가 담론 이전의 신체를 통제하고 승화시키며, 그것의 규범화를 강제하는 것으로 가정해야 하는 이유는 무엇인가? 설령 우리가 이 주장을 수긍한다 해도, 오류, 일탈, 예상치 못한 가능성을 불러일으킬 수밖에 없는 '정신적 삶'에도 불구하고 대상을 지배하려는 권력의 (순수한) 의도가 지속된다고 받아들여야 하는 이유는 무엇인가? 권력의 정체성이 모든 사회적 상호관계 속에 내재하는 불균형을 통해 만들어진다면, 권력은 어떻게 혹은 왜 본래의 목적지, 즉 엄격히 '규범적인 목적'으로 돌아가고자 하는가? 푸코가 권력은 "도처에 있다. 그것이 모든 것을 포용하기 때문이 아니라 모든 곳에서 나오기 때문이다"(Foucault, 1980a: 93)라고 설명했던 부분을 떠올려보자. 어떤 규범의 정체성이나 심지어 법의 정체성마저도 이러한 권력의 전략적 감각 속에 포함될 것이다. 예를 들어 인구가 (좋은 의도든 나쁜 의도든) 스스로를 재생산할 수 있도록, 즉 "스스로와 접촉할 수 있도록" 협상된 성교의 무수한 벡터 속에서 어떤 규범이 나타난다면, 규범들은 그에 따라 진화하며 인구의 존재 전략을 구체적으로 보여줄 것이다. 하나의 규범이 사회 전체의 '거울단계'의 이마고, 사회의 이상적 형태에 비유될 수도 있다. 여기에서 바로 이 자기성찰, 이 자기규제의 과정 자체가 규범의 살아있는 필요성과 더불어 그것의 우연성을 만들어낸다.

재검토된 규범

7년 후 《젠더 허물기》(2004a)에서 버틀러는 정체성, 취약성, 행위성에 대한 이러한 질문을 새로운 시각으로 풀어낸다. 버틀러의 연구를 대표하는 주제가 이 책의 주된 연구 내용 및 연구 방법론으로 다시 등장하지만, 정체성의 문제는 이 책에서 한층 더 매력적으로 나타난다. 여기서 활용되는 분석틀은 당대의 정치적 투쟁에 대한 정보를 제공하는 실증적 데이터, 제도적 관행, 역사적 맥락에 엄밀한 관심을 보이는 '사회과학'적 뉘앙스를 가지고 있다. 그리고 실질적 세부 사항을 면밀히 참조하는 것이 그다지 새로운 일은 아니지만, 이 책에서 철학적 성과는 인간의 조건에 대해 끈질기게 제기되는 보다 광범위한 인류학적 질문을 보다 민감하게 인식하며 그것에 근거하고 있는 것으로 보인다.

버틀러가 '새로운 젠더 정치', 즉 '트랜스젠더, 트랜스섹슈얼리티, 인터섹스, 그리고 이들이 페미니즘 및 퀴어 이론과 맺는 복잡한 관계와 관련된 여러 운동의 조합물'(Butler, 2004a: 4(14~15))에 따른 도전을 인정할수록, 젠더 정체성과 섹슈얼리티에 대한 질문은 더욱 모호해진다. 그러나 현재 젠더 정치의 지형이 상당히 크게 재편되었음을 이렇게 인정한다고 해서, 버틀러의 기존 입장이 훼손되지는 않는다. 실제로 그러한 변화는 그의 주장을 잘 보여준다. 버틀러는 젠더 정체성이 언제나 문제적이고 불가능하면서도 그 모든 문제를 위해 꼭 필요한 이유를 설명하고자 꾸준히 헌신해 왔기에, 이렇게 보다 최근의 젠더 경험들을 인정하면서, 모든 정체성 주장을 알리고, 뒤얽으며, 불가피하게 망가뜨리는 우연성에 대해 한층 심화된 증거를 제시한다. 이런 이유로 버틀러는 젠더와 관련된 여러 사회운동에서 나타나는 사법적 추진력에 의문을 제기하면서 더욱 관대하고 덜 신 랄한 토론의 틀을 주장한다.

> 내게는 이 모든 운동의 과제가 사람들을 숨 쉬고 욕망하고 사 랑하고 살게 만드는 규범과 관습들 가운데, 또 삶의 조건 자체 를 제거하거나 제한하는 규범과 관습들 가운데 뚜렷이 나타나 는 것으로 보인다. 때로 규범은 동시에 두 방향으로 작용하기 도 하고 어떤 집단에는 한 방식으로 작용하면서 다른 집단에는 다른 방식으로 작용하기도 한다. 가장 중요한 것은 특정한 사 람에게만 살 만한 삶을 모두에게 입법화하는 것을 중단하는 일 이고 마찬가지로 특정한 사람에게만 살기 힘든 삶을 모두에게 금지하는 것을 막는 일이다.(Ibid.: 8(21))

이 에세이에서 드러나고, 우리가 이전 논평에서 보기도 한 변화는, 규범과 규범적 권력이 의미하는 바는 무엇인가에 대한 보다 생생한 질문이다. 이전에 규범적 권력은 순수한 구속과 등 치되었다. 실제로 규범의 순전히 억압적 의도의 특징은 그것이 심지어 자신의 목적이 좌절되고 변형된 후에도 이 의도를 재통 합할 수 있는 놀라운 능력으로 증명되었다. 이 최초의 억압이 일 관적이라고 가정되었기 때문에, 버틀러는 저항에 대해서도 그 최초의 요구를 이후에 일시적 순간의 형태로 반복(재형성, 다시쓰 기)할 수 있는 것으로 도입해야만 했다. 그러나 이전 장에서 지 적했듯이, 데리다의 반복은 의미, 정체성, 의도를 처음부터 감염시킨다. 그렇기에 버틀러는 지금 수많은 결과물이 동시에 실현되는 이 결정불가능한 응축을 규범적 권력에 양보한 셈이다.

〈젠더 규제들〉과 〈사회 변화의 문제〉라는 에세이에서 규범은 사회가 당연히 여기는 행동 패턴 및 태도, 즉 인식가능성의 무의식적 좌표와 동의어로 나타난다. 그것은 명시적일 수도 있지만, "보통 암묵적인 것, 읽어내기 어려운 것이 되고, 규범이 생산한 결과와는 가장 분명하게 또 극적으로 분리된다"(Ibid.: 41(72)). 간단히 말해 규범은 사회생활을 가능하게 한다. 그러나 이전에는 규범이 이상적 모델(접근할 수 없는 사회적 적절함과 성취의 이마고)에 비유되었다면, 이제 그들은 신체적 의례와 사회적 성교라는 일상적인 일들로 나타난다. 버틀러의 목표는 실질적 행동 혹은 일상적이고 규범적인 행동의 실천이 어떻게 변화의 기회를 제공하는지를 더 잘 이해하는 것이기에, 그는 구체적으로 이 문제를 다루는 두 이론가의 연구에 의지한다. 푸코의 영향을 받은 사회학자 프랑수아 에발드François Ewald는 어떤 규범의 공통 기준은 사회의 자기지시적 관여로부터 추상화되어 만들어진다고 주장한다. 어떤 면에서 기호학 체계 속의 진화하는 의미와 비슷하게, 이것은 일종의 '차이 엔진'으로 작동하며 내부로부터 변화를 만들어낸다. "규범이란 무엇인가? 그것은 비교의 원칙, 비교가능성의 원칙이자 어떤 공통된 기준이며, 이런 기준은 그 집단이 자기 말고는 누구와도 관계를 맺지 않을 때 외적인 지칭이나 수직성 없이 자기 자신에 대한 한 집단의 순수한 지칭 속에 설정된다"(Ewald, Butler, 2004a: 51(87))에서 재인용).

이렇게 자기-울타리 안에 있기에, 탈선은 외부에서 오지 않는다. 그것은 사회적 상호작용의 관계적 응축에서 발생하는 효과다. 에발드는 계속 다음과 같이 설명한다.

> 비정상적인 것은 정상적인 것과 다른 본질을 갖지 않는다. 규범이나 규범적 공간은 외부를 알지 못한다. 규범은 자기를 넘어서려 할 만한 모든 것을 통합하므로 어떤 차이를 보여준다 한들, 그 무엇도 그 누구도 외부적인 것이라 주장할 수 없으며 사실상 그것을 타자로 만들 타자성을 가진다고 주장할 수도 없다.(Ibid.: 51(87~88))

그러나 규범에 대한 대립이 규범에서 파생된다면, 버틀러는 푸코에 대한 이 특정한 해석이 실망스럽게도 라캉의 상징계 질서 개념과 비슷해질 것이라고 우려한다. 다시 말해 규범을 근본적으로 재의미화하는 것은 불가능할 것이다. 이 지점에서 버틀러는 권력의 불이행성intransitivity, 즉 권력의 '자아소유'에 대한 이전의 논점을 되풀이하면서 논쟁을 진전시키고자 한 피에르 마슈레Pierre Macherey에게 의지한다. 자신의 개입을 '내재성의 이론'이라고 묘사하면서 마슈레는 분석의 관점을 전환하여 권력을 사물에 작용하는 것, 즉 인과적 관점으로 인식하는 '결정론의 메커니즘'에서 권력의 내적 관계성에 대한 보다 복잡한 이해로 옮겨가야 한다고 설명한다. 만일 그것이 '규범 행위를 규정하는 관계'라면 다음과 같이 생각할 수 있다.

[…] 이 관계는 별개의 항, 즉 부분들의 외부에 있는 부분을 한데 연결하는 계승의 관계가 아니라 […] 그것이 통합하는 모든 요소의 동시성, 우연의 일치, 서로에 대한 상호현존을 전제하는 것이다. 이런 관점에서 보면 더 이상 규범 자체가 그 규범 행동의 결과에 선행하며, 어떤 식으로든 그 결과의 배후에, 결과와는 독립적으로 존재한다고 생각할 수 없다. 규범은 정확히 그것의 효과 속에서 행동한다고 고려되어야 한다. 그것은 단순한 조건화로 현실을 제한하는 것이 아니라, 규범이 할 수 있는 최대한으로 현실의 양을 부여하기 위한 방법이다.(Macherey, 1992: 186)

이러한 접근은 데리다의 '반복' 개념을 통해 상기되기도 하는 기호의 삼위일체성을 설명하기 위한 소쉬르의 노력과 공명한다. 여기에서 '타자'와 '다시'의 감각은 이미 기호와 문장, 즉 식별가능성을 뒷받침하는 일반성 안에 존재한다. 이 문제는 또한 헤겔적 체계와 헤겔 특유의 '총체성'을 연상시킨다. 그 체계에서는 모든 하나의 개체가 또한 복수이며, 변형의 지평이 보편적으로 '존재'하고 있다. 규범이 적용의 장 안에 있는 내재성이라면, 이는 규범이 그 적용, 그 행동을 생산하며, 그 행동 안에서 규범 자신을 생산하기 때문이다.(Ibid.: 187) 마슈레는 기원적 내재성에 대한 이 묘사에서 생물학적 모멘텀을 감지하며, 스피노자가 자연의 상태와 사회의 상태를 연속적인 것으로 간주했다는 점을 상기시킨다. 이렇게 '정치적인 것'을 확장하면서 마슈레는 규범이 '필수적이고 자연적'인 것이 되면 그것이 고정된 규제의 템플릿이라는 주장은 효력을 상실한다는 점을 알게 된다. 규범이 어떤 것에 의지하여 규정되는 것이 아니라면, 그것은 전체 인구의 상호작용을 표현하는 체계적인 자기참조의 진화하는 패턴으로서 보다 정확하게 고려될 수 있다.

여기서는 두 가지를 설명해야 한다. 첫째, 버틀러의 권력 분석은 기원을 미리 폐제하는데, 이 폐제로 인해 권력의 반복이 자신의 (억압적) 의도를 달성하지 못한 실패로 규정된다. 지금까지 버틀러의 연구를 살펴본 바에 따르면, 그의 연구가 상당히 정교함에도 불구하고 그의 분석은 스스로를 유지하지 못하는 법의 사법적 개념에 항상 고수할 것이다. 그러나 마슈레의 규범적 내재성의 '자연적 모델'에는 스스로를 확인하려 하는 권력의 시도를 이끌어내는 추정적 폐제, 금지 혹은 절대적 상실이 없다. 다시 말해 버틀러는 규범의 가변성을 마련해줄 논쟁의 행위적 공간을 보장하기 위해 실패의 감각을 요구하지만, 마슈레는 권력의 자기확증에서 소위 '행위성의 내재성'을 발견한다. 다시 말해 권력의 본질적 모순과 생산적 증식에는 변화가 지속적으로 일어날 수밖에 없다는 의미가 담겨있다. 주목해야 할 두 번째 지점은, 이러한 이론가들 간의 상당한 차이에도 불구하고 버틀러는 주체화에 대한 자신의 개념을 더욱 정교하게 다듬기 위해 권력의 역동적인 내면성에 대한 감각을 활용한다는 점이다. 예를 들어 그는 젠더 정체성은 시간을 초월하여 결코 변치 않는 이상에 근접해야만 하는 무언가가 아니라고 주장한다.

젠더가 어떤 규범이라면, 그것은 개인들이 다가가고자 하는 어떤 모델 같은 것이 아니다. 반대로 젠더는 주체가 인식될 수 있는 장을 생산하는 사회 권력의 형식이고 젠더 이분법이 제도화되는 장치다. 젠더에 지배되는 실천들과 무관해 보이는 규범으로서 젠더의 이상성은, 바로 그런 실천들이 다시 제도화한 결과물이다. 이 말은 실천과 그 아래에서 실천이 작동 중인 이상화의 관계는 우연적일 뿐만 아니라, 바로 그 이상화 자체도 어쩌면 잠정적인 것으로 탈이상화나 권위 박탈을 겪으면서 문제와 위기로 이어질 수 있음을 시사한다.(Butler, 2004a: 48(83))

이 해석에서 중요한 것은, 법은 결코 자신이 규제하는 것에 무관심하지 않기에 심지어 비정상적인 젠더 지정조차 규범적 권력 안에서 발생하며, 나아가 그러한 젠더 지정이 법을 다른 방식으로 재생산하는 데 도움이 되기도 한다는 점이다. 기호학적 응축을 촉발하는 이 주장을 논리적으로 확장하면, '사회적 의미의 복잡한 수렴'은 설령 정체성에 대한 구체적인 언급이 없다 해도 정체성 형성의 어떤 한 측면 안에서 언제나 작동할 것이라고 생각할 수 있다. 버틀러가 지적하고자 하는 바는 규제화와 규범적 권력의 장면이 사회의 모든 실천과 상호작용을 통합한다면, 규범은 미리 결정되거나 고정되지 않는다는 점이다.

마지막이자 가장 중요하게도, 버틀러는 레비스트로스와 라캉의 연구에서 널리 알려진 상징적 법과 사회적 규범 간의 구조적 구분으로 돌아간다. 그들은 상징계를 특정 사회 규범의 특수성에 무관심한 초문화적cross-cultral 상태로서 '인식가능성의 기본 구조'라고 가정한다. 이러한 기본 구조에도 정치적 원인이 수반되지만 그것은 논쟁의 여지가 없다고 간주되기에, 버틀러는 그러한 구분을 피하며 규범적 내재성에 대한 자신의 해석을 통해 상징계 자체를 '사회적 관행의 퇴적물'로 등장하게 한다. 그러나 버틀러를 비판하는 많은 사람이 못마땅하게 여기는 이 통찰에는 다음과 같은 매혹적 결론이 있다. 권력의 존재론 자체가 이제는 너무나 포괄적이고 양가적이라 더 이상 금지 및 통제와 등치될 수 없다면, 권력을 억압과 등치하는 특정 형태의 정치 운동이 자기도 모르게 자신들이 비판하는 그 보수적 구조를 강화하지 않는다는 보장도 없다는 결론이다(Ibid.: 55). 보수적으로 보이는 것이 실제로는 숨겨진 기회와 가능성을 드러내는 경우가 분명히 있으며, 그 반대의 경우도 마찬가지다. 하지만 '무슨 일을 해야 하는가'에 대한 불확실성과 망설임의 감각을 키우는 것이 인간의 잠재력에 대한 보다 공정하고 관대한 이해를 촉진하기 위해서라면, 버틀러는 그런 어려움을 부인하기보다 어려움과 더불어 연구하는 편이 더 행복할지도 모른다. 이것은 정치적 마비의 제스처가 아니라, 오히려 정치적 결정의 맥락을 가능한 한 가장 넓은 관점에서 고려하도록 우리를 독려하는 제스처다.

7장

타자가 말하는 버틀러, 버틀러가 말하는 타자

학술 연구에 대한 열정을 가진 우리에게, '이건 너무 학술적이야!'라는 성의 없는 반응은 특히 날카롭게 다가온다. 무엇보다 이런 반응은 우리의 전문적 지식에 담긴 개념적 어려움을 진정으로 인정하는 설명이 아니다. 오히려 그것은 지식의 타당성을 피상적으로 무시하는 태도에 가깝다. 반지성적인 풍토에서 지적인 삶이라는 상업이 쉽게 말해야 한다는 현실의 테스트를 통과하지 못하면, 그 학자는 가치를 인정받기는커녕 그저 참고 견디는 존재가 된다. 예는 얼마든지 들 수 있다. 지식인들은 사회성이 없다는 사실을 숨긴 채 신경증적 연구 강박을 가지고 살아가는 사회 부적응자라는 통념이 있다. 그들은 좀처럼 현실 감각이 없는 아웃사이더처럼 보이며, 자신이 하고 싶은 말을 설명하기 위해 개인적 언어를 만들어내는 그들의 경향으로 인해 더 그렇게 보인다. 제대로 의사소통도 하지 못하는 이런 한심한 인물형의 동료 중에는 또 다른 특성을 가진 유형도 있다. 엘리트주의적 전문 용어로 잘난 척에 박차를 가하기 위해 일부러 애쓰는 지식인이다. 그러나 그러한 무능과 오만, 순전한 부적절함에 대한 부정적인 평가에는 놀라울 정도로 일관성이 없다. 과학계 학자들은 이러한 편견의 대상이 되지 않기 때문이다. 물리학자나 의학 연구자들이 불가사의한 용어로 현실의 본질을 설명한다는 이유로 공격을 받는 일은 결코 없다.

어떤 연구 분야는 신뢰와 존중을 받고, 또 다른 분야는 그렇지 못하는 차이가 생기는 이유는 공동체가 각 연구의 상대적 유용성을 다르게 인식하기 때문이다. 그리고 글로벌 시장에서 대학이 상업화되고 지식이 가격이 매겨진 옵션으로 상품화되면서, 인문학의 비판적 사고가 평가 절하되는 것은 불가피한 일로 보인다.[1] 무엇보다 이 모든 성찰을 가지고 실질적으로 뭘 할 수 있단 말인가? 안타깝게도, 현실의 무게와 그것의 정치적 위기는 깊이 생각할 필요도 없이 자명하다고 생각한다면 세계를 의미 있게 만드는 개념적 축조물을 반추하고자 하는 요구는 너무 고상하고 불필요하게 보일 것이다. 그리고 이는 정확히 버틀러가 취하는 비평 양식이 그토록 분노를 불러일으키는 이유이기도 하다. 이러한 비평 양식은 문제 일으키기가 목표라고 말한다. 그것은 의미를 부여하는 이데올로기적 문법을 동요시키기 위해 의도적으로 불편함을 유발하고 "가치 평가의 틀 자체를 부각"(Butler, 2004c: 307)시킨다. 이러한 질문은 끝까지 안정된 상태에 이르지 않고, 그 불확실함을 잠재워줄 해답을 기약하지도 않기 때문에 그것의 불편함 효과는 무궁무진하다. 비평가들의 반응을 예상하며, 버틀러는 짐짓 "다른 방식으로 생각하는 것이 더 나은 세계를 만든다는 사실을 미리 알지 못한다면, 다른 방식

으로 생각한다는 것이 무슨 소용이 있겠는가?"(Ibid.: 307)라고
묻는다. 그의 주장을 묘사하는 더 나은 세계가 무엇일지에 대해
일반적 동의가 있다는 것, 다시 말해 어떤 가능성은 생각조차 할
수 없게 만드는 '이미 확립된 분명한 기준'이 있다는 것은 너무
나 단순한 확신이다. 그렇기에 이러한 폐제에 끈질기게 문제 제
기하는 버틀러에게는, 적어도 "이성의 영역 자체를 위험에 [빠
뜨릴]"(Ibid.: 311) 만큼 뻐딱한 접근 방식과 더불어 우리가 정치
적이고 윤리적인 실천이라고 할 때 의미하는 바를 전달하기 위
한 다소 독특한 책략이 필요하다.

　당연하게도, 이론적, 정치적 삶에 대한 버틀러의 왕성한 기
여를 받아들이는 것은 그러한 관심이 얼마나 중요한 문제인가에
달려 있다. 그러나 이런 논의에 반드시 수반될 수밖에 없는 어려
움(때로는 생소한 표현, 모호함과 열린 결론으로 흐르는 경향, 전문적
용어 등)을 기꺼이 받아들이는 사람들은, 그러한 해석 업무를 가
치와 가능성의 영역을 재규정하기 위해 작업할 기회라고 생각하
는 자세를 갖추고 있다. 그러나 그렇지 않은 다른 사람들에게 난
해함은 '못 쓴 글'로 여겨질 수 있으며, 버틀러는 정치적, 이론적
비판의 특정 양식을 비난하는 사람들에게 일상적으로 그런 비난
을 받는다. 뿐만 아니라 '(사람들을) 소외시키는 언어'를 사용하
는 것은 사회적 책임을 방기하는 일이라고 생각하는 다른 학자
들, 때로는 좌파 학자들에게도 비난을 받는다.[2] 버틀러의 대답은
두 갈래다. 주장은 투명하고 접근가능해야 하며 난해함도 명료
해져야 한다고 요구하는 의견에 대해 그는 이렇게 응답한다.

나는 난해함 자체를 위해 난해함을 선호하는 것은 아니다. 평범한 언어와 표준적 문법에는 우리의 사고를 제약하는 많은 것이 있다고 생각한다. 실제로 사람이란 무엇인가, 주체란 무엇인가, 젠더란 무엇인가, 섹슈얼리티란 무엇인가, 정치란 어떤 것이 될 수 있는가에 대한 생각들이 제약된다. 그리고 문법이 세계란 무엇인지 파악하는 우리의 감각을 생산하는 동시에 제약하는 방식을 인지하지 않는 한, 우리가 그 안에서 그러한 제약이나 작업에 맞서 생산적인 방식을 통해 효과적으로 투쟁할 수 있을지도 확신할 수 없다.(Butler, 2004b: 327~328)

여기서 더 나아가 버틀러는 자기 연구의 타당성에 대한 인문학자들의 공격과 그것의 표현 양식이 더 깊은 곳의 불안을 징후적으로 보여준다고 해석한다.

[…] 인문학자들은 아직도 자신이 학계의 중심인지 더 이상 확신하지 못한다. 그들은 자신들이 외부로부터 조롱받고 있다는 사실을 알고 있으며, 자신들의 연구가 학생들의 삶과 그들이 사는 세계에 구체적인 영향을 미칠 수 있음을 정확히 어떻게 설명해야 할지 알지 못한다. […] 고매한 방식으로 말하는 지식인들은 희생양이 되고 추방되며, 비난당한다. 이는 그들이 모두가 지닌 영향력에 대한 특정한 불안을 정확히 재현하기 때문이다. 즉 우리 중 누군가가 가진 영향력은 무엇이며, 우리가 가질 수 있는 영향력은 무엇인가? […] 희생양이 된 사람들은 아마도

희생양을 만드는 사람들에게 그들 자신의 딜레마를 너무 강렬하게 상기시킬 것이다.(Ibid.: 329)

혼히 지적되곤 하는 버틀러의 언어적 불투명성과 정치적 부적절성에 대해 가장 악명 높은 비판을 보낸 사람은 법철학자이자 윤리학자인 마사 누스바움이다. 누스바움은 《더 뉴 퍼블릭The New Republic》에서 버틀러의 학문은 허술하고 그것의 정치적 영향력은 위험하며, "악마와 합작하는 힙한 정적주의quietism"(Nussbaum, 1999: 13)라고 신랄한 비판을 쏟아놓는다. 버틀러는 희망을 회피하는 사람으로 철저히 악마화된다. "저명한 이론가가 절박한 상황에 처한 여성들에게 삶이란 그저 속박을 씌울 뿐이라고 말한다면, 그는 잔인한 거짓말, 악에게 실제보다 훨씬 큰 힘을 부여하며 그것에 아첨하는 거짓말을 퍼뜨릴 뿐이다"(Ibid.: 11).

이러한 비난의 열의에서 알 수 있듯, 누스바움의 주장은 도덕적으로 날카롭다. 어조는 격한 분노에 차 있고, 모욕에는 드센 인신공격이 담겨 있다. 그리고 서두에서 누스바움이 "버틀러의 생각이 무엇인지 이해하기 어렵기 때문에 그의 생각을 파악하기도 어렵다"(Ibid.: 2)고 고백했듯, 구체적인 내용에 주의를 기울이지 않는 그의 태도는 놀라울 정도다. 누스바움이 내용적으로 관여한 부분에서도 그의 표현은 오해를 조장하는 만평 수준이어서, 그의 비판에서 얻을 수 있는 내용이 거의 없다. 실제로 논문 말미에 이르면, 누스바움의 거친 독설은 지적인 불안보다는 직업적 르상티망ressentiment(원한 감정)에 가깝다는 것이 분명해진다.

　누스바움은 버틀러의 통찰에 담긴 실질적 가치를 전혀 신뢰하지 않기 때문에, 버틀러의 논의가 거둔 상대적 성공을 불가사의한 용어로 설명할 수밖에 없다. 따라서 버틀러는 '수많은 재능 있는 젊은 여성'에게 '공적 헌신의 감각'을 방기하도록 유혹하는 모호함을 교묘하게 이용하여 독자를 유인하는 신비로운 능력을 갖고 있다고 평가된다(Ibid.: 13). 이러한 스타일의 연구가 '섹시하다'는 표현이 이 논문에서만 네 번 이상 비꼬는 투로 사용되면서, 버틀러는 팜므파탈 겸 피리 부는 사나이의 신비로운 힘을 지닌 사람이 된다. 버틀러의 영향력은 지적인 용어로 설명되는 것이 아니라, 청중을 홀리는 사기꾼, 이 경우에는 상당수의 당대 독자들을 '종이에 적힌 화려한 말'(Ibid.: 1)을 좇아 구체적인 정치를 폐기하게 만드는 협잡꾼에게나 쓸 만한 어조로 묘사된다.

　그러나 아이러니하게도, 버틀러야말로 정치에 참여하는 방법과 페미니스트가 되는 방법은 여러 가지며 공동체의 투쟁과 논쟁이라는 구체적인 사회운동과 학문적 논의는 불가분의 관계라는 관점을 집요하게 옹호하는 학자다. 사회적 교환과 상호작용의 도가니 속에서 글쓰기를 포함한 모든 종류의 사회운동은 서로를 풍요롭게 하며 서로를 참조한다. 일상적 경험에서 멀리 떨어져 추상화된 상아탑은 없으며, 정치적 삶의 전체 구조를 통틀어 '무엇을 할 것인가'를 결정할 수 있는 하나의 거칠고 날 것인 상태의 '현장'도 없다. 버틀러의 학문적 기여에 담긴 정신은 그의 전략적 개입과 토론 양식에서 분명히 드러난다. 그가 다른 이론적 탐구 및 정치적 입장에 열정적으로 반대한다 해도, 단순히 상대가 다른 관점을 가졌다는 이유로 그들을 비난하는 도덕적 논쟁으로 돌아가지는 않는다. 그가 저지른 범죄는 아마도 그런 논쟁을 하는 사람을 의심한 것인 듯하다. 누스바움의 공격에 대해 가볍게 언급하며 버틀러는 다음과 같이 생각한다.

> 나는 그것이 사실 나의 연구와는 전혀 상관없는 일이라고 생각한다. […] 그것은 아마도 특정 유형의 자유주의 미국 정치가 그들에게 가장 중요한 몇 가지 문제에 대한 비판적 접근에 느끼는 특정한 좌절을 전형적으로 보여준다고 짐작한다. 그는 여성의 조건에 대해 강력한 가부장적 주장을 할 수 있기를 원한다. 그는 보편성의 언어를 심문하지 않고 그것을 사용할 수 있기를 원한다. […] 우리는 여기서 차이에 대해 들어야 하는 상황을 바라지 않고, 강력하게 주장을 내세우면서 '이성'의 이름으로 발언할 수 있게 되기를 바라며, 다른 사람들의 말을 듣지 않고 그들의 말을 듣는 것의 의미를 배우지 않고도 모두의 이름으로 발언하기를 바라는 특정 유형의 백인 페미니즘의 부활 비슷한 것을 볼 수 있다.(Butler, 2004b: 356)

버틀러는 이렇게 최소한으로 응답하면서 이러한 상황에서 흔히 예상되는 맞공격의 악순환을 거부한다. 아마도 버틀러가 자신의 답변을 구획하는 보다 폭넓은 고려 대상들을 더 깊이 이해하고자 했기 때문일 것이다. 예를 들어 우리는 비판 이론 및 비평 활동을 어떻게 실천해야 하는가? 우리 자신의 입장을 전경에 내세우는 방식 자체에 윤리적으로 고려해야 할 문제가 있는가? 그 과정에서 다른 사람의 입장을 폄하할 필요가 있는가? 자동적으로 '타자'를 결여로 만드는 구조적 이분법(앞에서 보았듯 '대문자 N의 자연', '여성', '인종 및 민족적 타자', '동성애자' 등)이 또 어떤 주장에서는 변증법적 논리로 작동한다. 그렇기에 매우 실질적인 의미에서 우리가 어떤 주장에 합류할 수 있는 형식적인 수단이 주제를 담고 있는 실제 내용만큼 가치 있는 것이라면, 우리는 자신의 실천 속에 담긴 보다 섬세한 정치적 변화를 고려해야 한다.

〈비평이란 무엇인가? 푸코의 미덕에 대한 에세이〉에서 버틀러는 이 문제를 구체적으로 언급하면서, "우리가 이런 입장 혹은 저런 입장에 대한 비평 활동과 구체적인 대상을 언급하지 않고 서술될 수 있는 보다 일반화된 실천으로서의 비평을 구분하려 하면 상황이 어떻게 더 성가시게 되는지"(Butler, 2004c: 304)에 대해 지적한다. 이와 같은 문제에 대해 레이먼드 윌리엄스는 비판이 너무 자주 단순한 '결함 찾기'에 국한되는 상황을 우려하며 성급한 평가 뒤에 숨겨진 지적 안일함을 경고했다(Ibid.: 304). 테오도르 아도르노도 사회적 세계에 완전히 몰입한 효과적인 지적 실천은 결코 그 상황을 초월하여 이해관계에서 자유로운 평가를 제공하는 척할 수 없다고 생각하며 비슷한 불안을 드러냈다. 이 논의의 가치를 설명하면서 버틀러는 자신의 연구를 이해하는 데 유용한 관점을 제공한다. "[윌리엄스와 아도르노에게] 평가란 특정한 것을 이미 구성된 범주 안에 포함시키는 방식으로 작동한다. 그곳에서 비평은 범주 자체의 장이 폐쇄적으로 구성되어 있다는 점에 대해 질문을 제기한다." 동일한 질문에 대한 푸코의 연구를 정교하게 다듬으면서, 버틀러는 다음과 같은 노력의 중요성을 강조한다. "판단을 넘어 자유의 문제, 실제로는 윤리 일반의 문제를 생각하고자 노력[하는 것], 비판적 사고는 이런 유형의 노력을 구성한다"(Ibid.: 305).

특정한 인식론적 구성과 권력 간의 관계, 혹은 윌리엄스가 '정신의 비판적이지 않은 습관'이라 명명하고 아도르노가 이데올로기라고 이해한 것을 탐구하면서, 버틀러는 비판의 대상이 움직이는 규범성의 문법임을 발견한다. 버틀러가 설명하듯 검증된 특정한 앎의 방식으로부터 발생하는 장애물, 한계 및 제약은 실제로 비평을 촉발하거나 생산한다. 다시 말해, 비평은 단순히 규범의 영향력 밖에 있는 어떤 입장에 서서 그 규범에 반대하는 것이 아니라 "말할 수 없음의 영역 전체"가 우리의 이해에 도전하기 시작하는 "우리의 인식론적 그물의 짜임 중 찢어진 곳"(Ibid.: 308)에 적극적으로 응답하는 것이다. 그러나 지식인들이 이러한 담론적 난국에 직면했을 때 어찌할 바를 모른다면(어느 정도는 그도 자신의 불확실성을 기록하고 있기 때문에), 버틀러는 실천의 정직성 안에서 긍정적인 무언가를 찾아낸다. 버틀러는 푸코를 참고하면서 그가 선량한 시민들이 사회의 규칙과 규제를 따르는 복종의 윤리와 미지의 위험을 감수하는 윤리적 실천을 구분하는 방식에 대해 설명한다.

> 푸코에게 비판이란 '미래를 위한 수단, 혹은 알지도 못하고 일
> 어나지도 않을 진실이다. 그것은 단속을 원하지 않고 규제할
> 수도 없는 영역을 감시한다.' [⋯] 이렇게 인식론적 영역의 경
> 계를 노출하는 것은 미덕의 실천과 연결된다. 마치 미덕이 규
> 제와 질서에 반대되는 것처럼, 미덕 자체가 확립된 질서를 위
> 협하는 데서 발견되는 것처럼 말이다. [⋯] 그는 '비판에는 미
> 덕과 비슷한 무언가가 있다'고 쓴다.((Ibid.: 308)

만일 버틀러가 비판적 실천이 함의하는 불복종을 '영혼의
타고난 자유'(Ibid.: 313)의 관점으로 설명한다면, 개인을 사회적
인공물로 보는, 즉 주체의 존재 자체가 사회적 규칙과 계율로 표
현된다고 보는 버틀러의 이해와 모순될 것이다. 계속 푸코를 참
조하면서, 그는 우리가 단순히 규범적 요구를 무시하거나 뒤집
겠다고 선택할 수 없기 때문에 자유는 의지주의로 환원될 수 없
다고 주장하며 자유의 개념을 확장한다. 오히려 비판적 실천은
절대적 한계의 유효성을 협상하며 벌어지는 권력/지식의 뒤범
벅 안에서 만들어진다. 우리는 모두 사회적 규칙과 규범적 제약
에 묶여 있지만, 이러한 제약을 각기 다르게 해석하고 경험한다.
예를 들어 특정한 규범적 요구(우리가 그런 것을 분리시킬 수 있다
고 가정하면서)를 어떤 사람은 부담스러운 수치심으로 느낄 수도
있고, 또 다른 사람은 자기확증의 긍정적인 힘으로 느낄 수도 있

다. 따라서 이러한 명령의 실행가능성은 주체가 협상, 조작, 변형시켜야 할 작동의 실천이다. 간단히 말해 규범은 그 안에서 사는 인구에 의해 표현되고 재형성된다.

이 문제는 좀 더 오래 살펴볼 가치가 있다. 그것이 일반적으로 정치적 운동을 벌이는 목표와 결과를 애매모호하게 만드는 버틀러의 글쓰기뿐 아니라 그의 평범하지 않은 정치적 실천의 양식까지 비난하는 비평가들 앞에서도 좀처럼 굽히지 않는 그의 입장을 설명해주기 때문이다. 버틀러가 수많은 정치적 문제에 대해 다룬 엄청난 폭과 양의 저술은 사회 변화에 대한 그의 지속적인 헌신을 분명히 증명한다. 그러나 그가 활용하는 '내재적 비판'의 양식은 "보다 근본적인 정치적 혹은 도덕적 질서에 의지하는 것"(Ibid.: 312)을 막으며, 이렇게 확실한 기반을 결여한 상태는 버틀러 주장의 근거가 "이미 그 지식 효과가 작동하고 있는 영역 안에 존재하는 지식 효과의 지평"(Ibid.: 313)으로부터 만들어짐을 의미한다. 권위를 부여하는 구조를 파헤침으로써 주장을 습관화하려는in-habit 이러한 시도는 우리의 최초의 전제, 심지어 보수적인 주장과 보다 정치적으로 관용적인 주장을 구분하는 전제까지도 불안정하게 만든다. 그러나 우리의 판단에 담긴 확실성을 위험에 빠뜨리고 그것을 미리 폐제하는 듯한 곳에서 대안적 자원을 찾으면서, 비범하고 혁신적인 관점이 생성된다. 버틀러도 충분히 인정하듯, 이러한 전략에 위험이 존재한다는 사실은 명백하다.

불확실성의 위험을 감수하지 않고, 부도덕, 악, 탐미주의의 혐의에 노출될 수 있는 불안한 장소에 거주하지 않으면서, 그러한 질서의 규칙이 확실성을 철저히 구속하는 상태에 의문을 제기하는 방법은 무엇인가? 비판적 관계가 한계를 찾아내려 하는 그 규칙을 기준으로 판단하면, 그 비판적 태도는 도덕적이지 않다. 그러나 비평 자신이 의문을 제기하는 그 도덕적 용어들을 자연화하고 헤게모니로 만들려는 사람들의 비난을 감수하지 않고, 비평이 어떻게 자신의 임무를 다할 수 있겠는가?(Ibid.: 313~314)

지금까지 우리는 버틀러가 "사람으로 인정되는 것은 무엇인가? 일관적인 젠더로 인정되는 것은 무엇인가? 시민의 자격을 부여하는 것은 무엇인가? 누구의 세계가 현실로서 정당화되는가?"(Ibid.: 314) 등등에 관한 진리의 정치를 철저히 심문하는 내용을 살펴봤다. 중요하게도 이러한 탐구는 가장 개인적인 행동, 상호작용, 개별적 정체성 주장에서부터 보다 큰 국가 구조와 경제 조직에 이르기까지 모든 사회관계에 표명되어 나타나는 권력/지식의 연결을 발견한다. 이미 충분히 수용되어 있는 규제 패턴, 합리성의 문법, 논리와 이성의 담론적 틀을 통해 진리의 정치가 결정되기 때문에, 버틀러는 이러한 담론적 구조에 지속적으로 관심을 가진다. 결국 주체화의 바로 그 과정이 이러한 인식가능성의 좌표를 통해 진행되며, 그 인식가능성의 논리가 "무엇이 생명으로 인정될지"(Ibid.: 321)를 결정한다. 그리고 이러한 이유로 버틀러는 이러한 생산/가치평가의 개념적이고 담론적인 양식이 정치적 논쟁의 중요한 장소로 인식되어야 한다고 주장한다.

그러나 우리가 규범에 계속 묶여 있다면, 이렇게 규범을 점검하는 것이 어떤 차이를 만들어낼 수 있을까? 버틀러는 푸코가 《성의 역사 2: 쾌락의 활용》(1986)에서 펼친 주장을 동원하여 자신에 대한 비평에 답한다. 여기서 푸코는 자기-만들기self-fashioning의 윤리 혹은 자신의 삶을 제약하는 것처럼 보이는 바로 그 규범을 통해 자신을 변형시키는 방식에 대해 고찰한다. 버틀러가 이 윤리적 질문의 본성을 이해한 바에 따르면, "윤리적 질문은 […] 제약으로부터 예술성을 얻어내고자 하는 보다 위험한 실천을 선호하는 우리의 판단 습관을 깨야 한다고 요구한다"(Butler, 2004c: 321). 그러면 우리는 구체적인 정치와는 실질적 관련 없이 다소 추상적인 일군의 관심으로 보이는 것이 상당히 중요하고 전복적인 결과를 적극적으로 만들어낼 수 있음을 알게 된다.

현대 비판이론 및 후기구조주의에 대한 주디스 버틀러의 왕성한 공헌은 이제 너무나 널리 읽히고 논의되어 그중 어떤 부분은 이 학문 분야에서 일상어의 일부가 되었다. 버틀러가 섹스/젠더/섹슈얼리티의 구분을 탐구하는 대표적 방식인 '버틀러의 수행성'과 같은 개념은 물론, 정체성 형성과 규범성에 관한 여타 사회적 과정 등 이 모든 것이 이 분야에서 연구하는 사람이라면 누구에게나 중요하고 친숙한 참조점이다. 여기서 버틀러의 성취는 아마도 독자가 여러 가지의 다양한 관점, 심지어 반대 의견을 표명하는 관점마저 가질 수 있도록 일종의 도발적 자양분을 제공하는 능력일 것이다. 여기 해당하는 연구자로는 치아Cheah (1996), 맥네이McNay (1999), 돌리모어Dollimore (1996), 후드윌리엄스와 실리 해리슨Hood-Williams and Cealey Harrison (1998), 보르도Bordo (1993), 밀스Mills (2003), 캠벨Campbell (2005)을 비롯하여 여러 사람을 언급할 수 있다.[3] 그러나 이 비판에서 저자들은 모두 버틀러의 글쓰기 정신에 입각하여 그의 연구에 접근한다. 즉 추종하거나 무시해야 할 본보기가 아니라 더 깊이 있는 성찰을 위한 양식으로 활용한다. 동성애/이성애 우울증에 대한 버틀러의 해석에 심각한 의구심을 갖고 있는 돌리모어의 재미있는 논평은 버틀러의 공헌에 대한 전반적인 인정을 담고 있다. 적어도 이 비평가에게는 버틀러의 논의가 '가망이 없을 정도로 잘못된' 것으로 보인다 해도 말이다. "'가장 진정한' 레즈비언 우울증은 엄격한 이성애자 여성이고 '가장 진정한' 게이 우울증은 엄격한 이성애자 남성"이라는 버틀러의 주장에 대해 논평하면서, 돌리모어는 "이는 물론 이론적으로 너무나 절묘한 아이러니라서, 그것이 진실일지 의심하는 것이 무례하게 느껴질 정도"(Dollimore, 1996: 537)라고 언급한다. 아마도 돌리모어의 요점은 버틀러의 논의가 성 정체성에 대한 기존의 이해에 매우 독창적인 개념적 공격을 제공하기에, 어떤 면에서 그것은 무시하기 어려울 뿐만 아니라 환영해야 할 무언가가 된다는 내용일 것이다.

이전 장에서 버틀러의 접근과 헌신에 대해 상세히 논의한 바를 고려하면, 비평가들의 다양한 지적에 대한 그의 반응을 비교적 쉽게 예상할 수 있다. 지면이 한정되어 있으므로 여기서는 이러한 교신에서 어떤 문제가 다루어지는지 이해하기 위해 두 가지 사례만 간단히 살펴보고자 한다. 첫 번째는 버틀러가 대화를 이어가는 동안 "생산적인 이견"(Butler, 2004b: 355)이라고 인정한 바 있는 낸시 프레이저다. 《페미니즘 논쟁들: 철학적 의견 교환》(1995a)에서 그들은 세일라 벤하비브, 드루실라 코넬과 협력하여 서로의 연구에 대해 중요한 사자대화를 나누었다. 이 풍요로운 대화는 이후로도 여러 출판물에서 지속되었다.[4] 버틀러와 마찬가지로 프레이저도 '거짓 반론'을 좋아하지 않으며, 그러한 이유로 프레이저는 버틀러가 주체 형성이 필연적으로 배제를 초래한다는 듯이 이를 어두운 경제로 묘사하는 것에 의문을 제기한다. 프레이저는 다음과 같이 생각한다.

> [⋯] 버틀러의 관점에서 승인된 주체 계층의 구성은 '승인되지 않은 주체, 주체 이전의 존재, 비체의 형상, 시야에서 지워진 인구의 영역의 창조'를 수반한다.
> 하지만 다른 사람을 침묵시키지 않고서는 아무도 발화의 주체가 될 수 없다는 것이 정말일까? 반례는 없을까? [⋯] 주체승인subject-authorization은 본질적으로 제로섬 게임인가?(Ibid.: 68)

버틀러의 연구를 조직하거나 검증하는 것처럼 보이는 구조적 분리에 대해 이러한 우려를 제기하는 것에 이어서, 프레이저는 수행성과 언어적 재의미화에 대한 버틀러의 집중이 그를 "자신에 대해 말하고 생각하는 일상적 방식"으로부터 단절시킨다는 점을 우려한다. "왜 우리는 그토록 자기거리두기의 관용구를 사용해야 하는가? 그것의 이론적 장점(그리고 단점)은 무엇인가? 그것의 정치적 영향의 가능성은 무엇일까?"(Ibid.: 67) 이러한 의구심을 바탕으로 프레이저는 버틀러의 언어 사용이 불필요하게 난해할 수 있다고 언급한다. 그리고 프레이저는 버틀러가 자신의 요구를 구체화하지 않고, 그것의 타당성을 보다 긍정적인 용어로 정당화하지 않는 이유를 질문하면서 지적 추상화와 이탈에 대한 우려를 강조한다.

> […] 버틀러가 '재의미화'라는 용어를 사용할 때는 암시적일지라도 강력한 긍정적 힘을 동반한다. 그런 면에서, 그의 담론에서 '재의미화'는 나의 담론에서 '비판'이 기능했던 것과 마찬가지로 기능한다. 그러나 다른 면에서 두 용어는 크게 다르다. '비판'은 논리적으로 인가 및 정당화의 개념에 연결되어 있다. 그래서 그것의 긍정적인 의미는 타당성에 대한 주장에 뿌리를 두고 있다. 그러나 '재의미화'는 그렇지 않다.(Ibid.: 67)

프레이저의 주장은 간단히 요약될 수 있다. "재의미화는 왜 좋은 것인가? 나쁜(억압적, 반동적) 재의미화는 있을 수 없는 것인가? 인식론적으로 긍정적인 '비판'에 대립하면서 인식론적으로 중립적인 '재의미화'를 선택할 때, 버틀러는 변화를 그 자체만을 중시하며 그에 따라 페미니즘적 판단은 무력화시키는 것처럼 보인다(Ibid.: 68).

프레이저는 버틀러가 자신의 입장을 확실히 정하고 그것을 정당화하기를 원하며, 그의 판단을 불분명하지 않은 용어로 입증하기를 바란다. 프레이저는 그러한 공적 입증은 정치적 운동에 반드시 필요하며, 이러한 필요성의 증거를 버틀러 자신의 연구에서도 찾을 수 있다고 보았다. 거기서 버틀러는 특정 이론과 사회적 실천을 "진보적 혹은 해방적"이라며 중요하게 여기는 한편, 다른 것은 "정치적으로 교활하다"(Ibid.: 68)고 판단했다. 프레이저에 따르면 버틀러의 연구는 무엇이 해방적 대안을 구성할 것인가에 대한 개념이 빈약한 탓에 곤란을 겪고 있으며, 이렇게 보다 해방적인 '연대 문화'를 만들어갈 방법을 구상하지 않기 때문에 그의 연구가 실제 삶의 투쟁에서 제외된 것처럼 보일 수 있다. 프레이저는 그러한 간과로 인해 버틀러가 언어에 지나치게 관심을 기울이며, 우리의 일상생활을 특징짓는 물질적 우연성과 까다로운 정치적 장애물을 희생시키는 불가피한 결과를 초래한다고 생각한다.

상세하게 대화를 나누지만 버틀러 응답의 핵심은 결국 가치평가의 정치에 대한 강조다. 이는 정확히 "'무엇이 가능한가', '무엇이 살 수 있는가', '무엇이 상상가능한가'가 미리 제약되어 있으며, 어떤 경우에는 아마도 매우 정치적으로 필연적인 방식으로 제약된다"(Butler, 2004b: 355)는 상황에 대한 판단 때문이다. 실제로 버틀러의 모든 연구가 증언하듯, 언어와 물질적 현실 간의 차이는 파악해야 할 사실이라기보다 고려되어야 할 문제다.

프레이저와 버틀러의 차이는 보다 최근의 교신에서 특히 분명하게 드러난다. 《중단된 정의Justice Interruptus》(1997a)에서 프레이저는 정확히 경제적인 것과 문화적인 것을 구분하며, 이를 통해 동성애 혐오는 문화적 차별에서 비롯되며, 이는 정치경제와는 관련이 없다는 결론에 도달한다. 버틀러는 〈단지 문화적인〉(1997c)에서 이 입장을 다음과 같이 요약한다.

> 그녀[프레이저]의 주장에 따르면 동성애 혐오는 정치경제적 뿌리를 갖지 않는데 그 이유는 동성애자는 노동 분업에서 구별되는 지위를 점하지 않고, 전 계급 구조에 걸쳐 있으며, 착취 당하는 계급으로 구성되지 않기 때문이다. 다시 말해서 "그들이 겪는 부정의는 본질적으로 인정의 문제다". 여기서 이들의 투쟁은 물질적 억압의 문제보다는 문화적 인정의 문제가 된다.(Ibid.: 271(80))

버틀러 비평의 제목에서 드러나듯, 그는 프레이저가 문화의 물질화 효과를 축소하고 그 결과로 '정치적인 것'의 정의 자체를 미리 폐제한다는 점을 우려한다. 〈이성애 중심주의, 무시 그리고 자본주의: 주디스 버틀러에 대한 답변〉(1997)에서 프레이저는 자신이 오해받았다고 주장한다. 그는 자신이 "성적 억압이 계급 억압보다 덜 근본적이고 덜 물질적이며 덜 실제적"이라고 본다거나 "이성애 중심주의에 대한 투쟁을 노동자의 착취에 대한 투쟁에 종속시키기"(Ibid.: 279(93))를 원한다는 의견을 거부한다. 그렇다면 이 오랜 친구들 사이의 논쟁에서 실제로 쟁점이 되는 부분은 무엇일까?

프레이저가 자신의 입장을 분명히 밝혔는데, 이를 통해 버틀러의 반론이 중요한 동시에 그토록 자주 오해받는 이유를 은연중에 설명한다는 점에서 유익하다. 프레이저는 다음과 같이 설명한다.

> […] 나의 틀에서 핵심적인 것은 분배 부정의와 인정 부정의 사이의 규범적 구분이다. 나는 인정을 '단지 문화적인' 것이라고 폄하하지 않았다. 오히려 여기서 나의 핵심은 도덕적으로 옹호할 만한 사회 질서라면 반드시 근절시켜야 하는 두 개의 똑같이 주요하고 심각하며 실질적인 종류의 손해가 있는데, 이를 개념화해야 한다는 것이다. […] 따라서 나의 관점에서 무시는 심리적 상태가 아니라 제도화된 사회적 관계다. 비록 지위 손상이 잘못된 분배에 수반될 수도 있다 해도, 본질적으로 지위 손상은 분석적으로는 잘못된 분배라는 부정의와 구분되고 개념적으로는 환원불가능하다.(Ibid.: 280(94~95))

버틀러의 답변은 프레이저의 입장을 설명하는 분석 용어를 동일하게 활용하되, 해석적 차이를 통해 자신의 반론 안에 재배치한다는 점에서 내재적 비판을 훌륭하게 보여준다. 버틀러는 마르크스나 엥겔스조차 "'생산양식'이 사회적 연합의 양식들을 포함할 필요가 있다"(Butler, 1997c: 271(80))고 주장하며 '정치경제'의 이해를 확장하려 했음을 상기시킨다. 또한 1970년대와 1980년대의 사회주의 페미니스트의 주장을 소환한다.

> [⋯] 가족을 생산양식의 일부로 파악하고자 했을 뿐만 아니라, 바로 그렇게 만들어진 젠더가 이성애 규범적 가족을 재생산하는 규범들에 의거한 "인간 그 자체의 생산"의 일부로 이해되어야 한다고 주장했다. [⋯] 1970~1980년대의 학문 분위기에서 성적 재생산의 영역은 삶의 물적 조건의 일부로, 즉 정치경제에 고유하며 구성적인 특정으로 받아들여졌다.(Ibid.: 271~272(82))

버틀러에게 의미화의 체계는 경제적, 정치적 명령을 보충하는 역할이 아니라는 사실은 분명하다. 따라서 프레이저가 의미화와 인식의 문제가 분배에 대한 경제적 관심과 동등하며 둘 다 중대한 문제라고 주장하면서 자신의 입장을 명확히 밝힐 때조차, 버틀러는 프레이저의 분석적 구분에 대응하면서도 보이지 않는 채로 남아 있는 '가치'에 대한 질문 자체를 전면에 드러내고자 한다. 버틀러는 보다 최근의 논평(2004b: 355)에서도 프레이저에 대립하는 입장을 고수하고 있음을 다시 한 번 밝힌다.

"언어의 문제를 반전체주의, 급진 민주주의의 기획의 정식화에 필수적"(Laclau, Žižek and Butler, 2000b: 1(5))이라는 점을 꾸준히 인정하는 문제의식은 버틀러, 슬라보예 지젝, 에르네스토 라클라우의 삼자대화를 담은《우연성, 헤게모니, 보편성: 좌파에 대한 현재적 대화들》에서도 분명히 드러난다. 세 학자는 모두 후기구조주의 이론과 그것에 영향을 미친 철학적 전통 안에서 편안하게 움직이며, 마르크스뿐 아니라 이 책을 조직하는 핵심어 중 하나인 안토니오 그람시의 헤게모니 이론에 관심을 전면에 내세우고 있다. 그들이 이렇게 기반을 공유하고 있는 것은 물론 '후기마르크스주의'적 의미를 탐구하려는 준비를 갖췄음에도 불구하고, 결국은 그저 하나의 텍스트가 얼마나 다른 해석을 불러일으킬 정도로 열려있을 수 있는지가 밝혀졌을 뿐이었다. 이렇게 읽기/쓰기의 노동에는 다양한 정치적 관점과 가능성을 제공하는 창의성이 포함된다는 점은 버틀러의 연구에서 지속적으로 이어지는 주제라는 면에서 중요하다. 이 책의 대화는 그것이 "철학을 정치의 영역에 (적대적으로) 속하는 비판적 탐구 양태로 탈바꿈하(고 복원)"(Ibid.: 4(9))하리라는 희망을 갖고 이루어졌다고 서술된다. 이를 감안하면, 분명히 열정적이며 때로는 과열되기까지 하는 이 논쟁이 세부적 사항의 중요성을 잘 보여주고 있다는 점은 전혀 놀랄 일이 아니다.

　　우리는 앞 장에서 버틀러가 지젝에게 동의하지 않는 부분에 대해 살펴보았다. 그와 똑같은 의견 차이가 여기서 더욱 정교화된다. 간단히 말해 버틀러의 주된 고민은 우리가 "주체 형성의 불완전함"을 실재계나 팔루스에 대한 라캉의 논의처럼 "정적이거나 근본적인" 구조의 관점에서 이해하면, "주체가 정치적으로 역동적인 배제를 통해 구성된다는 바로 그런 이유에서 과정 속의 주체가 불완전하다"(Ibid.: 12(15))는 문제를 해결할 방법이 없다는 점이다. 버틀러에게 헤게모니적 구조 속의 규범적인 것에 대해 분석할 때는 얼마간의 낙관주의, 즉 구조는 역사적으로 표명되며 변형될 가능성이 있다는 생각을 어느 정도는 품고 있어야만 한다.

> 초월적인 것이 보다 근본적인 '층위'로서 자신의 고립된 자리에 머무르는 것도 아니고 또 그럴 수도 없다는 바로 그런 이유에서 초월적 근거로서의 성차가 단지 이해가능성의 지평 내에서 형성되는 게 아니라 그 지평을 또한 구조화하고 제약한다는 바로 그런 이유에서 초월적 성차는 문화 내에서 이해가능한 대안으로 간주될 것과 그렇지 않은 것을 능동적이고 규범적으로 제약하는 방식으로 기능한다.(Ibid.: 148(209))

지젝은 버틀러가 라캉을 잘못 해석하고 있으며 특히 적대를 대립 및 급진적 폐제와 혼동하고 있다고 반박하며, 라클라우도 이에 상당 부분 동의한다. 버틀러가 지젝은 실재계를 상징계에 닿지 않는 비역사적이고 초월적인 것으로 구성한다고 비판할 때 지젝은 그 비판에 이렇게 답한다.

그렇다면 버틀러에 대한 나의 기본적 대답은 [⋯] 라캉이 비역사적 금지에 집착한다는 식의 모든 이야기에도 불구하고 보다 근본적인 수준에서 충분히 역사주의적이지 않은 건 버틀러 자신이라는 것이다. 주체의 개입을 기본적 '열정적 애착'의 다양한 재의미화/전치로 제한하는 건 버틀러이며, 따라서 '열정적 애착'은 주체성의 바로 그 한계/조건으로 지속한다.

지젝이 보기에 버틀러는 다음과 같이 생각한다. "나의 정체성을 예정하는 상징적 실체를 재의미화/전치하는 건 가능하지만 그것을 완전히 쇄신하는 건 가능하지 않다. 그것은 전면적 퇴거가 내 상징적 정체성의 정신증적 상실을 내포할 것이기 때문이다."(Ibid.: 221~222(303))

이 '초월적인 것'의 문제는 이 책의 교신 전반에 계속 등장한다. 그것은 그들의 반박을 유발하는 오류이기도 하고, 그들이 방어하고 재반론을 할 때 활용되는 강력한 출발점이자 정당화 논리이기도 하다. 따라서 여기 실린 모든 입장과 우려에 '발신자에게 반송'이 재빠르게 뒤따르는 이들의 성찰에는 아이러니한 부분이 있다. 그들 사이에서 우리는 어떻게 결정을 내릴 수 있을까? 그들이 비판을 어떻게 판단해야 하는가? 텍스트를 관대한 태도로 읽으면서 보다 신중한 비판 형식을 요청하는 버틀러의 입장을 지금까지 조금이라도 이해했다면, 우리는 평가를 잠시 늦추고 먼저 이러한 성찰들이 지닌 의미를 충분히 숙고하는 방법을 찾아야 한다. 아마도 여기서 버틀러는 다음의 말로 글을 마무리할 자격이 있을 것이다. "[…] '비판적' 지식인으로 기능한다

는 게 의미하는 바는—마르크스가 말했을 법한—철학의 이상
성과 세계의 현실 사이에서가 아니라 이상적인 것의 이상성과
그것이 예시된 어떤 주어진 양태 사이에서 모종의 거리를 유지
하는 것을 수반한다"(Ibid.: 269(364)).

8장

주디스 버틀러와의 대화

커비 당신의 연구에서 일관된 주제는 '초기 조건'에 대한 엄밀한
관심입니다. 즉 이미 계승되어 특정 행동과 존재 양식을 인
증하는 작용을 하고 있지만, 어떤 사람들은 도착적이고 부
적절하다고 폄하하는 논리와 전제들에 관심을 쏟고 있지요.
이러한 정치적 관행은 어떤 식으로든 변함없이 자연화되기
때문에, 자연과 자연의 결정이라고 알려진 것은 지속적으
로 문제가 됩니다. 이와 관련하여, 당신은 우리가 자연, 생물
학, 육체적 존재의 만질 수 있는 살이라고 인식하는 것이 언
제나 우리가 해석해온 기호이자 정치적으로 논쟁할 수 있는
역사적, 문화적 유산이라는 측면을 포함한 기호라는 점을
꾸준히 상기시켜 줍니다. 하지만 여기서 다른 질문이 발생
하죠. 문화가 그것에 선행하는 모든 것, 그것을 생산하는 모
든 것, 어떤 식으로든 그것에 '애착을 가지는' 모든 것과 근
본적으로 통약불가능하다고 주장한다면 정신/육체, 자연/
문화의 구분과 그것의 보수적인 정치적 유산을 전부 되살리
게 되지 않을까요? 결국 해석하고 이론화하고 읽고 쓰는 것

이 생물학의 본성 속에 있어야만 하니까요. 예를 들어 히스테리에 대한 페미니즘 정신분석학 연구를 살펴보면, 우리는 신체가 문화적 기호들을 육체화하고, 또한 하나의 기호가 될 수 있다는 점을 알게 됩니다. 그리고 여기서 '정신에서 육체로의 불가사의한 도약'이라고 혼란스러워했던 프로이트를 떠올리게 됩니다. 현대 비판이론에서는, 설령 도약이 있다 해도 이러한 도약이 어떻게 이루어지는지에 대한 관심이 거의 혹은 전혀 없지요. 이 까다로운 질문에 대해 좀 더 자세히 설명해주실 수 있을까요?

버틀러 아마도 주로 《젠더 트러블》에서 제가 문화가 자연에 우선한다고 지나치게 강조한 것 같습니다. 이후의 글에서 그 문제를 해결하려고 노력했지만, 이 자리에서 생각해야 할 부분이 분명히 많이 남아 있습니다. 《젠더 트러블》을 쓰던 당시에 저는 자연스러운 젠더 혹은 자연스러운 이성애에 정당성을 제공하기 위해 '자연적' 주장을 문화적으로 사용하는 현상이 있는 것 같았습니다. 그러나 그 비판은, 말하자면 자연/문화 이분법 너머에 있을 수 있는 자연을 고려하지 않았습니다. 특정 유형의 문화적 정당화 실천의 목적을 위해 직접적으로 이용되지 않는 자연이지요. 아마도 전 《의미를 체현하는 육체》에서 이 주장을 취소하기 시작했다고 생각합니다. 신체와 담론의 관계(물론 이것은 자연/문화와는 다른 대립쌍입니다) 속에서 담론은 온전히 신체 안에 '사로잡힐' 수 없으며 신체는 온전히 담론에서 벗어날 수 없다고 주장하면서 말이죠. 이러한 논증은 자연 선택 이론이나 문화적 구성의 이론이 서로에게 일방적이거나 선행하는 위치를 주장할 수 없다는 미끄러짐의 공간을 열어내기 위한 것이었습니다. 그리고 그 둘이, 말하자면 서로에게 상호적 의미부여를 한다 하더라도 온전히 결정적이지는 않습니다.

물론 그 자체로 시대착오적이라는 부담을 과중하게 지고 있었을 '자연'에 대한 담론이 생물학에 대한 담론으로 전환된 것은 중대한 의미를 가집니다. 그리고 저는 앤 파우스토스털링의 연구 등에서 '상호작용적' 모델을 만들어내기 위한 노력을 찾을 수 있다고 생각합니다. 이러한 모델은 (a) 생물학이 문화적 삶을 조절하고 그것의 형식에 기여하며, (b) 문화적 삶이 생물학적 수준에서 우리 신체의 재생산에 개입한다고 주장합니다. 파우스토스털링의 논리는 둘 사이에 일종의 교차적 관계를 구축하려던 저의 가벼운 노력과 공명한다고 생각합니다. 결국 그 역시도 문화나 생물학 중 하나가 결정하는 형태를 피하면서도, 두 범주가 상대편으로 함몰되어 버리는 것을 거부하니까요.

당신이 언급한 히스테리에 대한 프로이트의 근사한 문구, 즉 신체는 기호가 된다는 말은 육체화의 영역을 열어주는데, 이는 결정적으로 중요합니다. 그리고 엘리자베스 윌슨과 엘리자베스 브론펜 같은 다양한 페미니스트도 충분히 이 문제를 다루었고요. 이 점에 대해서는 제 연구도 장 라플랑슈의 방향으로 옮겨가서, 욕망 자체의 궤적이 반복됨으로써 원초적이고도 외상적인 인상impression이 구조화되는 방식을 강조하게 된 것 같습니다. 인간이 투과성을 가지고 있다는 사실은, '기호'(말해지는 무언가, 행해지는 무언가)가 어떻게 자신을 신체에 새길 수 있을 뿐 아니라 신체의 구성적 부분이 될 수도 있는가를 이해하는 데 결정적입니다. 라플랑슈에게 신체 '안에' 있다고 이해되는 것은 정확히 외부성이므로, 대문자 O의 타자는 신체의 형성에 구성적인 부분이 됩니다. 신체의 '양식화'라는 개념은 외상의 형성과 육체화라는 관점에서 재고되어야 하며, 저는 그러한 연구 과제를 매우 긍정적으로 생각합니다.

커비 당신은 최근에 우울증과 성 정체성에 대한 초기 연구가 발달적 서사로 잘못 해석되었다고 언급했습니다. 마치 '최초에, 가장 중요하게 동성애적 사랑이 있고, 그런 뒤 그 사랑이 억압되고, 그 결과로 이성애가 나타난다'는 듯이 말이죠. 오이디푸스 삼각형의 이성애적 전제에 대한 당신의 분석은 너무나 중요합니다. 하지만 특정한 성애적 기질을 시간적인 '순간들'로 정렬하려는 경향을 피할 수 있을까요? 애도와 우울증이라는 개념 자체가 회고적으로 그것들을 발견하는 것처럼 보이기도 합니다.

버틀러 스토리 라인이 필요할 수도 있지만, 그러한 이야기가 암시하는 서사적 시퀀스를 알레고리의 흐름에 따라 다루어야 한다고 생각합니다. 무엇보다 알레고리는 정확하게도 일군의 초세속적 지시대상, 즉 정의에서부터 시간성에서 벗어나 있는 대상에 시간적 설명을 제공하려는 장르로서 나타난 것입니다. 성적 발달의 서사와 완전히 똑같다고 말하지는 않겠지만, 우리가 거치게 되는 단계에 대해 말할 때 그러한 단계들 중 어떤 부분도 결코 건너뛰지 않는 성적 형성을 설명하기 위해 서사의 테크닉을 사용하고 있다고는 생각합니다. 유아기는 그 자체로 항상 반복되며 자신의 유년 시절을 마침내 '끝내는' 어른은 없다는 의미에서, 성적 발달은 정확히 어떤 단계를 마치고 다음 단계로 넘어가는 것이 아닙니다. 이전 단계가 다음 단계로 섞여 들어가고 그 이전 단계는 스펙트럼적일지라도 어떤 식으로든 살아남습니다.

오이디푸스 이야기를 다른 방식으로 말하는 것의 핵심은 원초적 애착이 다양한 형식을 취할 수 있다는 가능성을 여는 것입니다. 여자아이의 원초적 애착이 어머니나 아버지 중 한쪽으로만 이루어진다고 가정하는 것은 이치에 맞지 않습니다. 애착은 부모 양쪽에 혹은 또 다른 양육자에게 향할 수 있으며, 젠더와 상관없이 이들 중 누구에게든 일어날 수 있습니다. 그렇다면 처음부터 단일한 애착을 부과하는 그러한 설명적 발달 모델의 규범성을 어떻게 이해해야 할까요?

정신분석학의 이야기에서 흥미로운 점은 추정상 남자아이와 추정상 여자아이 모두가 먼저 어머니에게 애착을 가지고, 그 후에 일련의 전위와 대체가 이어진다는 것입니다. 그러한 관점에서 바라보면 여자아이 측면에서는 동성애적 애착을 극복해야만 하고, 이것은 그 유명한 억압의 '이중 물결'

을 구성합니다. 저는 이 이야기를 사실이라기보다 규범적인 이성애 발달의 이야기에서 동성애의 장소를 알레고리로 비유하는 한 가지 방식으로 받아들입니다. 그 이야기의 서사적 요구 사항 안에서 동성애는 (a) 원초적이고 (b) 억압되어 있어야 하며, 이 두 가지 모두 여자아이에게만 해당합니다. 따라서 이런 관점에서 동성애는 반드시 상실되어야 할 뿐 아니라 거부되어야 하고, 그래서 우울증의 구성적 장소가 됩니다. 이제 저는 실제로 일어난 일에 대응한다는 의미에서 서사가 '진실'이 된다고 생각하지는 않지만, 그것이 일군의 규범과 소통하고 그 규범이 주입되는 과정의 일부가 된다는 의미에서 서사가 '조건'이 된다고는 생각합니다. 물론 규범의 주입은 어떤 자동적 의미에서도 '작동'하지 않지만, 여기서 우리는 이성애의 출현에 대한 규범적 설명에서조차 상실되고 침묵된 동성애에 대한 우울을 미리 전제로 하는 방식을 볼 수 있어요. 저는 서사 자체가 이성애에 대해 규범적 명령을 구체적으로 드러내는 한, 그것은 단지 시간적으로 그런 우울을 '미리 전제'할 뿐 아니라 바로 그 우울을 명령하고, 규정하고, 제정한다고 주장하고 싶습니다. 이런 의미에서 발달적 서사는 권력 및 담론의 더 넓은 연결의 일부로 이해되어야 합니다.

커비 《안티고네》와 더불어 친족의 구조와 근친상간 금기에 관한 에세이를 꼼꼼히 읽고 해석한 내용은 사회 이론과 인류학에서 가장 어려운 주제 중 몇 가지에 매우 중요한 기여를 하고 있습니다. 이러한 '구조' 속에서 나타나는 일종의 사회적 응축은 오직 '전통적인 사회'에만 적용되며, 도시적 사회생활 및 그것의 무수한 결합에 따른 복잡성과 더불어 그것의 의미는 퇴색되었다고 가정하기 쉽습니다. 그러나 이렇게 압도적으로 도발적인 에세이는 인류학의 가장 좋은 점을 끌어내어 그것의 당대적이고 정치적인 의미를 되살려냅니다. 어떤 유형의 문제의식에서 이 연구를 시작하게 되셨는지 이야기해주시겠습니까? 그리고 이것이 사회 정의를 위한 정책 변화를 이끌어내는 데 도움이 되었다고 생각하시는지요?

버틀러 제가 보기엔 많은 사람이 친족 연구가 끝났다고 생각하는 것 같습니다. 그리고 데이비드 슈나이더 외 여러 사람이 상세히 설명했듯, '친족 연구'를 포기하는 데는 물론 충분한 이유가 있지요. 하지만 그렇다고 해서 친족도 끝일까요? 제가 이해하는 바에 따르면 문제는 친족에 대한 인류학 내의 관습적 접근 방식이 친족의 배치가 형식적으로 체계화될 수 있으며 이러한 체계적 설명이 삶의 여타 사회 조직으로부터 상대적인 자율성을 누린다고 믿었다는 점입니다. 레비스트로스는 또한 친족의 '기본' 구조에 대해 상세히 설명하면서 이러한 구조를 원시적이라고 제한하긴 했지만, 그러면서도 그것이 계속 출몰하며 당대의 삶을 구조화할 거라고 주장했지요. 따라서 레비스트로스가 '기본'이라 말할 때 그것은 '근본적'과 '반복되는'이란 의미이기도 했던 것 같아요.

저는 친족 연구는 체계적, 자율적, 형식적이며 사회 구조 자체에 근본이 된다는 주장은 반박될 수 있을 뿐 아니라 반드시 반박되어야 한다고 확신합니다. 게일 루빈과 푸코가 근대의 섹슈얼리티 조직은 더 이상 친족에 의해 구조화되지 않는다고 주장했던 것은 물론이거니와, 이제는 섹슈얼리티가 형성되고 순환되는 엄청나게 많은 사회적, 제도적 형식이 있다는 것도 엄연히 타당한 지적입니다. 분명 정신 의학 및 심리학 담론 자체를 오늘날 섹슈얼리티의 형성 조건을 공급하는 성과학scientia sexualis 네트워크의 일부라고 생각할 수도 있습니다. 그리고 공/사 구분의 변화, 가족 구조의 해체 및 재구성, 그 외에도 아주 많은 문제를 고려할 수도 있고요.

그렇다면 저의 질문은 상대적으로 간단한 질문인데, 아마도 결국에는 두 겹의 질문이 될 것입니다. 첫째, 친족은 더 이상 사회 조직을 이해하는 데 활용할 수 있는 기본 구조를 제공하지 않는다고 말할 때 그것은 또한 친족이 섹슈얼리티 및 사회생활에 관한 현대 조직에서 아무 역할도 하지 않는다는 의미일까요? 친족은 절대적으로 과거에 속한 것입니까, 아니면 현대적 삶의 한가운데에서 부분적으로 때로는 스펙트럼적으로 여전히 계속 우리를 구조화하는 것의 이름입니까? 둘째, 정신분석학이 친족의 특정 구조가 불변한다고 가정했다면(그리고 여기서 레비스트로스의 영향은 썩 유익하지 않았습니다), 이러한 정신분석학이 단독 양육, 친족으로서의 친구, 레즈비언 및 게이 가족, 혼합 가족, 확장된 친족 네트워크, 이민 혹은 추방의 사법적 요건을 통해 형성된 친족 관계

등을 통해 이루어지는 친족의 급진적 재조직화 속에서 살아
남을 수 있을까요?

저는 친족이든 정신분석학이든 과거로 강등될 수는 없다고
생각합니다. 더 광범위한 사회적 힘이 성적 형성으로 진입
하는 핵심적 방법 중 하나가 어린 시절의 궤적을 통해서이기
때문입니다. 문화가 우리를 사로잡고 우리 자신의 욕망의 궤
적으로 진입하는 계기로서 '원초적 인상'에 대해 생각할 때,
우리는 충격과 내면화의 메커니즘뿐 아니라 유아기와 섹슈
얼리티 형성을 동시에 생각하게 됩니다. 저는 그것을 분리할
수 있을지 잘 모르겠습니다.

커비 《젠더 허물기》에서 당신은 규범과 규범적 권력에 대한 문
제를 이전 연구보다 더 면밀하게 탐구하고, 이 중요한 재개
념화 속에서 푸코의 형상에 대한 피에르 마슈레의 성찰도
꼼꼼히 살펴봅니다. 당신은 규범이 인구를 규제하는 순응의
외부적 판형이 아니라, 행동의 내재적 구조라는 점을 강조
합니다. 마슈레는 '규범의 생물학적 모델'이라 명명한 것을
통해 이 내재성의 문제를 탐구하며, 이를 푸코의 생명 권력
에까지 확장하여 '규범의 자연적 역사'와 심지어 스피노자
의 실체적 행위성 감각마저 수용할 수 있는 '삶의 힘'까지를
모두 포함합니다. 그러나 당신은 이렇게 마슈레를 독해하면
서, 다소 거친 듯한 해석이 한층 정교화되는 지점에서 해석
을 중단합니다. 당신은 규범적 권력에 대한 자신의 이론화
가 마슈레가 성찰하는 방향과 양립할 수 있다고 생각하시나

요? 이런 질문을 드리는 이유는, 당신은 권력이 자신의 의도를 달성하지 못하고 불가피하게 맞닥뜨리는 실패에서 재구성된 행위성의 공간을 발견하기 때문입니다. 실제로 수행적 반복은 반드시 이 실패를 불러오는 것 같습니다. 하지만 제가 이해한 바에 따르면, 마슈레가 이 '생물학적 모델'에서 흥미롭게 여긴 부분은 권력의 '본래적' 목적이 언제나/이미 다중적이고 대립적이며 산발적이고 결정불가능하다는 점입니다. 권력이 오직 '하나의 목적'(억압)만 가지고 있다면, 자신의 목적 달성에 실패할 수밖에 없을 테지만요. 해석에 차이가 있기는 하지만 이런 방식으로 접근한다면, 당신이 이 논의에 개입하는 취지와 잘 맞을까요? 아니면 이러한 해석에 문제점을 짚어주실 수 있겠습니까?

버틀러 저는 마슈레의 연구를 매우 존경합니다만, 그가 했던 것처럼 헤겔과 스피노자를 강력하게 구분하지는 않을 거예요. 하지만 당신이 설명한 것처럼 '다중적이고 대립적이며 산발적이고 결정불가능'하다고 가정된 '생물학적인 것'의 특정한 형상이 정말로 있는지 여부가 궁금합니다. 저는 이런 주장이 특정한 비판적 혹은 유토피아적 권력을 생물학적인 것에 귀속시키지는 않을지 우려됩니다. 그렇게 다분히 이상적인 해석을 추종하느라 생물학의 역사와 과학 자체는 밀려나는 것이 아닐지도 우려되고요. 고착, 재발, 변화 없음, 부정성, 죽을 수밖에 없는 운명을 발견하는 것 또한 생물학의 영역에 속하기 때문에, 생물학적인 것에 대한 어떤 해석이 여기서 문제가 되는지 혹은 이러한 차이를 어떻게 판단해야 하는지도 정확히 모르겠습니다.

저는 어떤 면에서 제가 스피노자주의자라고 생각합니다. 비록 제가 최근에 스피노자가 자살의 자기유발적 측면을 이해하지 못했다는 점을 보면 그가 자신의 코나투스 개념에서 부정성을 얼마나 철저히 삭제했는지를 알 수 있다고 주장하는 글을 썼지만요. 인간은 자기 존재를 보존하고자 한다는 것이 사실일지도 모르지만, 때로는 그렇게 하지 않는다는 것도 사실입니다. 그리고 당신의 논리에 따르면, 이를 테면 인간이 자살을 하는 것이 생물학적으로 가능해야만 합니다. 우리는 구성적으로 인간으로서 이 자기부정의 가능성을 어떻게 이해해야 할까요? 그리고 이는 혹시 헤겔의 부정성으로서의 노동이나 후기 프로이트의 죽음 충동의 중심성을 재검토해야 한다는 의미할까요?

커비 여기서 자살을 언급하신다는 점이 흥미롭네요. 자살은 행위성, 인과성의 문제는 물론 자아와 사회에 관한 온갖 복잡한 문제로 돌아가게 해주는 사회학 역사의 근본적 질문 중하나이니까요. 뒤르켐은 각각의 이유가 온전히 개별적이라고 느껴지는 더없이 개인적인 결정을 통해 어떻게 젠더, 계급, 민족적 차이, 연령 표지, 거주지 등등을 나타내는 보다큰 사회적 힘을 예측할 수 있는지를 질문합니다. 그리고 실제로 인구 통계를 살펴보면, 급진적인 사회적 변화 혹은 개입이 없는 한, 달을 거듭하고 해를 거듭하는 과정에서 자살

률이 한정적인 시간적 리듬을 가지고 서로 다른 주체 형성 속에서도 읽을 수 있고 예측할 수 있는 고통의 신호를 만들어낸다는 사실을 발견하는 것은 상당히 특별한 일입니다. 저는 여기서 뒤르켐이 유기적 원인의 감각을 불러일으킨다고 생각합니다. 그러나 그 유기체는 곧 사회성이기에, 그 누구도 사회성의 살아 움직이는 형식에 개입하거나 그것을 재구성하며 그것의 원인이 되는 데에서 벗어날 수 없습니다. 뒤르켐의 독해에서 자살은 결코 적어도 직접적으로는 자기 유발적이지 않다는 점에서, 당신의 스피노자 비판과 공명하는 듯합니다. 하지만 이것은 부정성을 삭제하는 것인가요, 아니면 사회가 어떻게 무수히 많은 방식을 통해 개인 자신이나 개인의 삶의 특정한 개별적 표현을 버리면 그만이거나 용납할 수 없는 것으로 판단하는지를 파악하는 것인가요? 이렇게 통합된 신체를 생각하는 방식은 비체화에 대한 당신의 연구와 공명하지 않을까요? 이 자리에서 스피노자에 대한 당신의 연구를 좀 더 설명해주시면 정말 도움이 될 것 같습니다.

버틀러 먼저 자살을 하나의 가능성으로 만드는 삶의 사회적 조직을 고려하는 데서부터 시작해야 한다는 뒤르켐의 주장에 동의한다고 말하고 싶습니다. 그러나 뒤르켐은 왜 특정 주체는 자살로 향하고 다른 주체는 향하지 않는지 이해할 수 있는 주체 형성의 특정한 메커니즘을 설명하지는 못합니다. 뒤르켐에게 자살을 일으키는 것은 사회 조직이며, 심지어 자살은 그 특정한 사회적 세계를 '부정'한다고 말할 수도 있습니다. 스피노자에게 자살의 '원인'은 특정한 삶의 사회적 조직 안에서 발견되지는 않지만 언제나 외부적입니다. 당신도 기억하겠지만 《에티카》에서 스피노자는 '자기 본성의 필요로 인해' 자살을 저지르는 사람은 없다고 말하며, 자살 욕망은 오직 '외적 원인에 의해서만 강제될'(Scholium to Proposition 20) 수 있다고 주장했습니다. 그런 뒤 스피노자는 살고자 하는 욕망을 감소시키는 쾌락의 형태와 그런 욕망을 증대시키는 쾌락의 형태를 구분합니다. 그리고 이를 통해 쾌락과 열정의 조절로서 죽어가는 형식, 삶이 감소하는 형식을 보다 일반적으로 이해할 수 있다고 주장합니다. 감정은 특정한 인간적 속박을 의미하기에, 그가 보기에 이 감정은 욕망을 지속하고 따라서 살고자 하는 욕망을 지속할 수 있는 보다 적극적인 가능성을 약화시키는 수동성과 예속에서 가장 두드러지게 나타납니다.

그러나 더 이상 존재하지 않으려는 욕망은 실제로 인간의 욕망에서 유래할 수 있다고 주장합니다. 이는 인간이 스스로의 존재를 보존하려는 욕망으로, 그가 이전부터 일관되게 정의해오던 것이지요. 자살이 어떻게 이루어질지 상상하면서 그는 "공교롭게 칼을 들고 있던 자신의 오른손을 다른 사람이 비틀면서 강요한다면, 자기 자신을 죽일 수 있을 것이다"라고 씁니다. 그는 또한 정치적 의무로 부과된 행동의 한 형태로서 폭군에게 자살을 강요받은 세네카의 예를 인용합니다. 그가 제시하는 세 번째 추측은 그것이 추구하지 않는 분석을 약속하기 때문에 수수께끼 같습니다. 저는 이를 최근 논문에서 어느 정도 발전시켜보고자 합니다. 어떤 지점에서 스피노자는 인간은 "숨겨진 외적 원인causae latentes externae이 그의 상상력을 좌우하고 신체를 자극하여 변화시켜서 그 신체가 다른 본성을 갖게 되기 때문에" 자살을 행할 수 있다고 말합니다. 여기서 스피노자는 자아가 자신의 목숨을 끊을 수 있지만 그 자아는 외부적 형식을 취했거나, 외적 원인이 자아의 구조 안으로 들어가서 그곳에 자리를 잡고 자아의 한가운데에 영원한 외적 '원인'으로 머물렀다고 파악합니다. 따라서 모든 자살의 책임은 내재화된 외부성에 있습니다. 그리고 이런 식으로 스피노자는 사람들은 오직 외적 원인이라는 미덕에 의해서만 자신의 목숨을 끊으며, 원칙적으로 삶에 묶여 있게 마련인 인간 욕망 자체의 내적 경향에 의해서는 자살이 일어나지 않는다고 계속 주장할 수 있지요.

분명히 정신분석학이 예상되는 움직임 속에서 스피노자는 이렇게 자아 안에 자리를 잡고 들어와 있는 외적 원인이 우리가 '생각'할 수 없는 무엇이며, 따라서 그것은 무의식적 유형의 작동이라는 의견을 유지합니다. '대문자 I의 나'는 이 외부성을 떠맡거나 외부성과 결합한다고 말해집니다. 그리고 '대문자 I의 나'는 어떤 수단을 통해 외부성을 흡수하기에 그것은 표상이 없고 표상을 가질 수도 없습니다. 실제로, '대문자 I의 나'는 이 외부성을 받아들이면서 자신과는 다른 어떤 것이 됩니다. 그것은 쉽게 말하자면, 자기 자신에게 타자가 됩니다. 그 자체로 완고하고 모호한 이 타자성 때문에 '대문자 I의 나'는 때때로 자신의 삶을 앗아갈 수 있고 실제로 앗아가기도 하게 됩니다.

이 지점에서 스피노자는 욕망에 대한 설명의 일관성을 위협하는 무언가를 자신의 이론에 받아들였을지도 모릅니다. 그리고 삶 자체에 반하는 방향으로 욕망을 이끌어가는 또 다른 욕망의 개념이라는 형식을 일시적으로 취했을지도 모릅니다. 저는 여기서 죽음 충동을 예견하는 어떤 단초를 볼 수 있다고 생각하지만, 그 명제에 대한 논평에서 잠시 나타났다가 금세 사라질 뿐입니다. 저는 스피노자가 전혀 예상하지 못했던 그와 정신분석의 불안정한 관계를 볼 수 있는 방법이 있다고 주장하고 싶어요. 거기에는 이미, 욕망에 의한 삶에 숨겨진 외적 원인을 도입하는 것과 다르게, 삶 자체와 자신의 관계를 조절하는 욕망에 외부성이 작용하는 방법이 있습니다.

커비 《위태로운 삶》을 비롯하여 당신의 최근 논문들에는 인간에 대해 보다 폭넓은 이해가 긴급히 필요하다는 생각이 절실히 느껴집니다. 이 점과 더불어 당신의 연구 중 많은 부분이 헤겔에 대한 자기의식적 참여라는 점을 고려할 때, 저는 (알렉상드르 코제브와 대조되는) 장 이폴리트의 《정신현상학》 독해에 대해 당신이 "이폴리트는 '남성man'의 존재에 대해 묻지 않고 '생명'의 존재에 대해 묻는다"고 언급했던 것이 떠오릅니다. 물론 이폴리트는 '남성'에 대해 물었지만 당신의 요점은 그가 남성이 된다는 것, 인간이 된다는 것이 무엇인지 이미 알고 있다고 생각했다면 그의 질문이 시작될 수 없었다는 의미였지요. 그 질문을 이렇게 한층 더 큰 틀에서 바라보면 어떻게 다른 방식의 윤리적, 정치적 사고를 얻을 수 있을까요? 그리고 고통에 대한 반응 및 고통에 대한 책임을 어떻게 다른 방식으로 이해할 수 있을까요?

버틀러 정말 훌륭한 질문이군요. 그런데 제가 지금 그 질문에 대답을 잘할 수 있을지 모르겠습니다. 하지만 더욱 깊이 고민해볼 과제로 받아들이겠습니다. 인간화와 비인간화의 틀을 사용할 때 한 가지 문제점은 동물의 문제를 제쳐두게 된다는 것입니다. 그리고 다른 지각 있는 존재로부터 인간을 분리시키며 우려스러운 인간 중심주의에 기여하는 결과를 초래하곤 하지요. 그래서 저는 우리가 가령 고문은 대상을 비인간화한다고 주장할 때 무엇을 전경에 내세우려 하는가에 대해 한층 더 신중하게 고민해야 한다고 생각합니다. 그런 순간에 우리는 위태로운 삶과 그 위태로움에서 비롯되는 윤리적 요구에 주의를 기울입니다. 인간의 특정 규범이 폐지되었다는 사실은 문제가 아닙니다. 어떤 인간을 다른 인간보다 더 인간으로 인식하도록 통치하는 규범이 문제의 일부이기 때문입니다. 오히려 그것은 삶의 위태로움, 즉 부상과 폭력적인 죽음에 대한 신체의 민감성을 고려하고 보호하지 못한 것입니다. 그러나 동시에, 가령 미국 밖에 있는 죄수들을 대신하여 인권을 주장할 수는 있지만 미국 내에서는 할 수 없고, 사법적 국민국가 지위를 박탈당한 어떤 인구는 인권 주장을 할 수 있는 자격도 함께 박탈당하는 것처럼 보이는 등의 사태가 발생하는 방식을 드러내기 위해서는 인간에 대한 규범을 두고 비평을 수행해야 한다고 말하고 싶습니다. 그런 경우에는 '인간'을 재동원하여 새롭게 창조하고, 수행적 힘을 통해 이전에는 가진 적 없었던 삶을 인간에게 부여해야 합니다.

그래서 저는 여기서 두 가지 연구 과제가 진행되고 있다고 생각합니다. 첫 번째는 삶의 위태로움과 그 위태로움이 결핍과 파괴로부터 신체를 보호하기 위해 우리에게 요구하는 바에 대해 숙고하는 것입니다. 그리고 두 번째는 '인간'이라는 규범을 비평하고, 나아가 그 비평을 존재할 '권리'가 없었던 인간에 대한 인식틀 안에서 인간성을 주장함으로써 수행하는 것이지요. 물론 후자는 정확히, 결핍과 파괴로부터 신체를 보호할 능력을 보다 온전히 갖추기 위해 행해집니다. 따라서 위태로운 삶을 보호하기 위해서는 반드시 '인간'이 동원되어야 할지도 모르지만, 그 '삶'은 인간의 범위를 넘어 지각 있는 존재의 취약성과 노출이라는 더 광범위한 문제로 우리를 이끌어줍니다.

커비 이 인터뷰 당시, 당신의 가장 최근 연구는 《젠더 허물기》와 《위태로운 삶》이었습니다. 당신의 차기 작업과 출판 준비 중인 저서에 대해 말씀해주실 수 있을까요? 그리고 잠시 앞날을 내다보며 무슨 연구를 진행하게 될지에 대해서도 들려주시면 좋겠습니다. 우리가 어떤 작업을 기대하면 좋을까요?

버틀러 마침 막 포드햄대학 출판사에서 《윤리적 폭력 비판》(2005)을 출판한 참입니다. 거기서 저는 단일하지도 않고 자기 자신에게 부분적으로 불투명한 주체가 그럼에도 책임을 지고 자신의 행동에 대해 설명할 수 있는가라는 문제에 답을 해보려고 했어요. 어떤 면에서 이것은 도덕 이론에 발을 디디는 것이기도 하지만, 자기 자신을 설명하기 위한 노력은 자신이 등장하는 사회적이고 담론적인 조건에 주의를 기울이기를 요구한다고 주장하는 것이기도 합니다. 이는 자기 서술이 사회 이론과 연결되어 있음을 의미합니다. 또한 책임에는 사회 비판이 포함되어 있음을 의미하기도 합니다. 저는 나쁜 삶 속에서 좋은 삶을 산다는 것은 무엇인가에 대한 아도르노의 질문을 받아들인 뒤, 푸코의 일부 논의와 몇몇 정신분석 이론가, 특히 라플랑슈와 레비나스 그리고 약간의 카프카의 논의를 더해 질문을 이어가고자 했습니다. 저는 겸손과 용서 같은 어떤 도덕적 성향은 사실 그런 일을 왜 하는지에 대해 우리 모두가 어느 정도는 불투명하다는 인식과, 우리의 서사는 누군가가 삶의 이야기는 그래야 한다고 상상하는 방식처럼 매끄럽게 통합되어 있지 못하다는 인식에 기반하고 있다고 생각합니다.

최근 작업에서 저는 자기 자신에 대해 충분히 투명하지 못할 때, 자신의 삶을 언제나 서사 형식으로 파악할 수 없을 때, 자기 존재의 사회적, 언어적 조건을 항상 온전히 이해하거나 서사적 설명에 적용하지 못할 때, 자신을 설명한다는 것이 무엇인지 이해해보려고 했습니다. 제가 서사를 강경하게 반대하는 것은 결코 아니에요. 솔직히 말해서 우리가 살아가고 생존하기 위해 우리 모두가 어느 정도는 자기 자신을 설명할 수 있어야 한다고 생각합니다. 하지만 삶이 언제나 이야기의 기준을 충족해야 한다고 요구하는 것도 마찬가지로 타당하지 않다고 생각합니다. 물론 자신에 대한 설명을 다른 사람에게도 하기 때문에, 그 설명이 자신에 대해서 자기 자신에게 하는 설명만은 아닌 것 같습니다. 그것은 자신을 알리기 위한 노력이며, 그러기 위해서는 어떤 식으로든 나의 설명이 중요한 의미를 가질 수 있는 타자가 필요할 뿐 아니라 설명의 구조도 반드시 필요합니다.

실제로 타인은 때때로 우리에게 왜 그런 일을 했는지 이유를 설명해달라고 요청하곤 하며, 그렇게 이유를 설명할 때 상대 타자와의 관계를 유지하기 위해 자신을 이해시키고자 합니다. 실로 설명은 고립된 행위가 아닙니다. 설령 내 자신에게만 설명하려고 해도, 논점이 되는 이야기의 화자와 청자의 역할을 모두 내가 해야 하기 때문입니다. 설명은 여전히 수신자가 필요하며, 내가 온전하고 매끄러운 이야기의 서사적 요건을 충족시킬 만한 설명을 할 수 있을지의 문제도 여전히 남아 있습니다. 프리모 레비 같은 작가를 괴롭히는 극심한 외상의 경우뿐만 아니라 그저 삶의 과정 자체에도 우리가 하는 설명에는 틈이나 균열이 있으며, 삶의 그러한 부분이 서사 형식으로 회상되거나 말해질 수 없는 이유에 대해서는 설명을 할 수도 없다고 생각해봅시다. 이는 그들의 행동에 대한 책임을 정확히 추궁하기 위해, 혹은 해로운 결과를 초래한 일련의 행동에 대한 책임을 확인하거나 할당하기 위해, 다른 사람 혹은 우리 자신에게 그에 대한 설명을 요청할 때 특히 심각해집니다. 그러한 경우, 우리는 다른 사람의 설명 능력에 의존하며 그 능력이 무너지는 때와 장소에서는 문제가 되는 행동의 책임 소재를 결정하기 위해 다른 유형의 증거를 찾습니다. 법정에서 그러한 사법적 책임 개념은 실효성이 있으며, 명백히 그래야만 합니다. 그러나 그러한 책임감의 모델을 인간관계의 비사법적 영역에까지 가져오는 것이 옳은 일일까요? 책무의 사법적 개념이 보다 일반적인 책임에 대한 이해와 등치될 때 상실되는 다른 윤리적 가치가 있지는 않을까요?

제가 이런 질문을 하는 이유는 외상적 사건으로 인해 설명을 하기가 어렵거나 불가능하다면, 이렇게 책임 소재의 문제를 조리 있게 이야기하지 못하는 상태에 대해 어느 정도 연민을 유지하는 것이 중요하다고 생각하기 때문입니다. 더구나 이따금 어떤 장면에 대해 일련의 환경과 행위자들이 한꺼번에 행동할 때, 이 모든 것은 다른 환경 및 행위자에 의해 촉발된 행동이기도 하지만 '대문자 I의 나'는 자신을 일련의 행동이 시작하는 순간으로 만들면서 문제가 되는 행동의 중심에 자신을 위치시킵니다. 그러면 그들의 역사가 그 당시에, 혹은 그 뒤로도 영원히 온전히 알려지거나 이야기되지 못하게 됩니다. 실제로 저는 자신의 행동이 언제나 완전하고 철저하게 자기 자신인 '대문자 I의 나'에게서 비롯되지는 않는다는 것을 인식하는 데는, 가치 있게 여겨야 할 모종의 겸손이 있으며 그에 따라 자신을 온전히 설명하기란 불가능하다는 것을 분명히 깨닫는다면, 그리고 그렇게 깨닫고 나면 타인은 물론 자신에게도 베풀어야 할 용서가 있다고 생각합니다.

커비 이전의 이야기로 돌아가서, 향후 연구 방향을 말씀해주실 수 있을까요?

버틀러 또한 저는 유대 철학 중에서도 1948년 이스라엘 건국 이전과 이후에 국가 폭력에 대한 비판을 형성해온 사상가들에게 초점을 맞추는 보다 장기적 연구를 시작했습니다. 저는 발터 벤야민의 폭력 비판을 광범위하게 연구했으며, 헤르만 코헨과 프란츠 로젠츠바이크의 연구에도 관심이 있습니다. 이 둘은 모두 유대인에게 '국가'와 '국토'는 별로 좋은 생각이 아니라고 보았지요. 물론 홀로코스트 이후에는 그 입장을 유지하기 더욱 어려워졌지만, 저는 유대교의 디아스포라적 개념에 관심이 있고, 그것이 유대교 자체를 지워버리지 않고도 이스라엘을 비판할 수 있는 몇 가지 중요한 도구를 제공할 수 있는지와 제공해왔는지의 여부에 관심이 있습니다. 또한 마르틴 부버의 정치적 글과, 가장 최근에는 강제수용소를 분석하며 국가 폭력에 반대하는 정치적 관점으로 발전시킨 프리모 레비를 읽고 있습니다. 저는 프리모 레비의 이러한 분석이 실제로 에드워드 사이드Edward Said의 후기 연구 중 일부와 연결된다고 생각하며, 정체성 정치를 넘어서는 하나의 방식으로 이중민족주의를 통해 사고를 발전시키는 데 관심이 있습니다.

《프로이트와 비유럽인》에서 사이드는 유대교가 디아스포라적 시작을 가지고 있으며, 이는 계속 민족주의나 국민국가에 중심을 두지 않는 여러 계통의 유대교에 특성을 부여한다고 주장합니다. 여기서 사이드는 모세를 유대교의 '비유럽인' 창시자라고 지칭하면서, 모세 안에는 유대인과 이집트인이라는 복잡한 정체성이 있으며, 이때 이집트인은 비유대인으로서 참여한다고 주장하지요. 저는 이렇게 비유대인이 삶에 참여하는 것이 유대교의 디아스포라적 개념의 기반이라고 생각합니다. 즉 유대교는 구성적 윤리성의 일부로서 비유대인과 함께 살아가는 형식을 지키고 있는 것이지요. 반갑게도 사이드는 더욱 논의를 심화시켜, 여기에는 팔레스타인인과 유대인을 유사한 특성으로 묶어낼 수 있는 다양한 실향민의 유산이 있으며, 이상적으로 이러한 역사는 난민과 실향민은 물론 대피소가 필요한 사람들을 위한 특정한 피난처 개념에 기반을 둔 이중민족적 정치 형태를 만들어낼 수 있습니다. 사이드는 이렇게 이중민족주의의 불가능한 이상을 상당히 아름답게 그려냈으며, 제가 보기에 이것은 그저 '두 개'의 민족주의가 아니라 민족주의적 정신ethos의 곁에서 살기 위한 공동의 노력에 관한 것입니다.

사이드는 분명히 후기구조주의에 불만을 가지고 있었는데도, 이 후기 연구에서 그가 정치적 주체의 단일한 본성을 무너뜨리는 형식의 사회성을 높이 평가하는 것이 제게는 흥미롭게 보였습니다. 그는 그러한 해체를 통해서만 공동거주가 실현될 수 있다고 이해했습니다. 이는 정체성주의와 다원주의를 모두 뛰어넘는 입장이지요.

커비 저는 당신 역시 독일 사변철학에서 출발하여 프랑스의 유대철학에 이르기까지 정체성주의 철학과 이론을 탁월하게 넘어서고 있다고 생각합니다. 그리고 당신의 연구에는 문학과 대중문화도 서로 엮여 들어가고 있지요. 이런 식으로 연구를 할 때 어려움은 없었는지요?

버틀러 솔직히 이런 작업에 어려움을 느끼지 않아요. 하지만 그런 텍스트들을 오가는 움직임에 다소 불만을 느끼는 독자들이 있다는 것은 알고 있습니다. 가령 저는 다른 가능한 사교활동보다 부모님 집 지하실에 앉아 스피노자를 읽는 것을 더 좋아하는 퀴어 청년이던 저에게 떠오른 문제에서 출발하여 헤겔에서 욕망과 인정의 문제로 진입했다고 생각합니다. 아마 제가 철학을 독해할 때 작동하는 번역이 있었을 텐데 그것을 제가 독자에게 항상 드러내거나 설명할 수는 없었을 것입니다. 또 다른 경우에, 저는 영화(《소년은 울지 않는다Boys Don't Cry》)나 당시 사건(로드니 킹 사건을 둘러싼 로스앤젤레스 폭동)과 정치적 논쟁(검열, 시오니즘, 동성결혼)에 관여하기도 합니다. 이러한 문제에 대해 성찰할 때 저는 특정한 철학적 관점을 가지고 있다고 생각합니다.

그러나 그중에는 언제나 저의 생각을 자극하며, 어떤 방식으로 저의 세계를 조직하고, 저를 괴롭히면서 해명할 필요를 느끼게 만드는 어떤 문제가 있습니다. 저는 아마도 어떻게 살아야 할지 알아내기 위해 끊임없이 고민하는 사람 중 하나라고 말하는 편이 나을 것 같군요. 그래서 저의 참조점은 매우 특정하게 사회적이고 정치적이며, 또한 보다 일반적으로 철학적이기도 합니다. 후자는 어떻게 살아야 하는가의 질문에서 나옵니다. 저는 데리다가 마지막 인터뷰에서 그는 어떻게 살아야 하는가를 끝내 배우지 못했으며, 그래서 지식의 형태는 평생 그를 교묘하게 피해 다녔다고 말했던 것이 매우 반가웠습니다. 이 마지막 발언을 보며 감탄해서 웃음을 터뜨렸어요. 그는 소크라테스의 문제의식 속에서, 삶을 사는 최선의 방법을 배우려고 노력했지만 그 문제에 대한 지식을 쌓을 가능성 따위는 없다며 좌절합니다. 어떤 면에서는 근사한 농담이지요. 우리가 지금 제대로 살고 있는지 충분히 알지 못한 채 살아갈 수 있도록 모두에게 모종의 허락을 해주는 말이니까요.

이 프로젝트를 위한 연구는 뉴사우스웨일스대학의 '대학연구지원프로그램 장학금'에서 연구비 지원을 받았으며, 4장의 내용은 《육체를 말하다: 육체적인 것의 본질》(New York and London: Routledge, 1997)의 〈후기구조주의 페미니즘: 2부〉로 처음 공개되었다.

이 프로젝트의 여러 단계에서 디타 스벨테, 드멜자 말린, 콜린 펄의 보조가 큰 도움이 되었으며, 애나 베넷, 해더 워스, 캐롤 설리번은 유익한 피드백을 해주었다. 더불어 리즈 윌슨, 캐런 버라드, 톰 라마르에게도 통찰력과 격려를 제공해준 것에 감사를 표하고 싶다.

옮긴이의 말

2022년 4월, 주디스 버틀러는 '젠더 이분법 탈피 운동에 공헌'한 공로를 인정받아 스페인 카탈루냐주 정부로부터 "국제 카탈루냐 상"을 받았다. 2021년 9월, 한국 EBS에서 세계 석학의 강연을 소개한 〈위대한 수업〉의 시청자 게시판은 버틀러가 가족제도를 해체한다며 그의 강연을 반대하는 성소수자 혐오세력의 항의 글로 순식간에 도배가 되었다. 2017년 11월, 학술대회 참가차 방문한 브라질에서는 보수단체가 버틀러를 '우리의 정체성을 위협하는' 마녀라 부르며 그의 사진을 불태우는 혐오 시위를 벌였다. 언제나 난해한 문장으로 사태의 표면 아래 은폐된 전제를 의심하는 사변적 탐구를 이어가는 철학자가 학계를 넘어 이렇게까지 다양한 사람의 관심을 받는 것은 흥미로운 일이다. 버틀러를 좋아할 수도 있고 어려워하거나 싫어할 수도 있겠지만, 그를 무시할 수는 없다. 그는 명실상부 21세기를 대표하는 철학자다.

버틀러는 1990년에 《젠더 트러블》을 발표하여 퀴어 이론의 지평을 열었다고 널리 알려져 있다. 여기서 1960~1970년대에 활발했던 제2물결 페미니즘 담론이 여성의 성역할(젠더)은 당연한 것이 아니라 남성 중심 가부장제가 부과한 차별적 구성물이라며 비판하면서도 여성의 생물학적 성(섹스)은 자명하고 고정된 것으로 간주하는 경향이 있음을 비판했다. 생물학적 성을 자명한 개념으로 확정시키면 '당연한 여성의 몸'과 '당연한 여성의 욕망'을 가지지 않은 존재는 여성이 아닌 것으로 배제될 뿐 아니라, 애초에 '당연한 여성의 몸과 욕망'이 무엇이며 어떻게 정해진 것인지를 질문해볼 가능성조차 미리 제한되기 때문이다. 이렇게 '여성'의 성역할뿐만 아니라 생물학적 성 역시 이성애 및 남성 중심의 차별적 담론에 의한 구성물임을 밝혀낸 버틀러는 젠더와 섹스의 모든 측면에서 '여성'이라는 개념은 반복적으로 수행되며 끊임없이 패러디되는 것이라고 주장한다.

《젠더 트러블》은 백인, 이성애, 생물학적 여성 등 기존의 주류 여성 범주를 중심으로 한 페미니즘 담론은 남성 중심의 성차별 담론을 전복하기보다 답습한다는 문제를 지적했을 뿐 아니라, 동성애자, 드랙, 트랜스젠더, 인터섹스 등 이성애 중심주의 및 성별 이분법에 포섭되지 않는 다양한 퀴어적 존재의 정치적 의미를 탐구하는 '퀴어 이론'을 구축했다는 점에서 의미가 크다. 이를 위해 《젠더 트러블》은 페미니즘의 주체로서 단일한 여성 범주를 상정하거나 성별 이분법에 따라 남성이 아닌 존재로서 여성을 규정하는 보부아르, 이리가레 등의 페미니스트나 라캉, 레비스트로스 등 구조주의자들의 논의를 비판한다. 그러나 이 책의 주장이 여러 이론가의 명제 속에 은폐된 토대를 의심하는 해체적 비판을 통해 도출된 것이기도 하지만, 1960년대부터 활발하게 벌어지고 있던 페미니즘 운동과 1980년대 에이즈 위기를 겪으며 절박하게 동성애 혐오에 맞서던 퀴어 운동의 의제를 적극적으로 반영한 결과이기도 하다는 점 또한 매우 중요하다. 버틀러가 구사하는 해체주의적 방법론으로 인해 그의 이론은 필연적으로 다른 이론과의 밀접한 관계 속에서 구성되지만, 당대의 페미니즘 및 퀴어 운동과도 긴밀히 영향을 주고받는 가운데 만들어졌다.

라이브이론《주디스 버틀러》편을 집필한 비키 커비는 저서《양자 인류학》으로 잘 알려진 페미니스트 인류학자로, 캐런 버라드와 함께 수행적 신유물론의 기틀을 마련했다. 그는 자연/문화, 신체/정신, 신체/기술, 인문/자연 과학의 이분법을 해체적 관점에서 문제제기한다. 그러면서 사물 및 사태의 불변하는 실체가 존재하고 그것을 인간이 인지하거나 구성하는 것이 아니라, 물질이 관계적으로 존재하는 상태에서 끊임없이 스스로를 연구하고 재발명한다고 주장한다. 따라서 커비는 이 책에서 버틀러의 이론을 요약하여 소개할 때도 버틀러가 여러 이론가와 맺는 관계에 특히 주목한다. 커비는 버틀러가 박사 논문을 수정하여 출판한《욕망의 주체》(1987)에서 출발하여《젠더 트러블》(1990),《의미를 체현하는 육체》(1993),《혐오 발언》(1997),《권력의 정신적 삶》(1997),《젠더 허물기》(2004)에 이르기까지 각 저서에서 자신의 이론을 구축하기 위해 헤겔, 이리가레, 크리스테바, 데리다, 프로이트, 푸코, 알튀세르 등 여러 이론가와 관계를 동학에 초점을 맞추면서, 더불어 그 관계가 버틀러가 목표하는 바를 향해 효과적으로 조직되고 있는지를 커비 자신의 관점에서 능동적으로 검토하고 평가한다. 예컨대 3장에서 다루고 있는《의미를 체현하는 육체》에서 버틀러는 신체와 쾌락이 전적으로 자연적이거나 문화적인 것이 아니라, 본래의 질료(대문자 N의 자연)와 그것을 이후에 물질화하는 대문자 C의 문화 사이에 존재하는 차이를 통해 재창조된다고 주장한다. 이를 위해 그는 프로이트와 라캉의 이론을 빌어 팔루스라는 남성적 특권의 상징이 사실 남근이라는 신체기관이 아니라 우연적인 리비도 투자의 결과로 인지되며, 신체로 인식되는 자아에는 팔루스와 남근의 불일치로 인해 고정되지 못하고 계속 재인식되는 의미화 연쇄가 작동한다고 말한다. 하지만 지젝의 정신분석학에서는 상징계의 법인 언어가 내리는 금지와 명령에 대한 거부와 폐제를 통해 주체가 등장한다는 주장을 수용하면서도 육체적/자연적/여성적인 것을 언어에 선행하는 결여로 환원시키는 입장을 비판한다. 그리고 이렇게 신체로서의 주체를 구성하는 틀거리인 상징계/언어/문화와 상상계/전언어/자연의 이분법을 반박하고 지속적인 수행을 통해 재호명되고 재생산되는 언어의 불안정성과 역사성을 강조하기 위해 데리다의 반복가능성 개념을 활용한다. 이렇게 복잡한 담론적 대화의 과정을 커비는 최대한 간결하고 선명한 언어로 요약하여 전달한다.

　또한 커비는 버틀러의 저서 간의 관계 속에서 보충되고 변화하는 이론의 흐름도 함께 추적한다. 앞서 말했듯 버틀러의 이론은 당대의 페미니즘 및 퀴어 운동의 의제와 긴밀한 연관을 맺고 있다. 페미니즘 및 퀴어 활동가 역시 버틀러의 이론을 적극적으로 참조하거나 그에 대해 비판하며, 이는 다시 버틀러의 이후 연구를 촉진한다. 가령 이 책의 2장에서 소개한 《젠더 트러블》에서 섹스에 불변의 생물학적 본질이 있는 것이 아니며 그 역시 이성애 중심적 성별 이분법이라는 담론의 산물임을 강조하자, 현실 세계에 물질로서 존재하며 차별과 폭력을 당하는 여성 신체라는 대상을 부정할 수 있는가에 대한 질문이 제기되었다. 그리고 이러한 질문은 다시 3장에서 다루는 《의미를 체현하는 육체》의 서문에 인용되며 전적으로 자연이나 문화에 속한 것이 아니라 그 사이에서 구성되는 육체를 탐구하는 버틀러에게 출발점 중 하나가 된다. 그리고 위 책에서 신체의 물질성이 담론적 효과라 해도 그것을 분방하게 조작할 수는 없다고 제지했던 입장은, 혐오 발언에 대한 국가의 사법적 처벌을 요구하는 페미니스트 법학자들의 주장과 마주치며 언어의 행위 능력 및 규제 및 금지의 규범적 효과를 탐색하는 《혐오 발언》(5장)으로 이어진다.

커비는 이렇게 버틀러의 이론이 변화하는 와중에 자기모순이 발생하기도 한다고 지적한다. 예를 들어 《의미를 체현하는 육체》에서는 언어와 담론의 물질적 표현으로서 육체나 섹스, 젠더, 섹슈얼리티를 의미화하며 두 영역의 밀접한 연관성을 강조한다. 그러나 《혐오 발언》에서는 포르노그래피에 반대하는 페미니즘 이론가들이 근거로 삼는 언어 상응 이론을 반박하며 포르노그래피라는 이미지에 고통 및 굴욕이나 흥분으로 에너지가 현실화될 수 있다는 점을 인정하지 않으며 다시 담론과 육체의 연관성을 축소시킨다는 것이다. 이렇게 예리한 비평이야말로 버틀러의 저서를 커비와 같이 유능한 학자를 통해 접할 때 얻을 수 있는 수확이다. 특히 커비는 이러한 모순을 버틀러 이론의 결함으로 공격하기보다, 버틀러가 각 저서를 통해 입증하고자 하는 주장과 그의 근거로 동원한 이론들을 충분히 이해한 상태에서 그 의도가 얼마나 효과적으로 달성되었는지를 가늠하며 독자들에게 비판적 읽기의 한 가지 방식을 안내해준다.

특히 버틀러는 마치 자연현상인 듯 당연하게 받아들여지던 이성애 규범이나 섹스/젠더 및 자연/문화의 구분을 토대부터 재검토하는 해체적 접근과 복잡하게 쓴 글로 독자뿐 아니라 일부 학자에게도 차가운 비판을 받았다. 그렇기에 이 책에서 버틀러의 논의를 충분히 수용한 후 장단을 논하는 커비의 비판적 독해가 한층 중요한 의미를 지닌다. 커비는 이에 그치지 않고 7장 '타자가 말하는 버틀러, 버틀러가 말하는 타자'에서 버틀러에 대한 몇 가지 평가를 소개한 뒤, 버틀러와 여러 페미니스트 혹은 사회주의자가 교신을 주고받으며 완성한 세 권의 책《페미니즘 논쟁들: 철학적 의견 교환》(1995),《중단된 정의》(1997)와《우연성, 헤게모니, 보편성: 좌파에 대한 현재적 대화들》(2000)의 논의를 간단히 소개한다. 그중에서도 생산적 대화라고 평가한 사회주의 페미니스트 낸시 프레이저와의 교신을 살펴보면, 프레이저는 자신이 꾸준히 확립해온 분배와 인정이라는 정의의 두 가지 차원을 바탕으로 동성애 혐오는 제도화된 사회적 관계

이면서도 문화적 차별에 해당하며 정치경제와는 관련이 없다고 명확히 구분한다. 그리고 이에 대해 버틀러는 개념의 경계를 고정시키기보다 끊임없이 질문하며 재의미화하는 자신의 관점에 입각하여 성적 재생산의 영역 역시 삶의 물적 조건으로서 '정치경제'에 포함된다고 반론하며, 문화와 정치경제를 명확히 구분한 채로 머무르기보다 그러한 구분의 이면에 전제된 가치평가의 정치에 대해 질문해야 한다고 주장한다. 이 둘의 논의는 서로의 주장을 더 깊이 이해하면서도 본인의 논지를 보다 선명히 단련하는 과정을 보여준다.

이렇게 비키 커비의 《주디스 버틀러》는 버틀러의 전기 저작을 대상으로 그가 섹스, 젠더 섹슈얼리티에 관련한 사회 규범이 기반하고 있는 토대에 문제제기를 하고 사회의 권력, 담론, 언어와 육체가 수행을 통해 맺는 관계를 재의미화하는 과정을 차근차근 정리하고 있다. 더불어 내용의 병렬적 요약에만 그치지 않고 버틀러의 이론적 탐구가 철학, 사회 비판이론, 당대의 사회운동과 활발히 주고받은 관계를 역동적으로 보여준다. 그리고 커비 자신의 관점에서 버틀러의 학문적 성과에 대한 예리한 평가를 덧붙인다. 아쉽게도 이 책이 집필된 이후에 발표된 버틀러의 저작, 즉 9·11 테러 이후에 가속화된 미국의 전쟁 국면과 '흑인의 생명은 소중하다Black Lives Matter' 운동 등의 영향을 받아 그가 애도, 폭력, 시민권 및 생명권 문제에 꾸준히 관심을 기울이며 집필한 《윤리적 폭력 비판》(2005), 《위태로운 삶》(2007), 《박탈》(2013), 《비폭력의 힘》(2020) 등은 여기서 다루고 있지 않다. 하지만 이 책을 통해 버틀러 이론의 핵심을 구성하는 젠더, 섹슈얼리티, 수행성, 언어, 권력, 정체성이라는 키워드를 이해하면, 향후 다양한 방향으로 버틀러의 이론을 탐색할 때도 큰 도움이 될 것이다.

2022년 11월
조고은

주

1장 위태로운 토대 - 욕망의 주체
욕망의 주체: 20세기 프랑스의 헤겔주의적 성찰

1 이 책은 주디스 버틀러의 1984년 예일대학 박사학위 논문 〈회복과 발명: 헤겔, 코제브, 이폴리트, 사르트르의 욕망의 과제Recovery and Invention: The Projects of Desire in Hegel, Kojeve, Hyppolite and Sartre〉의 개정판이다.

2 코제브와 이폴리트의 논의에서 버틀러는 전복적 에너지를 탐구하는 프랑스 헤겔주의의 접근에서 충분한 차이를 발견한다. 두 이론가가 모두 헤겔의 연구를 번역하고 강의했으며 헤겔의 《정신현상학》에 대한 광범위한 주석을 출판했고, 그들의 강의에 참석한 사람들은 당대의 권위 있는 지식인이었다. 모리스 메를로퐁티, 조르주 바타이유, 장 드상티, 자크 라캉이 1933~1939년에 코제브의 강의에 참석했다. 그리고 미셸 푸코, 루이 알튀세르, 자크 데리다, 질 들뢰즈는 이폴리트가 10년 정도 후에 시작한 강의를 들었다.

3 언어의 내적 작동에 대한 훌륭한 입문서로는 에밀 벵베니스트의 《일반 언어학의 여러 문제Problems in General Linguistics》(University of Miami Press, 1971)를 보라.

4 이 점과 같은 맥락에서, 헤겔에 대한 버틀러의 해석에는 버틀러의 관심이 반영되어 있음을 충분히 이해하는 것이 중요하다. 버틀러는 헤겔의 텍스트에서 특정한 함의와 암시적 가능성을 더욱 깊이 추구하는 만큼 다른 부분은 불가피하게도 간과할 수밖에 없다. 마이클 S. 로스의 〈알기와 역사: 20세기 프랑스의 헤겔에 대한 이해Knowing and History: Ap-

271

propriations of Hegel in Twentieth-Century France)에 대한 리뷰 논문에서 버틀러는 긍정적인 의미에서 로스가 "프랑스에서 '헤겔을 제대로 이해'하고 있는지" 여부를 따지는 질문을 다루지 않는다고 언급한다. 그리고 "그 질문은 프랑스 헤겔주의의 의미를 고려하는 데는 근본적으로 중요하지 않다. […] 여기에 검증주의의 충동이 설 자리는 없다"(1990a: 249)며 그의 의견에 동의한다. 비록 '검증주의의 충동'을 무심하게 쫓아버릴 수는 없지만, 버틀러가 그러한 충동을 거부하는 이유는 이와 같은 논평과 마찬가지로 적절하다.

5 그러나 여기 함축된 의미의 미로는 계속된다. 종-존재의 질문을 보다 일반적으로 살펴보면, 인간 종-존재의 정체성은 다시 해소되고 다른 생명체의 정보 구조를 통합하는 훨씬 더 문제적인 '사물'이 될 것이기 때문이다.

6 많은 페미니스트 연구에서 철학의 역사가 일관적으로 이성을 남성화하고 신체는 위험한 동시에 이성에 무관한 것으로서 여성화해왔다는 점을 밝혀왔다. 예를 들어 Irigaray(1985a), Moller Okin(1979), Lloyd(1993)를 참조하라.

7 정신과 육체를 분리된 통일체로 보는 데카르트의 코기토cogito에 대한 헤겔의 비판은 다음의 내용과 이어진다. "데카르트의 육체성과 생각하는 '나'는 모두 독립적인 존재다. 두 극단의 이러한 독립은 스피노자주의에서 그것들이 하나의 절대적 존재의 순간이 되면서 폐지된다"(Hegel, Butler, 1987a: 11~12에서 재인용). 헤겔은 스피노자의 일원론이 본인의 정체성 변증법의 중요한 선구자라고 인식했다.

8 《정신현상학》을 독해하는 코제브와 이폴리트의 차이는 이 중요한 질문을 더욱 자세히 보여준다. 버틀러는 코제브에 대해 "욕망은 오직 비자연적인 대상, 즉 또 다른 인간의 의식을 취할 때만 진정으로 인간적이고 온전히 변형적이 된다"(1987a: 68)고 언급한다. 코제브에게 의식(인간)과 세계의 차이는 극복할 수 없는 존재론적 차이다. "코제브의 관점에서는 인간 정체성의 감각적 측면이야말로 정확히 초월을 요구하는

부분이다." 이러한 분리를 통해서만 욕망이 "의식이 스스로를 역사적 현실의 생성자로 자임하며 세계에 가하는 일방적 행동"(Ibid.: 69)으로 서 작동할 수 있다. 이폴리트는 이러한 해석의 제한적인 인간 중심주의 와 계몽을 향해 거침없이 나아가는 진행에 반대한다. 버틀러가 지적했 듯이, "이폴리트는 '인간' 존재가 아니라 '생명' 존재를 추구한다. 생명, 즉 형태의 부여 및 해체로 이렇게 회귀하면서, 이폴리트는 역동적인 동 시에 철저히 일원론적인 것으로서의 절대성을 발견한다"(Ibid.: 82).

2장 젠더, 섹슈얼리티, 수행 I
젠더 트러블: 페미니즘과 정체성의 전복

1 이러한 입장은 대표적으로 에이드리언 리치의 《레즈비언 연속 체Lesbian Continuum》(1983) 개념에서 잘 드러난다.

2 뤼스 이리가레의 《하나이지 않은 성This Sex Which Is Not One》(1985b) 을 참조하라.

3 이리가레에 담긴 과거의 중요성과 현재적 의미에 대한 평가를 담은 다 음의 인터뷰는 두 가지 매우 다른 접근 방식을 보여준다. 그로스와 체아 는 이리가레의 연구에 버틀러와 코넬이 인정하는 것보다 더 전 지구적 인 정치적 타당성이 있다고 주장한다. 실제로 버틀러와 코넬은 그렇게 보편적 의미를 갖춰야 한다는 필요 자체가 정치적으로 적절하지 않다 고 주장한다. Butler et al.(1998b)를 참조하라.

4 특히 Lévi-Strauss, C.(1968; 1969)를 참조하라.

5 《성의 역사 4: 육체의 고백》에서 푸코는 담론과 비담론의 차이에 대한 자크알랭 밀러의 질문에 답한다. 푸코는 자신의 진정한 관심은 '언어적 인 것'이 아니며, 발화가 아닐지라도 제도적('비담론적') 힘은 여전히 사 회적으로 학습되기 때문에 그 두 가지를 구분하는 것은 자신에게 크게 중요하지 않다고 강조한다(1980b: 198).

3장 젠더, 섹슈얼리티, 수행 Ⅱ
의미를 체현하는 육체: '섹스'의 담론적 한계에 대하여

1 모리스의 《고통의 문화The Culture of Pain》(1991)를 참조하라.

2 여기서는 라플랑슈와 퐁탈리스의 《정신분석 사전The Language of Psy-
choanalysis》(1973) '양성성/양성애' 편을 참조하면 도움이 된다.

3 '동질성consubstantial'이라는 용어의 중요성은 소쉬르적 기호의 역설
적 동일성을 언급할 때 재등장할 것이다. 이 동일성은 순수한 차이로 이
루어진 지시의 체계에 의해 불변할 수 있게 되는 하나의 '개체'다.

4장 언어, 권력, 수행성 Ⅰ
의미를 체현하는 육체: '섹스'의 담론적 한계에 대하여

1 버틀러는 다음의 연구를 알고 있고, 그것을 "라캉에게서는 금지 혹은
좀 더 정확히 말해 차단봉이 근본적인 기능을 수행한다고 주장하는 입
장"(1993a: 268(493))이라고 설명하고 있지만, 그것이 버틀러 자신의 입
장에 대해 지니는 비판적 함의는 인정하지 않는다. 낭시와 라쿠라바
르트의 《문자라는 증서: 라캉을 읽는 한 가지 방법The Title of Letter: A
Reading of Lacan》(1992)을 참조하라. 소쉬르적 기호에 대한 분석이자
버틀러의 해석에 반대하는 입장으로는 데리다의 《그라마톨로지에 대
하여Of Grammatology》(1984) 및 커비의 《육체를 말하다Telling Flesh》
(1997)를 참조하라.

2 생물학, 심지어 물리학의 주장이 어떻게 실제로 버틀러의 목표를 방해
하기보다 오히려 발전시킬 수 있는지를 훌륭하게 보여주는 예시는 생
태계가 하나의 기호계라고 주장한 생물 기호학자 제스퍼 호프메이어
의 연구에서 발견할 수 있다(*Signs of Meaning in the Universe*, 1996). 마찬
가지로, 페미니스트이자 양자역학의 물리학자인 캐런 버라드는 물질
의 수수께끼 같은 생명력은 물론 과학적 모델과 그들 대상의 불가분성
을 인정한다(*Meeting the Universe Halfway*, 2007). 또한 다음의 연구도 매
우 중요하다. 물질이라는 문제에 대한 이 연구(Wilson, E. A., *Psychoso-*

matic: Feminism and Neurological Body, 2004)는 비록 그들은 그에 대한 관점을 근본적으로 확장하고 있다 해도 여전히 버틀러의 정치적 기획과 양립할 수 있다.

3 기호의 동일성을 무비판적으로 고수하는 버틀러의 관점이 자신의 연구를 결과적으로 방해하는 이유에 대한 또 다른 관점은 Cheah, P.(1996)를 참조하라.

5장 언어, 권력, 수행성 II
혐오 발언: 수행성 정치

1 일반적으로 자크 데리다의 용어로 알려진 표현이지만, 실제로는 시간의 선형적 개념에 의존한 인과적 설명의 부적절함을 포착하기 위해 알튀세르가 사용했다.

2 그러나 이렇게 모든 것을 포괄하는 이데올로기적 포위는 그 이론가에게 어느 정도 자격을 얻는 듯하다. 알튀세르의 개인적 '사명'은 이데올로기를 과학적으로 이해할 수 있는 객관적인 기반을 제공할 예외적인 것을 과학 안에서 찾는 일이었다.

3 Butler and Bell(1999c: 169)에서 버틀러는 이 해석을 확장한다.

4 즉각적으로 관련되어 있는 연구는 MacKinnon(1993), Matsuda *et al.*(1993), Langton(1993)이다.

5 여기서 맥키넌의 입장은 현실이 환상적 대체물로 둘러싸인 둥지라는 가정에 기반하는 것은 아니라는 점을 반드시 짚어야 한다. 그러나 버틀러가 설명했듯이, 맥키넌의 입장은 "더욱 근본적인 […] 규범적이거나 유토피아적"(Butler, 1997b: 66(133))이며 의심할 여지가 없는 권위를 지닌 현실에 의지한다.

6 이에 대한 자세한 설명은 특히 Foucault(1979)를 참조하라. 그리고 그에 대한 Anna Bennett의 박사학위 논문(2001)을 참조하라.

7 버틀러도 이 점을 분명히 인정하지만(1997b: 23), 그것의 함의를 자기 주장의 전반적인 방향에 지속적으로 반영하지는 못한다.

8 실제로 버틀러는 포르노그라피의 문제를 자신이 인정하는 형식의 정치적 기능주의에 맞지 않을 수도 있는 쾌락/고통의 성애적 측면으로 완전히 개방하는 것은 주저하는 듯하다. 버틀러가 인정한 형식으로는 메이플소프의 사진 등에서 드러나는 시각적 자기재현, 커밍아웃 관행에서 나타나는 것과 같은 명시적 자기선언, 에이즈 교육에서와 같은 명시적 성교육이 있다(Butler, 1997b: 22).

6장 정체성과 정치
권력의 정신적 삶: 예속화의 이론들, 젠더 허물기

1 예를 들어 Foucault(1979: 1980a)를 참조하라.

2 물론 권력의 동일성은 처음부터 문제적이라고 인정한다면, 파놉티콘을 반드시 지배와 통제의 장치로 해석해야 할 이유는 없다. 만일 감시탑에 아무도 없다면, 그 장치는 감시와 순응의 장치인 동시에 창조적 성찰, 재인식, 발명의 장치dispositif다. 감옥에서조차 죄수들은 자신들이 조롱하는 바로 그 규범을 "습관화in-habit"할 수 있게 하는 무수한 형태의 암호와 비밀 언어를 발명하고, 심지어 과시한다.

3 버틀러의 〈푸코와 신체적 각인의 역설〉(1989a)을 참조하라.

4 이와 관련하여 에티엔 드 라 보에티Etienne de la Boetie에게 했던 미켈 보쉬야콥슨Mikkel Borch-Jacobsen의 매혹적인 발언을 참고할 수 있다. "이렇게 당신을 지배하는 사람은 오직 눈 두 개, 손 두 개, 몸 하나만을 가지고 있을 뿐이며, 당신의 도시에 사는 무수한 사람 중에서 가장 별볼일 없는 사람보다도 많이 갖고 있지 않다. 사실 그는 당신이 그에게 부여한 당신을 파멸시키는 능력 외에는 아무것도 없다. 당신이 스스로 주지 않았다면, 당신을 충분히 염탐할 수 있는 눈을 그가 어디에서 얻었겠는가? 당신에게서 빌리지 않았다면, 당신을 때릴 그 많은 팔을 그가 어떻게 가질 수 있겠는가? 당신 자신의 것이 아니라면, 당신의 도시를 짓밟는 발을 그가 어디에서 얻겠는가? 당신을 통하지 않는다면, 당신을 지배할 권력을 그가 어떻게 가질 수 있겠는가?(1999: 153)

7장 타자가 말하는 버틀러, 버틀러가 말하는 타자

1 이 글을 쓰는 시점에서, 보수적인 호주 정부는 정부 자금의 분배를 정당
화하는 중요도에 따라 학과를 '통합'했다. 말할 것도 없이 철학, 문학, 역
사는 가장 후순위였다.

2 버틀러는 보수적 학술지인 《철학과 문학Philosophy and Literature》이
후원하는 '제4회 나쁜 글쓰기 대회'에서 우승한 것으로 유명하다. 그의
답변(1999b)을 참조하라.

3 2001년 말까지 이루어진 버틀러의 연구에 대한 리뷰 및 비판을 정리한
훌륭한 참고자료 모음은 E. Yeghiayan, http://sun3.lib.uci.edu/indiv/
scctr/Wellek/butler/html를 참조하라.

4 〈단지 문화적인〉(1997c)에서 버틀러는 프레이저의 《중단된 정
의》(1997a)를 언급한다. 이에 대해 프레이저는 〈이성애 중심주의, 무시,
그리고 자본주의: 주디스 버틀러에 대한 답변〉(1997)으로 응답한다.

본문에 언급된 버틀러 저작

Butler, J. The German question', trans. Herbert Ammon and Peter Brandt's 'Die Deutsche Frage', *Telos*, 51(1982), 32~45.

___ 'Review of Joseph Fell's "Heidegger and Sartre: An essay on being and place"', *Philosophical Review*, 91(4)(1982), 641~645.

___ 'Seven taboos and a perspective', trans. Rudolph Bahro and Michael Vester's 'Sieben Tabus und eine Perspektive', *Telos*, 51(1982), 45~52.

___ 'Recovery and invention: The projects of desire in Hegel, Kojeve, Hyppolite and Sartre', *PhD dissertation*(New Haven: Yale University, 1984)

___ '*Geist ist Zeit*: French interpretations of Hegel's Absolute', *Berkshire Review*, 20(1985), 66~80.

___ 'Desire and recognition in Sartre's *Saint Genet and The Family Idiot*, Vol. 1', *International Philosophical Quarterly*, 26(4)(1986), 359~374.

___ 'Sex and gender in Simone de Beauvoir's *Second Sex*', *Yale French Studies*, 72(1986), 35~49.

___ 'Variations on sex and gender: Beauvoir, Wittig, and Foucault', *Praxis International*, 5(1986), 505~516.

___ *Subjects of Desire: Hegelian Reflections in Twentieth-Century France*(New York: Columbia University Press, 1987a).

___ 'Gender, the family and history', review of Linda Nicholson's *Gender and History: The Limits of Social Theory in the Age of the Family*, *Praxis International*, 7(1)(1987), 125~130.

___ 'Variations on sex and gender: Beauvoir, Wittig, and Foucault', ed. by S. Benhabib and D. Cornell, *Feminism as Critique: Essays on the Politics of Gender in Late-Capitalist Societies*(Cambridge, UK: Polity Press, 1987),

128~142.

___ 'Performative acts and gender constitution: An essay in phenomenology and feminist theory', *Theatre Journal*, 49(1)(1988), 519~531.

___ Review of Edith Wyschogrod's *Spirit in Ashes: Hegel, Heidegger, and Man-Made Mass Death, History and Theory*, 27(1)(1988), 60~70.

___ Review of Gilles Deleuze and Claire Parnet's *Dialogues, Canadian Philosophical Reviews*, 8(5)(1988), 163~166.

___ 'Foucault and the paradox of bodily inscriptions', *Journal of Philosophy*, 86(11)(1988a), 601~607.

___ 'The body politics of Julia Kristeva', *Hypatia: Journal of Feminist Philosophy*, 3(3)(1989), 104~118.

___ 'Gendering the body: Beauvoir's philosophical contribution', ed. by A. Garry and M. Pearsall, *Women, Knowledge, and Reality: Explorations in Feminist Philosophy*(Boston: Unwin Hyman, 1989), 253~262.

___ 'Response to Joseph Flay's "Hegel, Derrida and Bataille's Laughter"', ed.,by W. Desmond, *Hegel and His Critics: Philosophy in the Aftermath of Hegel*(Albany, NY: SUNY Press, 1988), 174~178.

___ Review of A. Nye's *Feminist Theory and the Philosophies of Man Canadian Philosophical Reviews*, 9(8)(1989), 326~328.

___ Review of C. Weedon's *Feminist Practice and Post-Structuralist Theory, Ethics*, 99(3)(1989), 668~669.

___ 'Sexual ideology and phenomenological description: A feminist critique of Merleau-Ponty's *Phenomenology of Perception*', ed. by J. Allen and M. Young, *The Thinking Muse: Feminism and Modern French Philosophy* (Bloomington and Indianapolis: Indiana University Press, 1989), 85~100.

___ Review of M. S. Roth's *Knowing and History: Appropriations of Hegel in Twentieth-Century France, History and Theory*, 29(2)(1990a), 248~258.

___ *Gender Trouble: Feminism and the Subversion of Identity*(New York and London: Routledge, 1990b).

___ 'Comments on Bernasconi, Cornell, Weber: Deconstruction and the possibility of justice', *Cardoso Law Review*, 11(5-6)(1990), 1715~1718.

2

____ 'The force of fantasy: Feminism, Mapplethorpe, and discursive excess', *differences: A Journal of Feminist Cultural Studies*, 2(2)(1990), 105~125.

____ 'Gender trouble, feminist theory, and psychoanalytic discourse', ed. by L. J. Nicholson, *Feminism/Postmodernism*(New York: Routledge, 1990), 324~340.

____ 'Jean-Paul Sartre (1905-1980)', ed. by G. Stade, *European Writers: The Twentieth Century*, Vol. 12(New York: Scribner, 1990), 2589~2614.

____ 'Lana's "Imitation": Melodramatic repetition and the gender performative', *Genders*, 9(1990), 1~18.

____ 'Performative acts and gender constitution: An essay in phenomenology and feminist theory', ed. by S. Case, *Performing Feminisms: Feminist Critical Theory and Theatre*(Baltimore, MD: Johns Hopkins University Press, 1990), 270~282.

____ The pleasures of repetition', ed. by R. A. Click and S. Bone, *Pleasure Beyond the Pleasure Principle*(New Haven, CT and London: Yale University Press, 1990), 259~275.

____ Review of P. Dews' *The Logics of Disintegration: Poststructuralist Thought and the Claims of Critical Theory*, *International Studies in Philosophy*, 22(3)(1990), 79~82.

____ 'On Catherine MacKinnon's *Towards a Feminist Theory of State*, and Carole Pateman's *The Disorder of Women*', *Transition: An International Review*, 53(1991), 86~95.

____ 'Contingent foundations: Feminism and the question of "postmodernism"', *Praxis International*, 11(2)(1991), 150~165.

____ 'Imitation and gender insubordination', ed. by D. Fuss, *Inside/Out: Lesbian Theories, Gay Theories* (New York: Routledge, 1991), 13~31.

____ 'A note on performative acts of violence', *Cardoso Law Review*, 13(4)(1991), 1303~1304.

____ 'The nothing that is: Wallace Stevens' Hegelian affinities', ed, by B. Cowan and J. G. Kronick, *Theorizing American Literature: Hegel, the Sign, and History*(Baton Rouge and London: Louisiana State University Press, 1991), 269~287.

참고문헌   **280**

____ 'Response to Teri Shearer's review of *Gender Trouble: Feminism and the Subversion of Identity'*, *The Journal of Social Epistemology*, 5(4)(1991), 345~348; and Kotz, L., 'The body you want: An interview with Judith Butler', *Artforum*, 31(3)(1991a), 82~89.

____ 'On Achille Mbembe's "The banality of power and the aesthetics of vulgarity in the postcolony"', *Public Culture*, 4(2)(1992), 1~30.

____ The body politics of Julia Kristeva', ed. by N. Fraser and S. L. Bartky, *Revaluing French Feminism: Critical Essays on Difference, Agency, and Culture* (Bloomington and Indianapolis: Indiana University Press, 1992), 162~176.

____ 'Contingent foundations: Feminism and the question of "postmodernism"', ed. by J. Butler and J. W. Scott, *Feminists Theorize the Political* (New York and London: Routledge, 1992), 3~21.

____ 'Gender', ed. by E. Wright, D. Chisholm, J. F. MacCannell and M. Whitford, *Feminism and Psychoanalysis: A Critical Dictionary*(Oxford and Cambridge: Blackwell, 1992), 140~145.

____ The lesbian phallus and the morphological imaginary', *differences: A Journal of Feminist Cultural Studies*, 4(1)(1992), 133~171.

____ 'Mmembe's extravagant power', *Public Culture: Bulletin of the Society for Transnational Cultural Studies*, 5(1)(1992), 67~74.

____ 'Response to Bordo's "Feminist scepticism and the 'maleness' of philosophy"', *Hypatia: A Journal of Feminist Philosophy*, 7(3)(1992), 162~165.

____ 'Sexual inversions: Rereading the end of Foucault's *History of Sexuality, Vol. I*, ed. by D. C. Stanton, *Discourses of Sexuality: From Aristotle to AIDS*(Ann Arbor: University of Michigan Press, 1992), 344~361; Aronowitz, S., Bhabha, H., Laclau, E., Mouffe, C., Scott, J. and West. C., 'Discussion', *October*, 61(1992), 108~120; MacGrogan, M. (1992), 'Editor's Introduction', ed. by J. Butler and M. MacGrogan, *Linda Singer's Erotic Welfare: Sexual Theory and Politics in the Age of Epidemic*(New York and London: Routledge, 1992), 1~15; Nash, M., Interview, 'Judith Butler: Singing the body', *Bookpress*, 2(2)(1992), 5~12; Scott, J. W.,

'Introduction', ed. by J. Butler and J. W. Scott, *Feminists Theorize the Political*(New York and London: Routledge, 1992), xiii-xvii.

_____ *Bodies that Matter: On the Discursive Limits of "Sex"*(New York and London: Routledge, 1993a).

_____ 'The body politics of Julia Kristeva', ed. by K. Oliver, *Ethics, Politics, and Difference in Julia Kristeva's Writings: A Collection of Essays*(New York and London: Routledge, 1993), 164~178.

_____ 'Critically queer', *GLQ—A Journal of Lesbian and Gay Studies*, 1(1) (1993), 17~32.

_____ 'Decamping', Letter to the Editor, *Lingua Franca*, 4(1)(1993), 5.

_____ 'Endangered/endangering: Schematic racism and white paranoia', ed. by R. Gooding-Williams, *Reading Rodney King/Reading Urban Uprising*(New York and London: Routledge, 1993), 15~22.

_____ 'Imitation and gender insubordination', ed. by H. Abelove, M. A. Barale and D. M. Halperin, *The Lesbian and Gay Studies Reader*(New York and London: Routledge,1993), 307~320.

_____ 'Interview', *Neid*, 1(1)(1993), 8~9.

_____ 'Kierkegaard's speculative despair', ed. by R. C. Solomon and K. M. Higgins, *German Idealism*(London and New York: Routledge, 1993), 363~395.

_____ 'Poststructuralism and postmarxism', *Diacritics*, 23(4)(1993), 3~11.

_____ 'Response to Sarah Kofman', *Compar(a)ison: An International Journal of Comparative Literature*, 1(1)(1993), 27~32.

_____ 'A sceptical feminist postscript to the postmodern', ed. by B. Readings and B. Schaber, *Postmodernism Across the Ages: Essays for a Postmodernity that Wasn't Bom Yesterday*(Syracuse, NY: Syracuse University Press, 1993), 233~237.

_____ 'Sexual inversions', ed. by J. Caputo and M. Yount, *Foucault and the Critique of Institutions*(University Park: Pennsylvania State University Press, 1993), 81-98; Greaney, P. and Wittman, E. O., 'An interview with Judith Butler', *Yale Literary Magazine*, 4(2)(1993), 46.

_____ 'Against proper objects', *differences: A Journal of Feminist Cultural*

Studies, 6(2-3)(1994), 1~27.

___ 'Bodies that matter', ed. by C. Burke, N. Schor and M. Whitford, *Engaging with Irigaray: Feminist Philosophy and Modern European Thought*(New York: Columbia University Press, 1994), 141~173.

___ 'Contingent foundations: Feminism and the question of "postmodernism"', ed. by S. Seidman, *The Postmodern Turn: New Perspectives on Social Theory*(Cambridge and New York: Cambridge University Press, 1994), 153~170.

___ 'Critical exchanges: The symbolic and questions of gender', ed. by H. J. Silverman, *Continental Philosophy*, (5)(New York and London: Routledge, 1994), 134~149.

___ 'Kantians in every culture?', *Boston Review*, 19(5)(1994), 18.

___ 'Sexual traffic', an interview with Gayle Rubin, *differences: A Journal of Feminist Cultural Studies*, 6(2-3)(1994), 62~99, with Braidotti, R., Interview, 'Feminism by any other name', *differences: A Journal of Feminist Cultural Studies*, 6(2-3)(1994), 27~61, with Osborne, P. and Segal, L., Interview, 'Gender as performance', *Radical Philosophy*, 67(1994), 32~39; ed. by Martin. B., Editor's Introduction—'Cross-identifications', *Diacritics*, 24 (2-3)(1994), 3; Benhabib, S., Cornell, D. and Fraser, N., *Feminist Contentions: A Philosophical Exchange*(New York: Routledge, 1995a).

___ 'Burning acts: Injurious speech', ed. by A. Haverkamp, *Deconstruction is/ in America: A New Sense of the Political*(New York: New York University Press, 1995), 149~180.

___ 'Burning Acts—Injurious speech', ed. by A. Parker and E. Kosofsky Sedgwick, *Performativity and Performance*(New York and London: Routledge, 1995), 197~227.

___ 'Collected and fractured: Response to *Identities*', ed., by K. A. Appiah and H. L. Gates, Jr., *Identities*(Chicago and London: University of Chicago Press, 1995), 439~447.

___ 'Conscience doth make subjects of us all', *Yale French Studies*, 88(1995), 6~26.

___ 'Contingent foundations: Feminism and the question of "postmodernism"', ed. by C. Caruth and D. Esch, *Critical Encounters: Reference and Responsibility in Deconstructive Writing*(New Brunswick, NJ: Rutgers University Press, 1995), 213~232.

___ 'Desire', ed. by F. Lentricchia and T. McLaughlin, *Critical Terms for Literary Study*, 2nd edition(Chicago and London: University of Chicago Press, 1995), 369~386.

___ 'Keeping it moving: "Melancholy gender—refused identification"', *Psychoanalytic Dialogues*, 5(2)(1995), 189~193.

___ 'Melancholy gender/refused identification', ed. by M. Berger, B. Wallis and S. Watson , *Constructing Masculinity*(New York and London: Routledge, 1995), 21~36.

___ 'Response to Régis Debray on *Transmitting Symbols*, and Manfred Frank on *Mental Intimacy and Epistemic Self-Ascription, Common Knowledge*, 4(2)(1995), 70~73.

___ 'Slaying the messenger', Letter to the Editor, *New York Times*, June 8(1995), A18(national edition), A28(local edition).

___ 'Stubborn attachment, bodily subjection: Rereading Hegel on the unhappy consciousness', ed. by T. Rajan and D. L. Clark, *Intersections: Nineteenth-Century Philosophy and Contemporary Theory*(Albany, NY: SUNY Press, 1995), 173~196.

___ 'Subjection, resistance, resignification: Between Freud and Foucault', ed. by J. Rajchman, *The Identity in Question*(New York and London: Routledge, 1995), 229~249.

___ 'Thresholds of melancholy', ed. by S. G. Crowell, *The Prism of the Self: Philosophical Essays in Honor of Maurice Natanson*(Dordrecht, Holland and Boston: Kluwer, 1995), 3~12.

___ 'On William J. Bennett and C. C. DeLores Tucker's op-ed., "Lyrics from the Gutter"', *New York Times*, June 2(1995), A29(local edition).

___ 'An affirmative view', *Representations*, 55(1996), 74~83.

___ 'Gender trouble: Feminism and the subject', ed. by M. Eagleton, *Feminist Literary Theory: A Reader*, 2nd edition(Oxford, UK and Cambridge, MA:

Blackwell, 1996), 367~373.

___ 'Imitation and gender insubordination', ed. by A. Garry and M. Pearsall, *Women, Knowledge, and Reality*(New York and London: Routledge, 1996), 371~387.

___ 'Sexual inversions', ed. by S. J. Hekman, *Feminist Interpretations of Michel Foucault*(University Park: Pennsylvania State University Press, 1996), 59~75.

___ 'Status, conduct, word, and deed: A response to Janet Halley', *GLQ: A Journal of Lesbian and Gay Studies*, 3(2-3)(1996), 253~259.

___ 'Universality in culture', ed. by J. Cohen, *For Love of Country: Debating the Limits of Patriotism: Martha C. Nussbaum with Respondents*(Boston, MA: Beacon Press, 1996), 45~52.

___ 'Variations on sex and gender: Beauvoir, Wittig and Foucault', ed. by P. Rice and P. Waugh, *Modern Literary Theory: A Reader*, 3rd edition(London and New York: Arnold, 1996), 145~159, with Osborne, P., Interview, ed. by P. Osborne, *A Critical Sense: Interviews with Intellectuals*(London and New York: Routledge, 1996).

___ *The Psychic Life of Power: Theories of Subjection*(Stanford, CA: Stanford University Press, 1997a).

___ *Excitable Speech: A Politics of the Performative*(New York and London: Routledge, 1997b).

___ 'Merely cultural', *Social Text*, 52~53(1997c), 265~277.

___ 'Excerpt from "Introduction" to *Bodies that Matter*', ed. by R. N. Lancaster and M. di Leonardo, *The Gender/Sexuality Reader: Culture, History, Political Economy*(New York and London: Routledge, 1997), 531~542.

___ 'Further reflections on conversations of our time', *Diacritics*, 27(1)(1997), 13~15.

___ 'Gender is burning: Questions of appropriation and subversion', ed. by A. McClintock, A. Mufti and E. Shohat, *Dangerous Liaisons: Gender, Nation, and Postcolonial Perspectives*(Minneapolis: University of Minnesota Press, 1997), 381~395.

____ 'Imitation and gender subordination', ed. by L. Nicholson, *The Second Wave: A Reader in Feminist Theory*(New York and London: Routledge, 1997), 300~315.

____ 'In Memoriam: Maurice Natanson(1924-1996)'. *Review of Metaphysics*, 50(3)(1997), 739~740.

____ 'Performative acts and gender constitution: An essay in phenomenology and feminist theory', ed. by K. Conboy, N. Medina and S. Stanbury, *Writing on the Body: Female Embodiment and Feminist Theory*(New York: Columbia University Press, 1997), 401~417.

____ 'Queering, passing: Nella Larsen's *Passing*', ed. by E. Abel, B. Christian and H. Moglen, *Female Subjects in Black and White: Race, Psychoanalysis, Feminism*(Berkeley, CA: University of California Press, 1997), 266~284.

____ 'Response to Lynne Layton's "The doer behind the deed: Tensions and intersections between Butler's vision of performativity and relational psychoanalysis"', *Gender and Psychoanalysis*, 2(4)(1997), 515~520.

____ 'Sovereign performatives in the contemporary scene of utterance', *Critical Inquiry*, 23(2)(1997), 350~377.

____ 'Subjects of sex/gender/desire', ed. by S. Kemp and J. Squires, *Feminisms*(Oxford and New York: Oxford University Press, 1997), 278~285.

____ 'On transexuality: Excitable speech', an interview with K. More. *Radical Deviance: A Transgendered Politics*, 2(1997), 134~143; Laclau, E. and Laddaga, R., The uses of equality', *Diacritics*, 27(1)(1997), 3~12; McMillen, L., Interview, 'Judith Butler revels in the role of troublemaker', *Chronicle of Higher Education*, 43(27)(1997), A14-A15; Worsely, K., Interview, *Times Higher Education Supplement*, 1(280) (1997), 20; Meijer, I. C. and Prins, B., 'How bodies come to matter: An interview with Judith Butler', *Signs*, 23(1)(1998a), 275~286.; Cornell, D., Cheah, P. and Grosz, E., 'The future of sexual difference: An Interview with Judith Butler and Drucilla Cornell(with Pheny Gheah and Elizabeth Grosz)', *Diacritics*, 28(1)(1998b), 19~42.

____ 'Afterword', ed. by S. R. Munt, *Butch/femme: Inside lesbian gender* (London: Cassell, 1998), 225~231.

____ 'Analysis to the core: Commentary on papers by James Hansell and Dianne Elise', *Psychoanalytic Dialogues*, 8(3)(1998), 399~403.

____ 'Athletic genders: Hyperbolic instance and/or the overcoming of sexual binarism in the athlete's body', *Stanford Humanities Review*, 6(2)(1998), 103~111.

____ 'Foreword', in M. Natanson, *The Erotic Bird: Phenomenology in Literature*(Princeton, NJ: Princeton University Press, 1998), ix-xvi.

____ 'Left conservatism 2', *Theory and Event*, 2(2)(1998), an online journal.

____ 'Merely cultural', *New Left Review*, 227(1998), 33~44.

____ 'Moral sadism and doubting one's own love', ed. by J. Phillips and L. Stonebridge, *Reading Melanie Klein*(London and New York: Routledge, 1998), 179~189.

____ 'Response to Robert Gooding-Williams on "Multiculturalism and democracy"', *Constellations: An International Journal of Critical and Democratic Theory*, 5(1)(1998), 42~47.

____ 'Ruled out: Vocabularies of the censor', ed. by R. C. Post, *Censorship and Silencing: Practices of Cultural Regulation*(Los Angeles: Getty Research Institute for the History of Art and the Humanities, 1998), 247~259.

____ 'Sex and gender in Simone de Beauvoir's *Second Sex*' ed. by E. Fallaize, *Simone de Beauvoir: A Critical Reader*(London and New York: Routledge, 1998), 30~42.

____ Troubling philosophy: An interview with Judith Butler', *Women's Philosophy Review*, 18, Spring(1998), 7~21.

____ 'Where is Europe going?', *New Left Review*, 227(1998), 33-34; Vaisman, D., 'Power and the name', Interview, *Meteorite*, 1(1)(1998), 53~58.

____ *Subjects of Desire: Hegelian Reflections in Twentieth-Century France*(New York: Columbia University Press, 1999a), reprint with a new introduction.

____ 'A "bad writer" bites back', *New York Times*, March 20(1999b), A27; Bell, V. J., Interview. 'On speech, race and melancholia', *Theory Culture &*

Society, 16(2)(1999c), 163~174.

____ 'Contagious word: Paranoia and "homosexuality" in the military', ed. by
D. Batstone and E. Mendieta, *The Good Citizen*(New York: Routledge,
1999), 133~158.

____ *Gender Trouble: Feminism and the Subversion of Identity*, 10th
Anniversary Edition(New York: Routledge, 1999).

____ 'Headnote to Stanley Fish's "There's no such thing as free speech,
and it's a good thing, too"', ed. by H. Aram Veeser, *The Stanley Fish
Reader*(Maiden, MA and Oxford: Blackwell, 1999), 144~155.

____ 'Performativity's social magic', ed. by R. Shusterman, *Bourdieu: A Critical
Reader* (Oxford and Maiden, MA: Blackwell, 1999), 113~129; Bell, V. J.,
Interview, 'Revisiting bodies and pleasures', *Theory Culture & Society*,
16(2)(1999), 11~20.

____ *Antigone's Claim: Kinship between Life and Death*(New York: Columbia
University Press, 2000a); Laclau, E. and Zizek, S., *Contingency,
Hegemony, Universality: Contemporary Dialogues on the Left*(London
and New York: Verso, 2000b).

____ 'Agencies of style for a liminal subject', ed. by P. Gilroy, L. Grossberg and
A. McRobbie, *Without Guarantees: In Honour of Stuart Hall*(London
and New York: Verso, 2000), 30~37.

____ 'Appearances aside', *California Law Review*, 88(1)(2000), 55.

____ 'Circuits of bad conscience: Nietzsche and Freud', ed. by A. D. Schrift,
Why Nietzsche Still? Reflections on Drama, Culture, Politics(Berkeley,
CA: University of California Press, 2000), 121~135.

____ 'Ethical ambivalence', ed. by M. Garber, B. Hanssen and R. L. Walkowitz,
The Turn to Ethics(New York and London: Routledge, 2000), 15~28.

____ 'The force of fantasy: Feminism, Mapplethorpe, and discursive excess',
ed. by D. Cornell, *Feminism and Pornography*(Oxford and New York:
Oxford University Press, 2000), 487~508.

____ 'Longing for recognition: Commentary on the work of Jessica Benjamin',
Studies in Gender and Sexuality, 1 (3)(2000), 271~290.

____ 'Subjection, resistance, resignification: Between Freud and Foucault', ed. by W. Brogan and J. Risser, *American Continental Philosophy* (Bloomington and Indianapolis: Indiana University Press, 2000), 335~351.

___ 'The value of being disturbed', *Theory and Event*, 4(1)(2000), online journal; Connolly, W., 'Politics, power and ethics: A discussion between Judith Butler and William Connolly', *Theory and Event*, 4 (2)(2000), online journal; Guillory, J. and Thomas, K., 'Preface', ed. by J. Butler, J. Guillory and K. Thomas, *What's Left of Theory? New Work on the Politics of Literary Theory*(New York: Routledge, 2000), viii-xii; Olson, G. and Worsham, L., Interview. 'Changing the subject: Judith Butler's politics of radical resignification', *jac*, 20(4)(2000), 727~765.

___ 'Can the other to philosophy speak', ed. by D. Keates and J. W. Scott, *Schools of Thought: Twenty-Five Tears of Interpretative Social Science*(Institute for Advance Study, Princeton, NJ: Princeton University Press, 2001), 52~66.

___ 'Conversational break: A reply to Robert Gooding-Williams', ed. by R. Bernasconi, *Race: Blackwell Readings in Continental Philosophy*(Oxford: Blackwell, 2001), 260~265.

___ 'Doing justice to someone: Sex reassignment and allegories of transexuality', *GLQ*, 7(4)(2001), 621~636.

___ The end of sexual difference?', ed. by E. Bronfen and M. Kavka, *Feminist Consequences: Theory for the New Century*(New York: Columbia University Press, 2001), 414~434.

___ 'Giving an account of oneself, *Diacritics*, 31(4)(2001), 22~40.

___ 'How can I deny that these hands and this body are mine?', ed. by T. Cohen, B. Cohen, J. Hillis Miller and A. Warminski, *Material Events: Paul de Man and the Afterlife of Theory*(Minneapolis: University of Minnesota Press, 2001), 254~276.

___ 'Sexual difference as a question of ethics', ed. by L. Doyle, *Bodies of Resistance* (Evanston, IL: Northwestern University Press, 2001), 59~77.

___ 'There is a person here', Interview, *International Journal of Sexuality and Gender Studies*, 1-2(2001), 7~23.

___ 'Withholding the name: Gender as translation in Willa Gather's "On the Gull's Road"', ed. by H. Stevens, *Modernist Sexualities: Gender and Modernity*(Cambridge, UK: Cambridge University Press, 2001), 56~71; Paul Rabinow, 'Dialogue: Antigone, speech, performance, power', ed. by S. I. Salamensky, *Talk, Talk, Talk: The Cultural Life of Everyday Conversation*(New York: Routledge, 2001), 37~48.

___ 'Afterword', in S. Felman, *The Scandal of the Speaking Body*(Stanford, CA: Stanford University Press, 2002), 113~123.

___ 'Capacity', ed. by S. Barber and D. Clark, *Regarding Sedgwick: Essays on Critical Theory and Queer Culture*(New York: Routledge, 2002), 109~119.

___ 'Dehumanization via indefinite detention', ed. by D. Goldberg, *It's a Free Country: Personal Freedom in America after September 11*(New York: RMD Press, 2002), 265~279.

___ 'Doubting love', ed. by J. Harmon, *Take My Advice: Letters to the Next Generation from People Who Know a Thing or Two*(New York: Simon and Schuster), 62~66.

___ 'Explanation and exoneration, or what we can hear', *Theory and Event*, 5(4)(2002), online journal; reprinted in *Grey Room* 07, a special issue on 9/11, Spring(2002), 56~67.

___ 'Guantánamo limbo: International law offers too little protection for prisoners of the new war', *Nation*, 274(12)(2002), 20~24.

___ 'Is kinship always already heterosexual?', in *differences: A Journal of Feminist Cultural Studies*, 13(1)(2002), 14~44.

___ Review of J. Goldberg's *Desiring Women Writing: English Renaissance Examples, Shakespeare Studies*, 10(2002), 234~242; ed. by Dolan, F., *Atopia: Series on Aesthetic and Political Theory*(Stanford, CA: Stanford University Press, 2002); ed. by Puigvert L., *Women and Social Transformation*(New York: Counterpoint, 2002).

___ 'After loss, what then?', ed. by D. Eng, and D. Kazanjian, *Loss*(California: California University Press, 2003), 467~473.

___ 'Beauvoir on Sade: Making sexuality into an ethic', ed. by C. Card, *The Cambridge Companion to Simone de Beauvoir*(Cambridge, UK:

Cambridge University Press, 2003), 168~188.

___ 'No, it's not anti-semitic: Judith Butler defends the right to criticise Israel', *The London Review of Books*, 25(16)(2003), 19~21.

___ 'Reflections on Germany', ed. by D. Boyarin, *Queer Theory and the Jewish Question*(New York: Columbia University Press, 2003), 395~402.

___ 'Values of difficulty', ed. by J. Culler and K. Lamb, *Just Being Difficult? Academic Writing in the Public Arena*(Stanford, CA: Stanford University Press, 2003), 199~215.

___ 'Violence, mourning, polities', *Studies in Gender and Sexuality*, 4(1) (2003), 9~37.

___ *Undoing Gender*(New York: Routledge, 2004a); ed. by Salih, S., *The Judith Butler Reader*(London: Basil Blackwell, 2004b).

___ 'What is critique? An essay on Foucault's virtue', ed. by S. Salih, *The Judith Butler Reader*(London: Basil Blackwell, 2004c), 302~322; ed. by D. Ingram, *The Political: Readings in Continental Philosophy*(London, Basil Blackwell, orig. 2001).

___ 'Jacques Derrida', *The London Review of Books*, 26(21)(2004), 32.

___ 'Performativity', ed. by J. Wolfreys, *Critical Keywords in Literary and Cultural Theory*(New York/Hampshire: Palgrave Macmillan), 182~189.

___ *Precarious Life: Powers of Violence and Mourning*(London: Verso, 2004).

___ 'Surface tensions: Diane Arbus', *Artforum*, 42(6)(2004), 119.

___ *Giving an Account of Oneself*(New York: Fordham University Press, 2005).

___ 'Jacques Derrida: Affirm the survival', in *Radical Philosophy*, 129(2005), 22~25.

___ 'Photography, war, outrage', *PMLA*, 120(3)(2005), 822~828.

버틀러의 출간 예정작(2006년 기준)

Butler, J., 'Academic norms, contemporary challenges: A response to Robert Post on academic freedom', ed. by B. Doumani, *Academic Freedom after September llth*(Paris/New York: Zone Books).

___'Afterword', ed. by E. T. Armour and S. M. St. Ville, *Bodily Citations: Religion and Judith Butler*(Chicago: University of Chicago Press).

___'The charge of anti-Semitism: Jews, Israel, and the risk of public critique', ed. by T. Kushner and A. Solomon, *Wrestling with Zion: Writings by Progressive Jews*(Grove Press).

___'The desire to live: Spinoza's ethics under pressure', ed. by V. Kahn and N. Saccamano, *Politics and Passions*(Princeton University Press).

___'Hegel', Encyclopaedia entry, ed. by L. Kritzman, *Twentieth Century French Thought*(New York: Columbia University Press).

___'Introduction', in G. Lukacs, *Soul and Form*(New York Review of Books).

___'Merleau-Ponty and the touch of Malebranche', ed. by T. Carmen, *Merleau-Ponty Reader*(Cambridge, UK: Cambridge University Press).

___'Regulation', ed. by G. Herdt and C. Stimpson, *Critical Terms in Gender Studies*(Chicago: University of Chicago Press).

___'Sexual difference as a question of ethics', ed. by L. Doyle, *Political Phenomena logics.*

___'Shadows of Algiers: Sartre and Fanon on the question of violence', ed. by J. Judaken, *Race After Sartre.*

___'Torture and the ethics of photography', in an expanded version of *Precarious Life.*

___'Undiagnosing gender', ed. by P. Currah and S. Minter, *Transgender Rights: Culture, Politics and Law*(University of Minnesota Press).

___'Violence, non-violence: Benjamin's critique of violence', *Aesthetics and Ethics*, with Tate Museum of Modern Art, in conjunction with Basil Blackwell/Routledge.

본문에 언급된 기타 참고문헌

Althusser, L., 'Ideology and ideological state apparatuses (notes towards an investigation)', in *Lenin and Philosophy*, trans. B. Brewster(New York and London: Monthly Review Press, 1971).

Austin, J. L., *How To Do Things with Words*(Cambridge, MA: Harvard University Press, 1975).

Barad, K., *Meeting the Universe Halfway*(Durham and London: Duke University Press, 2007).

Bennett, A., 'Re-cognising power: A discourse analysis of power relations', unpublished doctoral thesis(University of New South Wales, Sydney, 2001)

Benveniste, E., *Problems in General Linguistics*, trans. M. E. Meek(Coral Gables Florida: University of Miami Press, 1971).

Borch-Jacobsen, M., *The Freudian Subject*, trans. C. Porter(Stanford, CA: Stanford University Press, 1999).

Bordo, S., *Unbearable Weight: Feminism, Western Culture, and the Body*(Berkeley, CA: California University Press, 1993).

Campbell, K. (2005), The plague of the subject: Psychoanalysis and Judith Butler's *Psychic Life of Power* ', in *Judith Butler: Ten Years after Gender Trouble*, ed. by M. Soenser Breen and W. S. Blumenfield(Hampshire: Ashgate, 2005), 81~94.

Cheah, P., 'Mattering', *Diacritics*, 26(1)(1996), 108~139.

Derrida, J., 'Scribble (writing/power)', *Yale French Studies*, 58(1970), 116~147.

____ *Of Grammatology*, trans. G. Chakravorty Spivak(Baltimore, MD and London: Johns Hopkins University Press, 1984).

____ 'From restricted to general economy: A Hegelianism without reserve', in *Writing and Difference*, trans. A. Bass(London, Melbourne and Henley: Routledge and Kegan Paul, 1985).

____ 'Signature event context', in *Limited Inc.*, trans. S. Weber and J. Mehlman, ed. by G. Graff(Evanston, IL: Northwestern University Press, 1988a).

____ 'Afterword: Toward an ethic of discussion', in *Limited Inc.*, trans. S. Weber and J. Mehlman, ed. by G. Graff(Evanston, IL: Northwestern University Press, 1988b).

Descombes, V., *Modem French Philosophy*, trans. J. M. Harding(Cambridge, UK: Cambridge University Press, 1982).

Dollimore, J., 'Bisexuality, heterosexuality, and wishful theory', *Textual*

Practice, 10(3)(1996), 523~539.

Foucault, M., 'Governmentality', trans. Pasquale Pasquino, *Ideology and Consciousness*, 6(1979), 5~21.

_____ *The History of Sexuality, Volume I: An Introduction*, trans. Robert Hurley (New York: Vintage Books, Random House, 1980a).

_____ 'The confession of the flesh', in *Power I Knowledge: Selected Interviews and Other Writings 1972-1977*, trans. Colin Gordon, Leo Marshall, John Mepham, Kate Soper, ed. by Colin Gordon(Brighton, Sussex: The Harvester Press, 1980b).

_____ *Herculine Barbin, Being the Recently Discovered Memoirs of a Nineteenth Century Hermaphrodite*, trans. Richard McDougall(New York: Colophon, 1980c).

_____ *Discipline and Punish: The Birth of the Prison*, trans. A. Sheridan (Harmondsworth, Middlesex: Penguin Books, 1982).

_____ 'Nietzsche, genealogy, history', in *The Foucault* Reader, trans. D. F. Bouchard and S. Simon, ed. by P. Rabinow(New York: Pantheon, 1984), 76~100.

_____ *The Use of Pleasure: History of Sexuality, Volume 2*, trans. Robert Hurley (New York: Vintage Books, Random House, 1986).

Fraser, N., *Justice Interruptus: Critical Reflections on the (Postsocialisf Condition*(New York: Routledge, 1997a).

_____ 'Heterosexism, misrecognition and capitalism: A response to Judith Butler', *Social Text*, 52/3(1997), 279~289.

Freud, S., 'The ego and the super-ego (ego-ideal)', in *The Ego and The Id*, trans. Joan Riviere, ed. by James Strachey(New York: Norton, 1960).

_____ 'Mourning and melancholia', in *General Psychological Theory*, ed. by Philip Rieff (New York: Macmillan, 1976).

_____ 'On narcissism, an introduction', *The Pelican Freud Library*, 11(London: Penguin, 1991a), 59~97.

_____ 'The ego and the id', *The Pelican Freud Library*, 11(London: Penguin, 1991b), 339~407.

Hegel, G. W. F., *Phenomenology of Spirit*, trans. A. V. Miller(Oxford: Oxford

University Press, 1807/1977).

Hoffmeyer, J., *Signs of Meaning in the Universe*, trans. B. J. Haveland (Bloomington, IN: Indiana University Press, 1996).

Hood-Williams, J. and Cealey Harrison, W., 'Trouble with gender', *The Sociological Review*, 46(1)(1998), 73~94.

Hyppolite, J., *Genesis and Structure of Hegel's 'Phenomenology of Spirit'*, trans. Samuel Cherniak and John Heckman(Evanston, IL: Northwestern University Press, 1974).

Irigaray, L., *Speculum of the Other Woman*, trans. G. C. Gill(Ithaca, NY: Cornell University Press, 1985a).

___ *This Sex Which Is Not One*, trans. Catherine Porter with Carolyn Burke(Ithaca, NY: Cornell University Press, 1985b).

Kirby, V., Telling Flesh: The Substance of the Corporeal(New York and London: Routledge, 1997).

Kojève, A., *Introduction to the Reading of Hegel*, trans. James H. ed. by Nichols, A. Bloom (Ithaca, NY: Cornell University Press, 1980).

Kristeva, J., *Desire in Language: A Semiotic Approach to Literature and Art*, trans. Thomas Gorz, Alice Jardine and Leon S. Roudiez, ed. by Leon S. Roudiez(New York: Columbia University Press, 1980).

___ *Revolution in Poetic Language*, trans. Margaret Walker (New York: Columbia University Press, 1984).

Lacan, J., 'The mirror stage as formative of the function of the I as revealed in psychoanalytic experience', in *Ecrits: A Selection*(London: Routledge, 1977a), 1~7.

___ 'The signification of the phallus', in *Ecrits: A Selection*(London: Routledge, 1977b), 281~291.

Langton, R., 'Speech acts and unspeakable acts', *Philosophy and Public Affairs*, 22 (4)(1993), 293~330.

Laplanche, J. and Pontalis, J.-B., *The Language of Psychoanalysis*, trans. Donald Nicholson-Smith(New York and London: Norton, 1973).

Lévi-Strauss, C., *Structural Anthropology*, trans. Claire Jacobson and Brooke Grundfest Schoepf(London: Allen Lane, 1968).

_____ The Elementary Structures of Kinship, trans. James Harle Bell, John
Richard Von Sturmer and Rodney Needham(Boston, MA: Beacon Press,
1969).

Lloyd, G., *The Man of Reason: ('Male' and 'Female' in Western Philosophy*
(London: Routledge, 1993).

Macherey, P., 'Towards a natural history of norms', in *Michel Foucault
Philosopher*(New York: Routledge, 1992).

MacKinnon, C., *Only Words*(Cambridge, MA: Harvard University Press, 1993).

Matsuda, M. J., Lawrence III, C. R., Delgado, R. and Crenshaw, K. W., *Words
that Wound: Critical Race Theory, Assaultive Speech, and the First
Amendment*(Boulder, CO: Westview Press, 1993).

McNay, L., 'Subject, psyche and agency: The work of Judith Butler', *Theory,
Culture & Society*, 16(2)(1999), 175~193.

Mills, C., 'Contesting the political: Butler and Foucault on power and
resistance', *The Journal of Political Philosophy*, 11(3)(2003), 253~272.

Moller Okin, S., *Women in Western Political Thought*(Princeton, NJ: Princeton
University Press, 1979).

Morris, D. B., *The Culture of Pain*(Berkeley and Los Angeles: University of
California Press, 1991).

Nancy, J.-L. and Lacoue-Labarthe, P., *The Title of the Letter: A*(1992).

A Reading of Lacan, trans. F. Raffoul and D. Pettigrew(Albany, NY: SUNY
Press, 1992).

Nussbaum, M., 'The professor of parody', *The New Republic*, 220(8)(1999),
1~13, http://www.tnr.com.

Rich, A., 'Compulsory heterosexuality and lesbian existence', in *Powers of
Desire: The Politics of Sexuality*, ed. Ann Snitow, Christine Stansell and
Sharon Thompson(New York: Monthly Review Press, 1983), 177~205.

Riviere, J., 'Womanliness as a masquerade', in *Formations of Fantasy*, ed.
Victor Burgin, James Donald, Cora Kaplan(London: Methuen, 1986).

Wilson, E. A., *Psychosomatic: Feminism and the Neurological Body*(Durham
and London: Duke University Press, 2004).

Yeghiayan, E., http://sun3.lib.uci.edu/indiv/scctr/Wellek/builder/html7.